[瑞士]卡尔·古斯塔夫·荣格◎著
王虹霓◎译

ERINNERUNGEN,
TRÄUME, GEDANKEN

荣格自传

回忆·梦·思考

海峡出版发行集团 | 海峡文艺出版社

图书在版编目(CIP)数据

荣格自传:回忆·梦·思考/(瑞典)卡尔·古斯塔夫·荣格著;王虹霓译. 一福州:海峡文艺出版社,2018.11
ISBN 978-7-5550-1535-2

Ⅰ.①荣… Ⅱ.①卡…②王… Ⅲ.①荣格(Jng,Carl Gustav 1875—1961)—自传 Ⅳ.①K835.226.2

中国版本图书馆 CIP 数据核字(2018)第 115554 号

荣格自传:回忆·梦·思考

[瑞典]卡尔·古斯塔夫·荣格 著 王虹霓 译

责任编辑 李永远
出版发行 海峡文艺出版社
经　　销 福建新华发行(集团)有限责任公司
社　　址 福州市东水路 76 号 14 层
发 行 部 0591—87536797
印　　刷 天津文林印务有限公司
厂　　址 天津市宝坻区新开口镇产业功能区天通路南侧 21 号
开　　本 889 毫米×1194 毫米 1/32
字　　数 330 千字
印　　张 12.75
版　　次 2018 年 11 月第 1 版
印　　次 2018 年 11 月第 1 次印刷
书　　号 ISBN 978-7-5550-1535-2
定　　价 45.00 元

目录

序 言

我的一生是关于潜意识自我认知的一生。潜意识当中，一切事物都在寻求外在的表现形式，而人格也渴望不断演进、逐渐脱离潜意识状态，并作为一个整体体验自身。我做不到运用科学语言去追溯自身的成长历程，因为我无法将自己看作一个科学问题进行自我体验。

从内观的角度来看，我们是怎样的？从永恒的角度来看，我们又是怎样的？诸如此类的问题，我们只能通过神话的形式来加以解答。与科学不同，神话更加注重个体，能够更确切地描绘人的生活。科学运用的是“普遍”的概念。这一概念过于笼统，因而无法公正地判定个体生活的多样性。

因此，这就是我目前所致力的事业：在我八十三岁高龄之际，讲述我自己的神话。我只作直接的陈述，只“讲故事”。故事是否“真实”无关紧要，所讲的是否“我”的预言，是否“我”自己的真实生活，才是唯一重要的事情。

写自传相当不易，因为没有可供参考的标准，没有自我评判的客观基础，也的确没有进行比较的适当基准。我知道自己在许多事情上都是特立独行的，却不清楚自己究竟是怎样的一个人。人无法将自己与任何其他生物作比较：他不是猴子、不是牛，也不是树。我是一个人。但人是如何一回事呢？像其他生命一样，我是无限神性中的微小组分，无法将自己同任何动物、植物或石头作比较。只有神话性的生命才可能具备比人类更加广阔的活动范围。那人类如何才能形成之于自身的绝对观点呢？

人类是一个超自然的过程，我们无法控制它，至多只能在某种程度上引导它。因此，我们无法对自己和自己的生活作出最终的判断。如果我们真的拥有那种能力，便可无所不知了——然而，这充其量只是个借口罢了。实际上，我们从不知道这一超自然的过程到底是如何发生的。生命的故事始于某处，在这个特定的节点，我们才恰巧对它产生了记忆，而此时，生命甚至已经演化得相当纷繁复杂了。我们无从知晓生命将如何演变。因此，有关生命的故事没有起点，而终点也只能模糊地加以暗示。

人生是一场令人怀疑的实验。它只在数字形式上才是一种宏伟的现象。就我个人而言，生命是如此转瞬即逝，如此不够充分。然而任何事物都得以生存和发展，这不得不说是一种奇迹。

很久以前，当我还是名年轻的医科学生时，上述事实就给我留下了深刻的印象。对于我来说，生命是如此神奇，使我没有在尚未发展成熟之际就被彻底击败。

我总是觉得，生命像一株依赖根茎生长的植物。它真正的生命是隐形的，深深埋藏在根茎之中，而露出地表的部分只能延续一个夏天。随后，它便枯萎殆尽——犹如昙花一现。当我们谈及生命和文明的无限发展和衰退时，“绝对虚无”这种印象便无可避免地浮现脑海。然而我却从未丧失一种意识，即永恒的流动中蕴含着某种不朽的东西。我们看到的花朵终会凋谢，而看不到的根茎却一直存在。

最后，我生命中唯一值得讲述的事件，是当永垂不朽的世界突然闯入这个稍纵即逝的世界时所发生的事件。因此，我主要地叙述了内心的体验，在如此体验当中，我概括了自己的梦和幻觉。这些东西，构成了我科学研究的主要素材。它们是火红的岩浆，将需要加工的石头淬炼成形。

与这些内心的事件相比，其他所有的回忆，诸如旅行、相识和周围的环境都变得黯然失色。许多人都参与到我们这个时代的故事中来，并描述了这个故事。读者可以通过阅读或他人的讲述了解这个故事。我对生命中外部事件的记忆大多模糊了或消失了。但是，我所邂逅的“另一种”现实，我与潜意识的较量却在我的记忆中烙下了难以磨灭的印记。在那个王国里，总是充满了丰富的宝藏。相比之下，任何其他事情都显得无关紧要了。

类似的是，有些人，只有他们的名字从一开始便进入我命运的画卷，我才不会对他们感到陌生。因此，与他们相遇也是一种回忆。

内心体验同样在我经历的外部事件上留下了印记，并对我的青年时代乃至余生都产生了重要的影响。我很早便洞察到：如果无法从内心找到方法解决生命中复杂的情况和棘手的问题，那么他们终究是微不足道的。外部环境无法替代内心体验。因此，就外部事件而言，我的一生始终异常贫乏。对于它们，我无法过多谈及，因为它们使我感到空洞和匮乏。我只能根据内心发生的事情来了解自己。正是这些内心的体验使我的生命与众不同，而这本自传所探讨的也正是它们。

第一章　童年

当我六个月大的时候，父母从康斯坦茨湖边的凯斯维尔移居到莱茵瀑布边的劳芬城堡。那时正值1875年。我开始记事是在两三岁。现在还能回忆起住宅、花园、洗衣房、教堂、城堡、瀑布、名叫沃斯的小城堡和教堂司事的农场。这些记忆像是漂浮在茫茫大海上的小岛，彼此孤立，毫不相连。

有一个场景浮现在我脑海，它似乎是我生命中最早的记忆，但只是一个非常模糊的印象。那是一个明媚温暖的夏日，天空蔚蓝，金灿灿的阳光透过绿色的叶子，照射着地面，留下斑驳的树影。我躺在树荫下的一辆婴儿车里，车罩被打开了。眯着惺忪的睡眼，我发现了这光辉灿烂的美景，感觉舒服极了。我看见太阳在树叶和花丛中闪烁。万物都那么美妙、多彩、辉煌。

我记得的另一个情景是：我坐在屋子西边的餐厅里，蹲在一把高高的椅子上，用小勺儿舀热牛奶喝。牛奶里泡着碎面包块，味道好极了，气味也很独特。那是我第一次闻出牛奶的味。可以说，在那一刻，我有了嗅觉的意识。这个回忆也非常久远了。

我还记得一个可爱的夏日傍晚，姨妈对我说："现在我要给你看一样东西。"她把我从屋里领了出来，走到屋前的达申路上。那天傍晚，阿尔卑斯山看得格外清晰，远方连绵起伏的山脉沐浴在夕阳的灿烂红霞中。"快看"，我听见姨妈用瑞士方言说道，"那山全红了"。我第一次意识到，自己看见了阿尔卑斯山。随后我听说，第二天村里上学的孩子们要去苏黎世附近的玉特利山郊游。我也特别想去。然而他们告诉我，像我这么小的孩子不能去，毫无办法，我难过极了。从那时起，玉特利山和苏黎世成了我梦中难以企及的圣地，那靠近闪闪发光、白雪皑皑的雪山圣地。

过了一段时间，我记得母亲带我去探访朋友，他们在康斯坦茨湖旁有一座城堡。一来到湖边，我就被水迷住了。轮船激起的波浪拍打着河岸，阳光在湖面上闪烁，水下的沙子被浪花冲击成一个个小埂。湖水向无垠的远方延伸。那一望无际的湖水给我带来了非凡的乐趣，呈现了无可比拟的壮美。那时一个想法深深地定格在我的脑海：我一定要靠近湖边生活；我想，没有水，人类就无法生存。

后来，我又记起了一件事：有许多陌生人，他们很喧闹，又显得很兴奋。女仆匆匆跑来嚷道：“渔民发现了一个死人——从瀑布上冲下来的——他们想把它扔到洗衣房里去！”我父亲说：“好吧，好吧！”我当时就等不及去看那死去的孩子。可母亲把我拉住了，严禁我到花园里去。当所有的大人都走了，我飞快地溜进花园，来到洗衣房。然而门却锁着。我绕着洗衣房转了一圈，发现房后有一个排水沟，一直通到斜坡下面，血水从排水沟里慢慢地涌出。我觉得这件事儿好玩极了，那时我还不到四岁。

我还记得，我又闹腾，又发着烧，晚上睡不着觉。父亲把我抱在怀里，在屋里走来走去，唱着他学生时代的那些老歌。有一首歌我记得特别清楚，也特别喜欢，它总能让我安静下来。它是这样开始的：“四处静悄悄，人人入梦乡……”时至今日，我仍然记得父亲的嗓音，在寂静的夜为我歌唱。

母亲事后告诉我，那时我得了湿疹。我心中总有种隐约的暗示：父母的婚姻遇到了麻烦。1878年我生的那场病肯定与暂时分居有关。母亲在布鲁塞尔的一家医院住了几个月，她的病似乎也与婚姻难以为继有着些许联系。我有个姨妈一直没有结婚，比我母亲年长二十多岁，负责照看我。母亲的离去使我悲恸欲绝。从那时起，只要听到“爱”这个词，我总有一种不信任感。所以有很长一段时间，一提到“女人”，我就自然地联想到一种不可靠的感觉。而“父亲”则意味着信赖和——没有权利。这是我生命之初所面临的精神障碍。后来，那些最初的印象有所改变：我信任男人，但他们令我失望；我怀疑女人，但她们却没令我失望。

母亲辞世后，女仆也照料过我。我仍记得她抱起我，将我的头依靠在她的肩膀上。她长着乌黑的头发，橄榄色的面孔，和母亲大不相同。甚至在今天，我依然记着她的发线、嗓音、耳朵和黝黑的皮肤。对于我来说，所有的一切都如此地陌生，却又如此地熟悉。好似她并不属于我的家庭，而只属于我自己，好似她以某种方式与一些神秘的东西相连。这一类姑娘后来成了我潜意识中异性人格化的一个组成部分。她所传达的既陌生又始终为人所知的感觉，是我心中象征女性本质形象的特征。

从父母分居的时候起，我的记忆中还出现过一个年轻、美丽、迷人的姑娘。她有一双蓝色的眼睛和一头柔软的秀发。在一个蓝色的秋日，她引领我来到沃斯城堡附近的莱茵瀑布，漫步于一片金色的枫树和栗树下。阳光在树叶的缝隙中闪耀，黄叶飘落在地面上。这个姑娘后来成为了我的继母。她爱慕我的父亲。直到我二十一岁的时候才再次见到了她。

这些便是我外在的记忆。接下来，我记忆中的形象更加有力，更加引人入胜，而其中一部分，我只有模糊的印象。比如，我记得有一次自己从楼梯上摔了下来，还有一次摔倒在火炉腿儿的一个角上。摔得很疼，还流了血，医生缝合我头上的伤口——那伤疤直到我大学预科的最后一年依然清晰可见。母亲还告诉我，有一次在去诺伊豪森的路上，过莱茵瀑布桥时我差点儿掉下去。幸亏女仆及时抓住了我——我的一条腿已经滑出了栏杆。这些事件暗指了一种潜意识的自杀倾向，或者有可能是对于生命的极度抵抗。

那段时间，我对黑暗也有着莫名的恐惧。我总能听见有东西在屋里走动。莱茵瀑布沉闷的咆哮声也听得一清二楚。瀑布周边是个危险地带。总是淹死人，尸体被冲到岩石上。附近的墓地里，教堂司事总是挖着坑——翻出了大堆的棕土。一群皮肤黝黑、神情严肃的男子，身穿长袍，戴着特别高的帽子，脚踩闪亮的黑靴，他们总是抬出一个黑色的盒子。父亲总是穿着牧师的长袍，声音洪亮地讲话。女人们都在哭泣。听说，有人正被埋进地上的这个坑里。有些以前经常出现在墓地的人突然间再也见不着了。后来我听说，他们是被埋了，主耶稣将他们带到他那里去了。

母亲教给我一个主祷文，每天晚上都要祈祷。我很乐意祈祷，因为这使我在深沉不安的夜里感到非常舒适。

> 慈祥的主耶稣，张开您的双臂，
> 吞下您的孩子，您的小鸡。
> “如果魔鬼要将他吞食”，
> “没有任何力量将魔鬼阻止”。
> 就这样唱吧，请让天使！

主耶稣能给人安慰，是个善良仁慈的先生，就像城堡里的赫尔维根斯坦先生一样，富有、手握大权、受人尊敬，在晚上特别关心小孩子。至于他为什么像鸟一样长着翅膀，则是个谜，不过我已经不再琢磨了。更有意思、更引人深思的是，为什么把小孩子比作小鸡？主耶稣又为什么不情愿地，像吃苦药一样把他们“吃了”。实在让人捉摸不透。后来我突然明白，原来魔鬼也喜欢小鸡，虽然耶稣并不喜欢那味道，但是为了防止魔鬼吃孩子，才不得已这样做。但是现在，我听说主耶稣也“吃”其他人，“吃”就是把他们放进地上的坑里。

这个不祥的类比导致了不幸的后果。我不再信任主耶稣了。他失去了那个高大的、令人安慰、又慈祥的鸟的形象，而与那些身穿长袍、头戴高帽、脚踩闪光黑靴，抬着黑色盒子埋葬死人的阴郁黑衣男人联系起来。

这些沉思造成了我精神上的第一次创伤。一个炎热的夏日，我像往常一样，独自坐在房前的路上玩沙子。大路穿过房子通向山岗，消失在山顶的树林中。因此，从房里就能看到大路延伸的方向。我抬起头，看到了一个戴着巨大帽子，身穿黑色长袍的身影从树林中跑下来。好像一个穿着女人衣服的男人。慢慢地，黑影离我越来越近，我清楚地看出那确实是一个身穿黑色及脚长袍的男人。这个黑色的身影使我内心的恐惧迅速演变成极度的惊悚，头脑中闪现出一个可怕的念头：“这人定是基督会信徒。”不久之前，我曾听到父亲和一个来访的同事，谈及基督会信徒的不法活动。从父亲谈话时又气愤又害怕的语气中，我猜测“基督会信徒”非常危险，甚至对父亲来说也是如此。事实上，我根本不知道“基督会信徒”究竟是什么，但我对主祷词中的那个“耶稣”是熟悉的。

我想，那个从山上下来的男人一定是乔装打扮的，要不然他为什么要穿女人的衣服呢？或许他有什么邪恶的意图。我害怕极了，仓皇失措地跑进了屋里，一个箭步冲上楼梯，躲在阁楼最黑暗的一根房梁下。我不知道自己在那里藏了多久，但一定相当长，因为当我壮着胆子下了楼，小心翼翼地将头探出窗外，那个黑衣人却消失得无影无踪。之后的许多天里，地狱般的恐惧束缚了我的四肢，使我再也不敢走出屋子。即使后来再去路上玩时，树木丛生的山顶依然使我不安与警觉。当然，过了很久，我才意识到，那个黑色的身影是个毫无恶意的天主教神父。

大概就在那个时候——我不敢确定，可能比这次经历还要早一些——我有了最早的梦的记忆，一个占据我生命的梦。那时，我也就是三四岁的样子。

我们的住宅孤零零地矗立在劳芬城堡附近，教堂司事的农场后面有一大片草地。我梦见自己就在草地上。突然间，我发现了一个黑色的、长方形石砌的洞。我以前从没见过这样的洞。我好奇地跑过去，朝里面瞥了一眼，发现一个通往下面的石阶。我有些迟疑，也有点害怕，不过还是走了下去。洞底有一个圆形的拱门，门上挂着一个又大又重的绿色幕帘。那幕帘像是用加工过的锦缎制成的，看上去十分奢华。我很好奇，想知道幕帘后面到底藏着些什么，便掀了起来。在昏暗的灯光下，我面前出现了一个约30英尺长的长方形屋子。屋顶呈拱形，由石头砌成。地面是由石板铺成的，中间还铺着一条红色的地毯，由门口一直通向一个低低的平台，平台上放着一个金光闪耀的宝座，宝座上也许有一个红色的垫子。那是一座壮丽的宝座，像极了童话里国王的宝座。宝座上还矗立着什么东西，起初我以为是一个12到15英尺高、一英尺半到两英尺厚的树干。那是个庞然大物，几乎触到了屋顶。但是它的成分却很奇特：它是由皮和肉组成的，在顶部有个好似圆形人头的东西，没有脸也没有头发。在头部的顶端有一只眼睛，一动不动地盯着屋顶。

屋里面虽然没有窗户，也没有明显的光源，却显得十分明亮。头顶处出现了一束辉光。那东西虽然一动不动，但我感觉它随时都有可能像虫子一样从皇冠上爬下来，爬向我。我害怕得全身都僵住了。就在那时，我听见外面和屋顶上传来母亲的声音，她喊道："看看他，那就是吃人的怪物！"母亲的喊声使我更害怕了，我吓出了一身冷汗，醒来后还怕得要死。这以后的好几天晚上，我都不敢入睡，害怕自己再做类似的噩梦。

这个梦纠缠了我很多年。直到很久之后，我才意识到，我梦中看到的东西原来是男性生殖器，几十年后我才明白，那是在祭祀仪式中受人崇拜的生殖器。但我一直没弄懂母亲那句话的意思，是说那个东西是吃人的怪物呢，还是说那是个吃人的怪物呢？如果是第一种情况，那意思是说吃小孩的不是主耶稣或基督会信徒，而是男性生殖器；如果是第二种情况，"吃人的怪物"就是男性生殖器的象征，因此黑暗的主耶稣、基督会信徒和男性生殖器就是同一种东西了。

这个生殖器的抽象意义由这样的事实表示出来，它自立为王，"直挺挺地"立在那里。草地上的洞很可能代表一座坟墓，这座坟墓本身是一座地下神庙，它那绿色的幕帘象征着草地，或者说象征了覆盖着绿色植被的大地的神秘。地毯是血红色的。圆形拱顶又象征着什么呢？也许我已经去过姆诺，看见过沙夫豪森的城堡？但这是不可能的，谁也不会领一个三岁的小孩到那儿去。所以它不可能是一条记忆线索，同样，我一点儿也不知道在解剖学上无懈可击的生殖器是从哪儿来的。把输尿管解释为一只眼睛，上面还有明显的光源，它指明了“生殖器”这个词的词源（“闪耀”“明亮”）。

不管怎么说，这个梦里的生殖器好似地下一尊“不具名”的神，它一直留在我青年时代的记忆里，只要有人过分强调主耶稣，它就会在我脑海重现。主耶稣对我从来没有变成真真切切的形象，从来没有被我完全接受，从来没有使我备感亲切，因为我总是一次又一次地想到它在地下的那个对等物。这个可怕的启示降临到了我身上，可我并没有去找它呀。那个基督会信徒的“伪装”在人们教我的基督教教义上投下了阴影。我常常觉得它就像一场严肃的假面舞会，好像一个葬礼，哀悼的人脸色严肃，面带悲伤，不过一会儿却偷偷笑了起来，一点悲伤的感觉都没有了。在某些方面，主耶稣在我眼中似乎是一尊死神，他只是在驱散黑夜的恐惧时才对我有所帮助。可他自己却是一具钉在十字架上的、神秘的、血淋淋的尸体。人们常常谈起他的仁爱和善良，可我却暗自怀疑，主要原因是，那些经常说起“亲爱的主耶稣”的人都穿着黑色的礼服和闪亮的黑靴，他们总让我想起一场场葬礼。他们是父亲和我八个叔叔（全都是牧师）的同事。多年来，他们在我心中激起恐惧，更别提偶然见到的天主教神父了，他们叫我想起那可怕的基督会信徒，这些基督会信徒曾激怒过父亲，甚至使父亲惶恐不安。后来直到行坚信礼时，我曾想方设法迫使自己对基督采取应有的积极态度，可是我做不到，怎么也无法战胜心中隐隐的不信任感。

对“黑衣人”的恐惧，每个孩子都体会过。那不是我孩提经验中的关键；相反，关键在于一种深深印刻在我脑海的认识：“那就是耶稣。”因此在那个梦中，具有象征意义的场景和令人惊异的解释：“那就是吃人的怪物”，才是至关重要的。给我留下的深刻印象不是吓唬小孩的食人魔，而是这样的事实：这就是吃人的怪物，它端坐在地下室的一个金色宝座上。在我幼稚的想象中，首先只有国王才能坐在金色的宝座上；其次，上帝和主耶稣戴着金冠，穿着白袍坐在一望无际蓝天中一个更美、更高、更金碧辉煌的宝座上；从这位主耶稣的身上，我看到了“基督教信徒”的形象：他穿着黑色的女人服装，戴着宽大的黑帽子，从树木茂密的山坡上走来。我常常得朝山坡那里张望，以防又有别的危险走近我身旁。在梦里，我走进地下的一个洞里，发现宝座上的东西与我想象中的截然不同，那是一种非人类的、阴间的东西，目不转睛地盯着上面，以人肉为食。直到五十年后，一篇研究宗教仪式的论文中，有一段文字引起了我的注意，那段文字的主旨是食人的习性，强调了弥撒的象征意义。那个时候我才明白，儿时那两次经历中进入我意识里的思想非但毫不幼稚，反而很复杂，过分地复杂。究竟是谁在我的心中讲话？究竟是谁的意识创造了那些景象？究竟是一种什么样的超级智力在起作用？我知道所有的傻瓜都会喋喋不休地说“黑衣人”和“吃人的怪物”，“巧合”和“事后的解释”，以便驱散那些可能污染孩子无邪心灵的极为有害的思想。哦，这是些多么善良、高效、头脑健全的人呀！他们总让我想起那些在小水洼里晒太阳的，无忧无虑的蝌蚪，它们挤在浅浅的水洼里，亲昵地摇着尾巴，根本想不到第二天早上水洼将会干涸，它们就要无处栖身。

那么，谁会同我讲过这些事呢？谁会谈起过这些我完全搞不懂的问题呢？谁将上苍和地下结合，奠定了我后半生激情澎湃生活的基石？除了那个既来自上苍又来自地下的陌生的客人，还会有谁呢？

通过这个儿时的梦，我开始参与大地的秘密。那时候所发生的其实是一种地下的埋葬，过了很多年我才从中解脱出来。今天，我才明白，那是为了把最大量的光引进黑暗，是进入黑暗王国的开始。当时，我的理智生活有了它那种潜意识的开端。

1879年，我家搬到了巴塞尔附近的克莱恩·惠宁根的事儿，我已经记不得了。但后来几年发生的事却还记得。一天晚上，父亲搂着我，把我从床上抱起，来到朝西的门廊里。他指给我看夕阳西下的天空，那里正燃烧着一片灿烂的绿光。那时正值1883年，喀拉喀托火山爆发之后。

还有一次，父亲把我带出去看东边地平线上的一颗大彗星。

后来，当地发了一次大水，流过村庄的维泽河泛滥成灾，冲垮了大坝和上游的一座桥。十四个人淹死了，尸体被黄水冲进了莱茵河。洪水退后，一些尸体插进了泥沙里。我听说了这件事以后，便不顾一切地跑去看。我看见一个中年男子的尸体，他穿着黑色的礼服，肯定是刚从教堂出来的。他的身子一半埋在沙子里，胳膊放在眼睛上。我还同样饶有兴致地看过宰猪，从头到尾，看得全神贯注。这可把母亲吓坏了，她觉得太可怕了，但我对杀猪和死人都感兴趣。

我对艺术的最早记忆要追溯到在克莱恩·惠宁根生活的那些年。当时父母亲住的那幢房子是18世纪的一座牧师住宅，里面有一间很暗的屋子。屋子里陈设的家具质量很好，墙上挂着许多古画。我记得特别清楚的是一幅画着大卫和歌利亚的意大利作品。它是从奎多雷尼的画室里复制的，原作保存在卢浮宫。这幅画是怎么出现在我家的，我并不知道。那间屋子还有另外一幅老画，现在挂在我儿子的屋子里，上面画的是19世纪早期巴塞尔的风光。我经常溜进那间昏暗幽静的屋子里，在那些画前面一坐就是好几小时，对着它们的美出神，那是我当时懂得的唯一美的东西。

大约就在那时——我还是不到六岁的毛头小子——一个姨妈带我到巴塞尔，看博物馆里那些用稻草填充的动物。我们在那里待了很长时间，因为我想非常仔细地看每一件展品。下午四点，铃声响了，博物馆要关门了。姨妈在耳边唠叨催促，可我紧贴着橱窗，就是不想走。这时展室门已经锁了，我们只好从另一条路，穿过古代画廊走到楼梯处。突然，我看见了美丽绝伦的画像！简直令人神魂颠倒，我睁大了眼睛，一直盯着它，我从来还没见过那么美的东西。姨妈拽着我的手，把我拖到出口，我只好极不情愿地离开。她一边走一边嚷着：“坏孩子，闭上你的眼睛；坏孩子，闭上你的眼睛！”那是我最早看到的裸体和几片无花果叶子遮盖着的人像。以前我一点儿也没有注意到裸体美，这就是我第一次与美术的邂逅。姨妈怒气冲天，好像被人拖出了妓院一般。

我六岁的时候，父母带我到阿尔勒斯海姆去旅行。那次母亲穿的衣服令我终生难忘，那是唯一一条我能回忆起来的裙子：黑色的料子，上面印满了绿色的月牙。在我的记忆中，母亲最初是个年轻苗条、穿着这种服装的女郎，后来就变得衰老、肥胖了。

我们来到一座教堂，母亲说："这是一座天主教堂。"我既好奇，又害怕，悄悄从母亲身边溜开，从开着的门往里面窥探，正好瞥见装饰华丽的祭坛上点着一支支大蜡烛（当时是复活节期间）。这时我突然在阶梯上绊了一跤，下巴撞在一块铁上，父母抱起我时，血流不止。当时我心里的想法特别有意思：一方面，我觉得羞愧，因为我的尖叫声引起了上教堂礼拜的人们的注意；另一方面，我又觉得自己做了违禁的事。"基督会信徒——绿色的帷幕——吃人怪物的秘密……这就是和那些基督会信徒有关的天主教堂。我绊倒，疼得喊叫全都是他们的错。"

许多年过去后，已经不再暗自害怕流血、摔跤和那些基督会信徒的我，还是一直不愿进天主教堂。摔跤、流血似乎就是天主教堂的气氛，但正是这种气氛深深地吸引着我。要是一个天主教神父非靠近我不可，我肯定会非常不安。直到三十多岁以后，我才敢面对母校教会，并没有了压抑的感觉，那是我第一次来到维也纳圣斯蒂芬大教堂。

刚过六岁，父亲就开始给我上拉丁文课，同时也开始上学。我并不怕上学，因为在上学之前，我就学会了阅读，而且在学校里也总是名列前茅，所以觉得很轻松。记得有一次我读不懂，就缠着母亲大声给我朗读，那是一本有许多插图的古老的儿童读物《图解见世界》，里面讲到不少异国宗教，特别是印度教，有大梵天、毗湿奴、湿婆等插图，使我得到无穷无尽的乐趣。母亲后来告诉我，我后来总是不断地翻看这些插图。每当我看这些插图时，总有一种朦胧的感觉，觉得它们和我"原始的启示"很亲近；我从未对人讲起过它，也将永远保守这个秘密。母亲间接证明了我的感觉，我总是能感觉到，一谈起"异教徒"，她语调中就带有那一丝淡淡的轻蔑。我知道，如果我向她披露了我的"启示"，她一定会惊恐万分，连忙驳斥。我当然不会去自讨没趣。

这并不幼稚的行为，一方面与强烈的敏感和脆弱的内心有关系，另一方面尤其与我早年的孤独有关（我妹妹在我九岁以后出生），我只能一个人玩，按我自己的方式来玩。遗憾的是，我已经记不清我玩的是什么了，但我只记得，玩的时候，不愿别人来打扰。我让游戏给迷住了，既不愿人看见，也不愿人评论。七八岁时，我才第一次对玩游戏有了清楚的记忆。我对玩砖头情有独钟，用砖建塔，然后再兴高采烈地用"地震"摧毁它们。在八岁到十一岁那几年，我总是不断地画战争场面、包围、轰击和海战的画。然后我把整个练习册上涂满了墨迹，又为自己的精妙解释感到愉悦。我之所以愿意上学，就是因为在学校，我终于找到了或缺已久的玩伴。

在学校，我也有其他的发现。但在谈学校的事以前，我得先谈谈夜里的事。夜的气氛开始变得浓厚了，各种事都在夜里发生，令人费解又警觉。父母不在一起睡，我睡在父亲的房间。从母亲的卧室门里传来了骇人的声响。一到夜里，母亲就变得古怪、神秘。有一天晚上，我看见一个模糊不清的影子从她的房门出来，它的头离开了脖子，在面前的空气中浮动，就像一个小月亮。突然，又出现了另一个头，那头又离开了脖子。这种情形重复出现了六七次。我总是做这些令人担忧的梦，梦中的事物忽大忽小。例如，我看见老远的地方有一个微小的球，那球缓缓朝我滚来，越滚越大，最后变成一个骇人的、令人窒息的东西。又有一次，我梦见了电线，上面落着许多鸟，突然，电线开始变得越来越粗，直到我被吓醒。

这些梦说明了我生理的变化，而青春的发育，也在我七岁的时候拉开了序幕。那时，我得了假性哮喘病，还伴有阵阵窒息。有一天晚上突然发起病来，我站在床角，脑袋耷拉在床栏杆上，父亲把我抱进怀中。我看见头上有一个蓝色的光圈，大约满月那么大，里面许多金色的小人在不停地旋转，我想他们大概是天使吧。这一幻象不断出现，每次都能减轻我对窒息的恐惧。可是一做焦虑的梦，窒息就又来了。我觉得这里面有一种心理因素：房内的空气开始变得无法呼吸了。

我讨厌上教堂，但圣诞节的时候例外。圣诞颂歌《上帝创造了这一天》使我觉得特别愉快。当然，晚上的圣诞树就更棒了。只有圣诞节我才能热烈地去庆祝，对其余的基督教节日我却显得冷漠。除夕虽然也有某种像圣诞节时的魅力，但跟圣诞节是比不了的。基督降临节也不错，但无法跟即将来临的圣诞节媲美。它总是和夜晚、暴风雪、风、房中的黑暗紧密相关，那时总能听到细微的声响，总有离奇古怪的事发生。

现在来说说和我那些乡村同学有关的事。我发现他们使我自身发生了异化。和他们在一起时，我就和在家里时大不一样。我和他们玩各种各样的恶作剧，有些把戏在家里永远不会发生。虽然我心里明白，这些把戏我独自一人完全就能策划出来。但我觉得，我自身的变化主要来自同学的影响，他们在一定程度上引导我，或者说强迫我与我想象中的自己不同。这个没有父母但却包含了别人的较广阔的世界，对我产生的影响，如果不是完全可疑的，至少也是隐隐约约有敌意的。虽然我越来越感到那个明亮白日世界的美，在那里“金色的阳光透过绿色的树叶”，但同时也预感到那个无法逃避的影子世界，那里到处都有令人害怕的、无法解答的，又抓着我不放的问题。当然，晚上的祷告可以给我一种仪式上的保护，因为它恰当地结束了一天，适时地开始了夜和睡眠，但白天又潜伏着新的危险。我仿佛觉得自己分裂了，害怕极了。我内心的安全受到了威胁。

我还记得这段时期（七至九岁），我喜欢玩火。我们家花园里有一面用大石头砌成的老墙，石头缝形成了有趣的洞，我常在其中一个洞里生一小堆火，为了不使火熄灭，我就让别的孩子帮我四处找木头，不断添柴，不断燃烧。这堆火只归我一个人照管，别的孩子可以在别的洞里生火，可他们的火亵渎神灵，也与我无关。我的火烧得很旺，上面确有一圈圣洁的辉光。

在这堵墙的前面有一道斜坡，里面埋着一块突出的石头，这是我的石头。当我一个人的时候，常常坐在上面，开始天马行空的想象："我正坐在石头上，石头在我下面。"但石头也能说"我"，也能想："我躺在这道斜坡上，他正坐在我上面。"于是问题来了："我是那个坐在石头上的我呢，还是上面坐着他的石头呢？"这个问题总使我感到困惑，我总是站起来，弄不清谁是谁。这个问题的答案一直没弄清，一种神秘的、有趣的黑暗感伴随着我的疑惑。但有一点是毋庸置疑的，这块石头和我有某种神秘的关系，我可以在上面一坐好几小时，被它提出的谜一样的问题搞得晕头转向。

三十年后，我又站到那道斜坡上，此时我已结了婚，有了孩子和房子，有了地位，也有了一个充满各种想法和计划的头脑。但突然我又变成了原来的那个孩子：点一堆充满神秘意义的火，并且坐在石头上苦思冥想究竟石头是我，还是我是石头的孩子。我立刻想到自己在苏黎世的生活，那段时光仿佛是陌生的，如同从遥远的空间和时间传来的消息。这使我感到心惊胆战，因为我刚刚沉浸于其中的童年世界是永恒的，我已被强行拽出这个世界，坠入不断滚滚向前、越来越远的时间中。那个世界的拉力是如此强大，我只能粗暴地把自己从那里拽走，以免失去对未来的控制。

我永远也不会忘记那一时刻，它像闪电一般照亮了我童年的永恒性。这里的含义在我十岁那年被揭示了出来。我自身的分裂和对世界的捉摸不定致使我做出了连我自己也难以理解的行为。那时我有一个涂着黄漆的铅笔盒，小学生一般都用它，铅笔盒里有一把小锁和一把普通的尺子。在尺子的一头，我刻了一个小矮人，大约两英寸高，穿着礼服，戴着高帽子，脚踩一双闪亮的黑靴子。我用墨水把他染成黑色，然后从尺子上锯下来，放在铅笔盒里。我在铅笔盒里给他做了一张小床，还用一点羊毛给他做了件大衣。我还从莱茵河畔给他找了一块光滑的椭圆形黑石块，涂上水彩，看上去像分成了上下两半，并装在裤兜里好久，最后，我把他放进了铅笔盒。那是他的石头。这一切都非常机密。我悄悄地把铅笔盒拿到房顶上的阁楼禁地（因为楼板已经被虫子啃食朽坏），相当满意地把他藏在屋檐下的一根大梁上，谁也别想看见！没有任何人能发现和摧毁这一秘密，我十分放心。由于内心矛盾所受的折磨烟消云散，每当我做错了什么事，或者感情受了伤害，每当父亲大发雷霆，或者母亲病弱不起使我感到压抑，总之，每当遭遇这些艰难时刻，我总能想起那个平躺着、小心翼翼包裹着的小人，想起他光滑的、染得非常漂亮的石块。我时不时地——每隔几个星期——躲开人们的视线，偷偷溜上阁楼，爬上大梁，打开铅笔盒，看看我的小人和他的石块。每次我还要在盒子里放一个小纸卷，上面是我在学校写的、只有我自己明白的秘密语言。加一个小纸卷的行为总是有某种庄严仪式的意味，遗憾的是，我想不起我要对小人说什么了。我只知道，我的这些“信件”成了小人的一个图书馆，我猜想，这些信件可能包含着令我特别高兴的话。

对于这些行为的意义，或者究竟该怎样解释它们，我从不担心。我满足于有一种刚得到不久的安全感，满足于占有某种别人不知道因而无法获得的东西。这是一种永远不能背叛，神圣的秘密，因为我的生命安全完全依赖于它。为什么如此，我没有问过自己。事情就是这样。

心中藏有秘密对我性格的形成有着巨大的影响。我认为这是我童年时代的本质特征。同样，我没有向任何人提起过那个关于生殖器的梦，基督教信徒也属于只有我自己知道的神秘王国。小木人和他的石块是我的首次尝试，尽管这种尝试是潜意识的、幼稚的，但我却希望赋予这个秘密以形态。我总是沉溺其中，总觉得应该探寻它的意义，但我却不知道自己想要表达的是什么。我总是希望我能够找到些什么——也许在大自然中——它给我提供一些线索，使我弄清那秘密在哪里，是什么。在那时，我对植物、动物和石头的兴趣增加了。我总是不断地寻找某些神秘的东西。我的意识告诉我，自己有了某种基督教的意识，虽然总是相当保守："事情根本不那么确定！"或者，"地下的那个东西又是怎么回事？"当人们把宗教教义灌输给我时，便对我说："是的，这是美好的，善良的。"但我却告诫自己："没错，可还有些别的什么，还有一些非常秘密的，人们不懂得的东西。"

雕刻木头小人的逸事是我童年的高潮，也是它的终结。这事大约在我心中徘徊了一年。后来就彻底忘记了，直到三十五岁才想起，儿时记忆的片段才从迷雾中重新浮现出来，显得既质朴又清晰。当时我正沉浸于我的《潜意识心理学》一书的初期研究中，我研读了阿尔勒斯海姆附近窖藏的灵魂石和澳大利亚的护身符，我突然发现，我心中有了这样一个真切的石头形象，虽然我并没有看见过它的复制品，它是椭圆形的、微黑的、涂成上下两半，而铅笔盒和小人的形象正好加入了这一形象。小人是古时候披着小斗篷的神，如同站在艾斯库累普纪念碑上的泰勒斯弗罗斯给他读卷轴上的文字。随着这一回忆，我第一次产生了这样的信念，古代的心理因素在没有任何直接传承的情况下会进入个人的心灵。很久以后，查阅过父亲的图书室，发现里面没有一本书会传递此类信息。此外，父亲确定，对此也一无所知。

1920年我在英国时，用木头雕刻了两尊与儿时小人儿类似的人像，却不再记得那时的经验。后来又用石头按照其中的一个刻了较大比例的复制品，目前放置在奎斯纳克特我的花园里。只有在我雕刻这一作品时，潜意识才为我提供了一个名字。它把这一形象称作阿特马维克图，意为“生命的呼吸”。这是我儿时梦境中那可怕的树的进一步发展，现在看来那可怕的树正是“生命的呼吸”，是具有创造力的脉冲。最终，那小人成了一个卡比尔，包裹在小礼服里，藏在西斯塔中，由椭圆形的黑石给他提供生命力。但是这些联系都是后来才明白的。当我是个孩子时，我自己参加一些祭祀仪式的活动，就像非洲居民现在所做的那样。他们采取行动，却不知道自己在做些什么，直到许多年之后才明白过来。

第二章　中学时代

从另一个方面来说，十一岁那年对我特别有意义，因为此时我被送进了巴塞尔的大学预科。这样，我就远离了那些乡村的伙伴，真正进入了“大世界”。那里有许多有权力的大人物，他们的权力远比我父亲大得多，他们住在高大宽敞的宅院里，乘坐昂贵豪华的马车，讲一口文雅的德语和法语。他们的子弟，衣着讲究，彬彬有礼，口袋里塞满零钱。这些公子哥儿现在成了我的同学。当我听到他们谈论在阿尔卑斯山度假的情景时，心头交织着极大的惊异和隐秘可怖的妒忌。他们曾经爬上苏黎世附近闪闪发光的雪峰，甚至还去过大海，后者简直叫我目瞪口呆。我凝视着他们，好像他们是来自另一个世界，来自那无法企及的、白雪皑皑的、光辉灿烂的山峰，来自那遥远的、难以想象的大海。于是，我第一次意识到我家有多么穷！我的父亲不过是个穷困潦倒的乡村牧师，而我则是一个乡村牧师赤贫的儿子，穿着破了洞的鞋子，在学校要一坐六小时，袜子湿了没有换的。我开始用异样的眼光来看待父母，开始懂得他们的关爱与忧虑。特别是对父亲，我十分同情，奇怪的是，对母亲的同情就不那么多。我总觉得她比父亲坚强。可一旦父亲情绪失控，朝她发火，我总是站在她那边。这种必须明确立场的行为对我性格的形成是不利的。为了从他们的冲突中超脱出来，我不得不扮演一个超级仲裁人的角色，犹豫不决地判断父母的是非。这使我产生了某种自我膨胀的情绪；我那不稳定的自信开始忽而膨胀，忽而收敛。

我九岁的时候，母亲又生了一个小女孩。父亲既激动又高兴。“今天晚上，你多了个小妹妹。”他对我说。而我却大吃一惊，因为我什么也没有注意到。母亲比平时躺在床上的时候更加频繁了，可我根本没有当回事，在我看来，她卧床不起是一种不可原谅的软弱。父亲把我领到母亲床边，她抱出一个看起来叫人失望至极的小生命：一张嫩红的、满是皱纹的脸，活像一个老头，眼睛闭着，就像一只瞎眼的小狗。背上长着一根根长长的红毛，它难道想长成猴子？我当时吓了一跳，不知道自己的感觉是什么。难道刚生下的孩子就长这个样子？他们嘟嘟囔囔地谈论着鹳，据说婴儿是鹳鸟送来的。不过小狗和小猫们的幼崽儿又怎么样呢？在一窝崽儿生完之前，鹳鸟得来回飞多少趟啊？那么母牛呢？我无法想象鹳鸟能设法用嘴叼着一整头牛犊。不仅如此，农夫们还说母牛产崽，而并非由鹳鸟叼来牛犊。显然，这个故事是强加在我身上的又一个谎言。我确信，母亲又做了一件我不该知道的事。

妹妹的突然出现让我产生了一种模糊的不信任感，这使我的好奇心和观察力变得敏锐了。母亲随后作出的一些古怪反应证实了我的怀疑，说明有种令人遗憾的事与这次生育有关，否则，这件事就不会太令我烦恼了，虽说它很可能对强化我十二岁时的一段经历起了推波助澜的作用。

母亲有种讨厌的习惯，那就是当我应邀外出的时候，她老是追在屁股后面喊出各种各样的好建议。在这些场合，我不仅穿着最好的衣服，皮鞋擦得锃亮，而且还感觉到我在公共场所庄严的目的和高贵的形象，因而让人们听见妈妈在身后喊出的那些不光彩的话，对我来说是一种耻辱："不要忘了代爸爸妈妈向他们问好，擦擦鼻子——带手帕了吗？洗过手了吗？"以及诸如此类的话。当我出自自尊和虚荣，小心翼翼地要呈现出一副尽可能无可挑剔的形象时，那种伴随着我的妄自尊大的自卑感却又这样被暴露在光天化日之下，实在是不公平。因为这些场合对我来说意义重大。在去赴约的路上我觉得很了不起，很高贵，就像我在周末穿上节假日才能穿的衣服一样。然而，我一看见我要访问的那幢房子，画面就急剧变化了，然后那家人豪华和权势的感觉就压倒了我。我害怕他们，感觉自己是那么的渺小，恨不得钻进深深的地缝里。我按门铃时就是这种感觉。在我听来，房内的铃声就像丧钟一般。我像一只丧家犬般胆小、怯懦。母亲事先为我作了周到准备，反而弄巧成拙。然后铃声就将在我耳畔响着："我的鞋也肮脏，手也肮脏，我没有带手帕，脖子黑乎乎的。”出于一种反抗，我偏不传达父母的问候，或者举动带有不必要的害羞和固执。如果情况变得太糟，我就会想到藏在顶楼上的秘密宝藏，然后我就会再次平静下来。在我处于孤独绝望的境地时，我记起我是那“另一个人”，那“另一个人”拥有不可侵犯的秘密、黑石块和穿长袍戴高帽的小人。

我无法回想起在童年时曾想到过，在主耶稣——或那个穿黑长袍的基督会信徒——那些穿斗篷戴高帽站在坟墓边的人、草地上坟墓般的洞穴、男性生殖器的地下神殿，以及我那铅笔盒里的小人之间，有可能存在某种联系。梦到一个阴茎形象的神是我的第一大秘密，矮人则是第二大秘密。然而，我并不认为我隐约感觉到，那块“灵魂之石”和也是我本人的那块石头之间存有什么关系。

直到今天，在我八十三岁写下回忆录之时，也从未解开那缠绕在我最早回忆上的结。最早的回忆就像地下的单株根茎所发的芽，就像一个个在潜意识发展道路上的车站。虽说我愈来愈不可能对主耶稣采取一种积极的态度，但却记得，从我十一岁时起，就对有关上帝的观念开始感兴趣了。我喜欢向上帝祷告，这多多少少令我满足，因为那是种没有矛盾的祷告。上帝并没有因为我的不信任而变得复杂起来。而且，他不穿黑袍，不像画上的主耶稣，穿着靓丽的华服，人们对他的举止习以为常。相反，上帝是一个独一无二的存在，我听说，人们不可能对他形成任何正确的概念。虽然他像一个权力至高无上的老人，但令我极其满意的是，有一种戒律规定，“你不会把自己雕刻成任何塑像或使自己与任何事相似”。因而人们对待他就不能像对待主耶稣那样熟悉，耶稣绝非“秘密”。与我的阁楼秘密相类似的某种东西开始使我深受启发。

学校开始令我厌烦。它占据了我大量的时间，比我宁愿描绘战争场面和玩火的时间都要长。神学课真是枯燥得难以言喻，而我对数学课的感觉是一种彻头彻尾的恐惧。老师宣称，代数是完全自然的事情，应该把它当作天经地义之事，而我甚至不知道数字究竟是什么东西。它们不是鲜花，不是动物，不是化石；它们不是可以想象出来的事物，而只是由计算产生出来的量。令我疑惑不解的是，这些量现在又是由字母来代表，字母又意味着声音，因此你有可能听见它们讲话。说来奇怪，我的同学能够掌握它们，发现它们不言自明。谁也不能告诉我数字是什么，而我甚至不能将这个问题明确地表达出来。可怕的是，我发现谁也不理解我的困难。我必须承认，我的老师竭尽全力向我解释，为什么要进行这种奇特的运算，将可理解的量转化为声音。我终于领悟到，目的在于达到一种节略的体系，在这体系的帮助下许多量能够置于一个简短公式之中。但这一点也没有使我产生兴趣。我以为那整个事完全是强词夺理。为什么数字要由声音来表达？人们也可以用苹果树表示a，用盒子表示b，用问号表示x。a、b、c、x、y、z并不具体，它们像苹果树一样，不能向我解释出数字的实质。但最令我恼怒的是这一定理：如果a=b，而b=c，那么a=c，虽然根据定义a与b的意思截然不同，既然不同，a因而也就不能与b相等，更不用说与c相等了。每当出现一个等式的问题，那么就说a=

a，b＝b……好了。这一点我能够接受，而a＝b在我看来却完全是个彻头彻尾的谎言或者骗局。当老师亲口说出他本人有关平行线的定义，说它们在无穷大时相遇时，我又暴怒起来。在我看来，与愚弄农夫的愚蠢把戏相比，这并没有好到哪去，而且我既不能与它有关也不愿与它有关。我智力上的道德与这些反复无常的自相矛盾斗争着，这些自相矛盾使我永远也不能理解数学。一直到晚年我都有这种根深蒂固的感觉，如果像我的同学那样，我能够毫不费力就接受a＝b、太阳＝月亮或狗＝猫这一定理，那么数学就已经无穷无尽地愚弄了我——我只有到八十四岁时才会意识到，自己被愚弄到什么程度。我的一生中始终有一个谜，即毫无疑问我能够正常进行运算，可不知为何我永远也不能设法在数学中辨清方位。最令我不解的，则是自己在道义方面对数学的怀疑。

我只有在用特殊的数字值替代字母并通过实际计算来验证运算时，才能够理解方程式。随着数学课的学习，通过抄写我并不懂的代数公式，通过记忆在黑板上的特殊字母组合，能够多多少少有些进展。我再也不能够通过替换数字来取得进步，因为老师不时说道，“在这儿我们写上某某公式”，然后他就会在黑板上潦草地写上几个字母。我不知道他从哪儿弄来的这些字母，不知他为何写——我所能看出的唯一原因就是，这使他能将整个运算过程带到他觉得满意的结论。我的不理解令我胆怯，使我不敢问任何问题。

对我来说，数学课完全成了恐怖和折磨。我发现其他的课程比较容易，而且由于我有良好的视觉记忆，所以能长期把数学课蒙混下来，还总是得高分。但是我对失败的恐惧以及面对着广袤世界产生的渺小感，不仅使我生成了一种厌恶的感觉，而且有一种无言的绝望，这完全替我把学校毁掉了。此外，我还以丧失能力为由，免修绘画课。这从某些方面来说，正合我意，因为它给予我更多的自由时间；但另一方面又是个新的失败，因为我还有点绘画的天赋，尽管我当时并没有意识到，就本质而言，那完全是良好的自我感觉。我只能够画激发起我想象力的东西，但我却被迫临摹瞎着眼睛的希腊众神复制品，而当临摹不好的时候，老师显然认为我需要某种更为自然的东西，于是把一张画有山羊头的图片放在我的面前。这个作业我完全失败了，我的绘画课就这样结束了。

除了数学和绘画的失败之外，还有第三个失败：我从一开始就讨厌体操。我无法忍受让别人告诉我怎样做动作。我上学是为了学习知识，而不是去练习毫无用处和意义的杂技。不仅如此，由于我幼年的事故，我有某种身体上的胆怯，那胆怯直到很久以后才克服掉。这种胆怯反过来，又与对世界及其潜力的不信任联系了起来。固然，在我看来世界是美丽又令人满意的，但它也充满着模糊而难以揣测的危险。因此从一开始我总是想知道，我要把自己托付给什么东西，托付给谁。难道这可能与我母亲有关，因为她曾抛弃过我几个月？正如我将在下文叙述的，我的神经性昏厥开始发作，医生禁止我练体操，这实在令我满意。我摆脱掉那个负担——咽下了又一个失败。

由此获得的时间并没有完全用于玩耍。它使我更自由地沉溺于我已产生的那种绝对的渴望，我养成了阅读的习惯，翻阅手中的每一件印刷品。

对我来说，十二岁那年的确是决定命运的一年。1887年初夏的一天，我站在大教堂广场，等着一位与我同路回家的同学。时间是十二点，早上的课已经结束了。突然另外一个男孩猛地推了我一下，将我击倒。我倒了下来，头重重地撞在路缘石上，几乎失去了知觉。接下来的半小时里我有点头晕目眩。在我感觉到撞击的那一瞬间，一个念头从脑中闪过："现在你再也不用上学了。"我仅仅是半失去知觉，其实已经没有太大必要躺在那里，不过我还是一动没动，主要是为了报复袭击我的人。然后有人把我抱了起来，送到附近的一户人家，那儿住着两位上了年纪的老处女阿姨。

从那时起，每当我不得不返回学校，或者父母强迫我做功课时，我的昏厥就开始发作。我有六个多月没有上学，对我来说那是种郊游。我无忧无虑，能够做几小时的梦，到林中嬉戏、在水边玩耍或者画画，想到哪里就到哪里。我又开始画有关战斗的图画，或者战争的惨烈场面，古老的城堡遭到攻击和焚烧，或者一页页地画着漫画。直到今天，在入睡之前类似的漫画有时还曾浮现脑海，龇牙咧嘴的面具不断地移动、变幻，它们当中有一些不久之后就死去的熟人的面孔。

总而言之，我能够全身心地投入神秘的世界之中。那个王国有树木、水塘、沼泽、石头和动物，还有父亲的图书室。但我离真实的世界却越来越远，一直隐隐约约有着阵阵心灵的剧痛。我游荡，收藏，阅读，玩耍，消磨时光，但这并没有使我更快活，我有着一种莫名的感觉，我从自我中逃离了。

我完全忘了这一切是怎样产生的，但我同情父母的担忧。他们找了许多医生来治疗，医生们挠挠头，打发我和温特图尔的亲戚们一起度假。这个城市有个火车站，它可成了我无尽欢乐的来源，但返回家后，一切又与往常一样。有个医生认为我得了癫痫，我知道癫痫病发作是怎么回事儿，心中忍不住嘲笑这无稽之谈。父母更加忧虑了。一天，一位朋友来看望父亲，他们坐在花园里，而我则躲在灌木丛后，因为有一种难以满足的好奇把我缠住了。我听见客人对父亲说："你儿子怎么样了？""唉，糟透了，"父亲答道，"医生怎么也搞不清他得的是什么病。他们认为可能是癫痫。他要是治不好那就太可怕了。我那仅有家当已经丧失殆尽了，要是这孩子不能自力更生，那可怎么是好？"

我像遭雷劈了一般。这是与现实的冲突。"不行，我必须用功了！"我突然想道。

从那一刻起，我成了个严肃的孩子。我爬到一边，来到父亲的书房，取出我的拉丁语法书，精神高度集中地死记硬背起来。十分钟以后，我的昏厥微妙地发作起来，我几乎从椅子上掉下去了，可是过了几分钟，感觉好了一些，又继续用功。"该死，我不能晕。"我对自己说道，要坚持下去。这一次大概过了十五分钟才又发作。第二次发作也像第一次那样过去了。"现在你必须真的用功。"我坚持了下去，一小时过后，第三次发作又来了，但我仍然没有放弃，又学了一小时，直到我觉得已战胜了它。突然间，我感觉自己的状态比以前几个月都要好，而且事实上我再也没发作过。从那一天起，每天我都学拉丁语法和其他教科书上的知识。几个星期以后我返回学校，病从此不发作了，就连在学校里也一样。一大堆鬼把戏结束了，我把它们战胜了！就在这时，我明白了，什么是神经衰弱症。

我逐渐回忆起这一切是怎么产生的，清晰地看到这整个丢人的局面是我本人一手安排的。这就是为什么，我从来没有真正埋怨过那个把我推倒的同学。我知道，可以说他受了我的教唆，整个事件是一个恶魔般的阴谋。我也知道，这种事再也不会发生在我身上了。我对自己感到愤怒，同时也为自己感到羞耻，我知道，我损坏了自己的形象，并愚弄了自己。这怪不得别人，我就是那个该诅咒的叛徒！从那一刻起，我再也不能忍受父母对我的担忧，或者用一种怜悯的口吻同我讲话。

这种神经衰弱症成了我的又一个秘密，但却是个可耻的秘密，是个失败。然而，它却在我身上诱发出一种刻意的拘泥和一种非同寻常的勤奋。这些日子成了我尽职尽责的开端，那种尽职尽责并不是为了做做样子，以便有所成就，而是为了自己能够真正成才。我每天按时五点钟起床学习，有时从凌晨三点一直学到七点，然后再去上学。

在危机时期致使我误入歧途的，是我对孤独的热情喜爱。在我看来，大自然充满了奇迹，我又想浸入自然的奇迹之中。每一块石头、每一株植物、每一件东西都似乎栩栩如生，不可思议。我浸入自然之中，好像爬入自然每一根神经中，脱离开整个人类世界。

大约在同一个时候，我还有一段重要的经历。我从居所克莱恩·惠宁根附近的大路出发，前往巴塞尔上学，霎时我产生了一种势不可当的印象，觉得自己刚从浓浓的云雾中探出头来。我立即明白了一切：现在我是我自己了！就好像有一面雾墙在我的身后，而在那面墙后还没有一个“我”字。但在这个时刻，我遇见了我自己。以前我也存在过，但只是一切发生在我身上，而现在则是我发生在我身上了。现在我知道，我是我自己，我正存在着。在此之前我是按照别人的意志去做这做那，现在我有了自己的意志。在我看来，这个经历无比重要、新颖：在我身上有了“权威”。奇怪的是，在这一期间以及我的神经衰弱症隐隐发作的那几个月里，我丧失了对阁楼宝藏的一切记忆，否则的话，在那时，我就很可能意识到，我的权威感与激发我价值感的宝藏之间，有着某种类似的地方。但实际情况并非如此，我对铅笔盒的一切记忆全都消失了。

大约在这个时候，我应邀去往朋友家度假，他们在卢塞恩湖边有一栋房子。令我欣喜的是，那房子就在湖畔，还有一个船屋和一只划艇。主人允许我和他儿子使用这艘船，不过严厉警告我们不可鲁莽行事。令主人失望的是，我还真的知道怎样驾驶威德令船（长平底船一类的船）——也就是说站着划。在家里我们有这么一艘平底船，我们在上面玩弄了一切可以想象的花招。因此，我做的第一件事，就是站在船的尾座上，用一个桨划入湖中。对焦虑的房主人来说，这太过分了。他吹口哨让我们回来，然后给我一顿臭骂。我完全垂头丧气，但又不得不承认，我所做的恰恰是他不让做的，承认教训得完全有理。同时我又勃然大怒，这个肥胖、无知的乡巴佬居然敢侮辱我。

这个我不仅已经长大，而且重要，是一种权威，是一个有地位有尊严的人，是一位老人，是一个受到尊重和敬畏的对象。然而与现实的对照是那样古怪，以至于在盛怒之中我突然有些踟蹰，因为有个问题来到唇边："不管怎样，你究竟是谁，你的反应好像在说，只有鬼才知道你是多么重要！可是你又知道他完全是正确的。你还不到十二岁，是个学生，而他却是位父亲，一个有钱有权的人。除此之外，他还拥有两栋房和几匹骏马。"

这时，令我大惑不解的是，我觉得我实际上是两种不同类型的人。其中一种人是个学生，他学不会代数，对自己完全没有把握；另一种人则身世显赫、位高权重，就像这个制造商一样有势力、有影响。这"另一种人"是位生活在18世纪的老人，他穿着系扣的鞋，戴着白假发，驾着一辆带有凹面后轮的马车，那个盒子就是用弹簧和皮带悬在两个后轮之间。

这个念头源于我以前有过的一个奇特体验。当我们住在克莱恩·惠宁根时，有一天一辆绿色古马车从黑树林驶过我们家。它是个真正的古董，看上去完全就像是直接从18世纪驾来的。我见到它时已按捺不住激动的心情："是它！就是它，它来自我的时代。"就好像我把它认出来一般，因为它与我在自我中驾驶的那一辆是同一个型号。然后又产生了一种奇怪的厌恶感，好像有人偷了我的东西，或者说好像我被欺骗了——欺骗了我那可爱的过去。这马车就是往昔的一件文物！我无法描述我身上发生了什么，又是什么东西如此强烈地感染了我：一种渴望，一种怀旧，或者是一种承认，不停地说道："是的，就是这个样子！是的，就是这个样子！”

我还有一个又回到18世纪的体验。在我的一个姨妈家里，我曾见到一个18世纪的小雕像，那是件古老的赤土陶器，由两个彩色人物构成。其中一位是老斯图克伯格医生，他是18世纪末巴塞尔市的一位名人。另一个则是他的一个病人：她闭着眼睛，伸着舌头。据说有一天老斯图克伯格正走过莱茵桥，这时这位令人讨厌的病人突然间从不知哪儿出现在他的面前，喋喋不休地抱怨着。老斯图克伯格不耐烦地说：“好吧，好吧，你一定哪儿不舒服。伸出舌头来，闭上眼睛。”女人照做，斯图克伯格趁机立即跑开，而她则一直伸着舌头站在那儿，惹得人们大笑不止。小雕像上的老医生穿着系扣的鞋，奇怪的是我把那鞋当成我自己的了。我确信，这就是我以前穿过的鞋。这个信念使我激动得发狂。“哎呀，这一定是我的鞋！”我仍能够感到这鞋是穿在我脚上，但却说不出这疯狂的感觉从何而来。我无法理解那种与18世纪完全一样的感觉。在那些日子里，我常常把1886年写成1786年，每当出现这种情况时，一种莫名的怀旧向我涌来。

因船上的恶作剧受到应有的惩罚之后，我开始思索这些互不相连的印象，它们结合成一幅连贯的画面：我同时生活在两个时代，是两类不同的人。我觉得困惑，充溢着沉重的反思，最后我失望地意识到，不管怎样，现在我只不过是个小学生，他该受到惩罚，他的行为应该和他的年龄相符才对。那另外一类人一定纯属胡扯，我觉得他多少与我从父母和亲戚那里听到的，与我祖父的许多故事有关。然而这也不全对，因为他生于1795年因而生活在19世纪；另外，我出生前很久他就已死去了。有可能我与他是同一的。应该说，这些思考大多以模糊的闪念及梦幻的形式出现。我再也记不清当时是否知道，自己像传说中的那样，是歌德的亲戚。我想我并不知道，因为我是从一个陌生人那里，第一次听到这个故事。我应该补充一句，有一种烦人的传言，说我祖父是歌德的私生子。

同年一个美好的夏日，中午时分，我走出了学校，来到大教堂广场。天空蔚蓝闪亮，多么阳光灿烂的日子！大教堂房顶金光熠熠，阳光在崭新夺目的瓷砖上迸发光彩。我被眼前的美景征服了，心想："世界是美丽的，教堂是美丽的，是上帝创造了这一切，他坐在天堂，那遥远蓝天的一个金宝座上……"我的思想在这儿产生了一个巨大的洞，一种阻塞的感觉。我感到一阵麻木，只知道："不要再想下去了！有种可怕的东西即将来临，某种我不愿想甚至不敢靠近的东西。为什么呢？因为我会犯下最骇人的罪孽。什么是最恐怖的罪呢？是谋杀吗？不，绝不可能。最恐怖的罪孽是违逆圣灵的旨意，是不可饶恕之罪。谁犯了这种罪谁就得永生永世下地狱。作为父母的心肝宝贝，他们的独生子，如果命中注定要受永生的咒诅，他们肯定会伤透了心。为了父母，我绝不能干这种事。我需要做的就是别再胡思乱想了。"

可是说起来容易，做起来难。从学校回家的路很长，一路上我尝试着思考各种各样其他的事情，但我发现自己的思绪总是三番五次回到我情有独钟的美丽大教堂和坐在宝座上的上帝——然后，我仿佛受了猛烈的电击似的，思绪再次飞到了别处。我不断地自言自语道："别想它了，一定不要再想它了！"回到家时，我显得疲惫不堪。母亲看到我不太对劲，于是便问道："怎么了？在学校出什么事了？"我能让她放心，也没撒谎，说在学校没出什么事。我心里确实想过，要是把心中翻江倒海的真正原因告诉母亲，也许能对我有帮助。但要是向母亲坦白，我就不得不做那件看似不可能完成的事：把所思所想全都吐露出来。我这位可怜的亲人完全不起疑心，也不可能知道我已经陷入可怕的危险之中，犯了不可宽恕的罪，纵身跌落地狱。我放弃了坦露此事的念头，并设法把自己的行踪隐藏得更深。

那天晚上，我在床上辗转反侧，难以入睡。那个禁忌的思想一次又一次试图冲出我的脑海，虽然我对它还一知半解，而我则是拼尽全力阻挡它。后来的两天简直就是一场折磨，于是母亲认为，我一定是病了。但我还是抵抗住了想坦露心扉的诱惑，因为我想，这会令母亲伤心欲绝。

然而，到了第三天晚上，这种折磨变得实在无法忍受了，我再也不知道该怎么办了。我在床上翻来覆去，睡着没多久，就又醒了过来，于是便又忙着去想大教堂和上帝了。我差点一直想了下去！我感到自己的反抗越来越弱了。我害怕得直冒汗，于是便在床上坐了起来，赶走全部睡意。"这事儿要发生了，这可是件严肃的事啊！我一定得好好想想，一定得事先想个答案出来。我为什么要去想我所不懂得的事呢？说实在的，我自己并不想去想，那是肯定的。但是谁要我去想呢？是谁想强迫我去想自己既搞不懂又不想知道的事呢？这一可怕的愿望从何而来呢？还有，我为什么应该是为此而受折磨的那个人呢？那时我正想赞美这个美丽世界的造物主，感谢他赐予了我不可估量的天赋，因此，我为什么非得去想那些难以想象的恶毒之事呢？我不懂得这恶毒之事是什么，我确实不懂，因为我不能也绝不该随便向这一想法靠近，因为要冒着即刻去想它的风险。我没有干这件事或者想干这件事，它却像噩梦一样临到了我的头上。这样的事是怎么来的呢？我虽然没有去干，但这件事还是发生在我的身上。为什么呢？总之，我不是自己创造出来的，我是按照上帝造物的方式来到这个世界上的——就是说，我是按照父母的样子创造出来的。或者说，我父母要的就是这种东西吗？但是，我善良的父母绝不可能有过任何那样的想法。这样恶毒的想法是绝不会发生在他们身上的。”

我发觉这一想法极为荒唐。然后，我便想到了我的祖父祖母，我只是通过他们的画像才认识他们。他们显得仁慈又庄严，足以驱除掉有可能归咎于他们的任何想法。我在心里把一长串不认识的祖先都想了一遍，终于想到了亚当和夏娃，随之而来的便是这一决定性的想法：亚当和夏娃是人类的祖先，他们没有父母，而是由上帝直接创造的，上帝有意使他们成为他们的那个样子。他们无法选择，只能跟上帝创造的形象一模一样。因此，他们并不知道自己如何与众人不同。他们是上帝创造的完美杰作，因为上帝只创造完美，可是他们仍然犯了原罪，干了上帝不愿让他们干的事。这怎么可能呢？要是上帝并不打算让他们做那件事，他们也本不该干那件事。当然，他们是受了蛇的引诱，而蛇是上帝在创造他俩之前便造好了的，显然是为了让它引诱亚当和夏娃犯罪。全知全能的上帝事先已安排好了一切，为的就是让人类的祖先犯罪。因此，他们犯罪，是上帝的本意。

这一想法立刻使我从最痛苦的折磨中解脱出来，因为我现在知道，是上帝将我置于这种状态之中。一开始，我并不知道他是否有意要我犯原罪。我不再想通过祷告而获得启示的事了，因为上帝不管我是否乐意就把我固定在这个位置上。我确实认为，我得亲自弄清楚他的意图并独自找到一条出路。可是此时此刻，另一个问题又出来了。

“上帝想要的是什么？是行动，还是不行动呢？我必须找出上帝到底让我干什么，而且必须马上找出来。”当然喽，我知道，按照通常的道德来看，避免那样的罪孽，是毫无疑问的。这就是我一直在干的事，不过我知道，我可不能再继续干下去了。我晚上辗转反侧，精神颓废，不这样想就会把自己逼到无法忍受的地步。再这样下去可不行。与此同时，在理解上帝的意志和意图之前，我是不会放弃的。因为我现在确信，是他提出了这个极致的问题。十分奇怪的是，我一刻也没有考虑过，魔鬼可能正在捉弄我呢。那时候，魔鬼在我的精神世界里只起着微不足道的作用，而我觉得，无论在什么情形下，与上帝相比，他都是无能为力的。但自打我从迷雾中出现并意识到自己的那一刻，上帝的统一性、他的伟大与超人的威严便在我的想象中回荡。从此之后，我心中的疑虑一扫而光。只剩下上帝正为我安排的，一场具有决定意义的考验。而一切都取决于我对他的正确理解。毫无疑问，我清楚，自己最终将被迫崩溃，被迫让步，但我不希望在我还不明白的时候就发生这种事，因为我永生的灵魂能否获得拯救，全押在这上面了。

“上帝知道，我已经坚持不了多久了，马上就要犯那不可饶恕的原罪了，可他就是不来帮我。他全知全能，他本可以轻而易举地摆脱这种煎熬，可他显然并不打算这么做。他强迫我做违背个人道德判断和宗教教义的事，甚至让我做违背他戒律的事，上帝这样做，是不是在考验我对他的忠诚？这可是一件非同小可的事，一件我奋力抵抗的事，因为我害怕永生的咒诅。上帝是不是希望，即便我的信念和理性使死亡和地狱的幽灵出现在我面前时，看看我是否还能遵从他的旨意呢？这真的很可能就是答案！但这只是我自己的想法，很有可能是错的，对于这种事情我不敢相信自己的推理。我一定得再从头到尾把它细想一下。”

我再次彻底地想了一遍，得到的结论却是相同的。“很显然，上帝也要求我拿出勇气来。”“如果是这样，而我也经受住了考验，那么他就会把他的恩典和启示都赐给我。”

我鼓起全身的勇气，好像准备去地狱赴汤蹈火似的，于是便让这想法冒了出来。我的眼前出现了那座大教堂和那蔚蓝的天空。上帝坐在他那金色的宝座上，高高在上，远离尘世——而从那宝座的下面，一块巨大无比的粪块掉了下来，落到了那闪闪发光的新屋顶上，把它击得粉碎，把那大教堂的四壁也砸个粉碎。

啊，原来如此！我体验到了一种如释重负的感觉。那感觉如此强烈，难以形容。落到我头上的不是预料中的诅咒，而是恩典，随恩典而来的，则是从未体味、难以言喻的极乐感。我流下了幸福和感激的泪水。我既然已经服从了他那不可抗拒的命令，上帝的智慧和仁爱便显现在我面前。我仿佛体验到了一种醍醐灌顶的感觉。以前所不明白的许多事情，现在变得清楚了。这就是我父亲所不明白的事，我想道：他体验不到上帝的意志，他还以完美的理由，出于最深的信念反对它。因此，他从未体验过恩典的奇迹，这恩典能够治愈一切，使万物易于理解。他一直把《圣经》的“十诫”作为自己的行动指南；他信仰上帝，但只遵照《圣经》的指示和先人的传教来信仰。可是他并不知道，在上帝的《圣经》和上帝的教堂之上，站着一位自由的、万能的、活灵活现的上帝，他召唤人们分享他的自由，并迫使人们放弃自己的观点和坚信，毫无保留地遵从上帝的命令。在他考验人的勇气时，上帝反对恪守种种传统，无论它们何等神圣。他全知全能，所以他便会考虑到，在对勇气的这种种考验里，绝对不会产生真正邪恶的结果。一个人要是执行了上帝的意志，他便可以放心去走正确的道路。

上帝也是以这种方式来创造亚当和夏娃的，迫使他们去想他们不愿去想的事。他这样做是为了弄清亚当夏娃是否顺服。而他同样也可以要我干某种事情，使我不得不因着传统的宗教教义而拒绝。正是顺服，才使我获得了恩典，而有了这种体验之后，我便知道上帝的恩典是怎么回事了。一个人必须完全献身上帝，除了执行他的意志之外，别的事都是次要的。不然的话，一切事情均是愚蠢而毫无意义的。从那时起，每当我体验到了恩典，我才真正地开始负起责任来。上帝为什么要弄脏他的大教堂呢？这对我来说，是一种可怕的想法。但随后，我模模糊糊地明白了，上帝可以变成可怕的东西。我发现了一种阴暗而恐怖的秘密。这一秘密笼罩着我的一生，使我变得郁郁寡欢。

这一体验也产生了使我更感自卑的影响。我觉得，我是个魔鬼，或者是头蠢猪，我极为堕落。但是随后，我便又开始翻阅《圣经·新约》，以某种满意的心情读着描写法利赛人和收税官的段落，还有堕落的人是上帝选民的段落。这些描写使我获得了一个终生难忘的印象：那不公正的管家受到了称赞，而信心发生动摇的彼得，却被委以传教的重任。

我的自卑感越强，上帝的恩典在我看来就越发不可理解。总之，我从来不曾自信过。母亲有一次对我说，“你向来是个好孩子。”可我就是弄不明白这是什么意思。我，一个好孩子？这对我来说很新鲜。我往往认为自己是个堕落而卑微的人。

有了对上帝和大教堂的那种体验，我终于获得了某些有形的东西，它成为我巨大秘密的一部分——就像我一直在说天上掉石子，而有一块正落入我的口袋那样。但实际上，这却是一种令人感到可耻的体验。我落进了某种不好的、邪恶的、阴险的东西手里，但同时，这却又是一种荣耀。有时，我有一种强烈的想要一吐为快的冲动，但不是讲这种体验，只是想暗示说，我身上有某些不为人知的、古怪的东西。我很想弄清楚，是否别的人也经历过相似的体验，可是在别人身上，却从未发现有丝毫的痕迹。结果，我便感到，我既是不得恩宠的，又是上帝的选民；既受到咒诅，又受到祝福。

我绝对不会公开提到自己的体验，提到我梦见的地下神庙里的男性生殖器，提到我所雕刻的小木人。事实上，直到我六十五岁之时，我才说到有关梦见生殖器的事。我可能跟我妻子谈到过一些别的体验，但也只是晚年的时候。在所有这些事情上有着严格的禁忌，这是我从小便就继承了的。我也绝不会跟朋友们谈起。

依据这个秘密，便可理解我整个的青春期。它使我产生了一种几乎难以忍受的孤独感。在这些年中我所取得的一大成就是我抵制住了想要和别人探讨它的诱惑。这样，我与世界的关系格局便已经预先设定好了：今天仍跟以往那样，我是一个孤独的人，因为我懂得一些事情，还必须暗示别人不知道，甚至不想知道的事情。

我母亲家那边有六个牧师，在我父亲这边，不仅我父亲是牧师，两个叔父也是。这样，我便有机会听到许多宗教方面的谈话、神学方面的讨论和布道演说。每当我听着他们谈论时，我便有这样的感觉："对，对，这一切太好了。但我内心的那秘密怎么样呢？这个秘密也是恩赐的秘密。你们对此毫无所知。你们不知道上帝想要逼我做错事，逼着我去想憎恶的事，好让我体验到他的恩赐。"其他人所说的一切全都偏离主题。我想道："看在老天的份儿上，一定得有某个人，对此多少了解一点；在某处一定会有真理。"我在父亲的图书室里到处翻找，只要一找到有关上帝、三位一体、灵魂、意识的书便急不可待地读起来。我聚精会神读呀，可读过后却收获甚微。我总是在想："他们也不懂。"我甚至还在我父亲的《路德派圣经》里查找。可不幸的是，对约伯所作的传统"教诲式"解说却使我对此书失去了兴趣。但在它里面我还是找到了慰藉，特别是在《约伯记》第九章第30节和第31节中写道："我若用雪水洗身，用碱洁净我的手，你还要扔我在坑里，我的衣服都憎恶我。"

后来，母亲告诉我说，在那些日子里，我常常显得非常沮丧。事情其实并非如此，相反，我是为这秘密而冥思苦想。在这种时候，我坐在石头上，内心是出奇的安慰与平静。它总是能使我从一切怀疑里挣脱出来。每当我想到自己就是石头，矛盾与冲突便立刻停止了。"石头是没有不确定性的，也没有想沟通的冲动，几千年过去了依然一成不变，"我会想道，"而我只是一种会消逝的现象，爆发成各种各样的情感，就像火焰一样，很快地亮起来，然后便熄灭了。"我不过是我的各种情感的总和，而我身上的那个"别的"却是那不受时限的、永不毁灭的石头。

那时候，我对父亲所说的一切产生了种种深切的怀疑。我一听到他布道称颂上帝的恩惠，便总是想到自己的体验。他所讲的一切听来显得陈腐而空洞，就像讲一个道听途说来的故事，自己都不怎么相信。我很想帮他的忙，可我却不知道该怎么帮。此外，我很怕羞，不敢告诉他我的体验，也不想插手他个人的急务。我觉得自己一方面年纪太小，另一方面又害怕行使第二人格启发我的这种权利。

后来，当我长到十八岁时，我与父亲进行过许多讨论，总是偷偷地希望能够让他懂得有关恩赐的奇迹，从而帮助他减轻良心上的种种痛苦。我深信，要是他充满了上帝的意志，一切便会变得特别好。但我们的讨论总是不欢而散。这些讨论刺激了他，伤了他的心。“唉，胡说八道，”他总是习惯地说道，“你总是要去想。一个人不应该去想，要去信。”虽然我想：“不对，一个人必须体验了才能获知。”但嘴里却说：“请把这种信仰给我吧。”于是，他便会耸耸肩，无可奈何地转身走开。

我开始广泛交友，对象大多是样子腼腆、出身淳朴的男孩。我的学习成绩也好起来了。在过后的几年间，我的成绩甚至在班里名列榜首。然而，我观察到，成绩不如我的同学妒忌我并抓住每一次机会，想方设法赶上我。这使我感到很不高兴。我讨厌一切竞争，要是有人玩起太具竞争性的游戏，我便拒绝参加。此后，我的成绩一直排在全班第二，并发现这使人愉快得多。学校的功课变得异常讨厌，因为我不想通过竞争使它变得困难。有几位老师对我表示了特殊的信赖，这些人我至今感激不尽。我怀着极大的愉快回想起的一位老师是拉丁语教师。他是个大学老师，是个十分聪明的人。碰巧，我六岁就学了拉丁文，是我父亲给我上的课。于是，这老师便不让我坐在班里听课，而是经常让我上大学图书馆帮他借书，于是我便满心欢喜地沉浸在读书的乐趣中，并尽可能地拖延回去的时间。

大多数老师认为我既愚蠢又狡猾。学校一有什么事出了差错，我便成了第一个被怀疑的对象。要是什么地方吵起架来，他们便认定我是挑动者。但实际上，我只有一次卷入吵架中去，而正是在那一次，我才发现一些同学对我有敌意。其中有七个埋伏起来对我发起突然袭击。那时候我已长得又高又壮了——我那时已经十五岁——而且很容易火冒三丈。我突然怒得面红耳赤，抓住了其中一个男孩的两只胳膊，把他甩得团团转，用他的两条腿把其余几个踢倒在地。老师们查清了此事，但我只是隐约记得自己受到了某种在我看来是不公正的惩罚。从那时候起，我便无人理睬了，也再没有人敢欺负我了。

招来敌人并遭到不公的指责实在出乎我意料，但不知怎的，我却觉得这并不难理解。我受到指责的每一件事都刺激了我，不过我却无法否认对我的这些指责。我对自己知道得实在太少了，而这少有的了解又是如此矛盾重重；扪心自问，我无法否认任何指责。其实，我良心上总有一种负罪感，并意识到有实质性的和潜而未发的种种过失。由于这种原因，我对别人的指责就特别敏感，因为所有这些指责都或多或少地戳到了我的痛处。尽管我并没有像他们指责的那样干了一些错事，但我还是感到，自己有可能会干这种事。我甚至还开列了一张表，上面写了各种托词，以防万一别人指责我做了什么事。要是我确实干了什么错事，我反而感到如释重负。这时候，我至少能知道自己为什么会问心有愧。

很自然地，我会通过外在的稳重来补偿内心的不安——或更好地来说就是，不用我的意志去干涉，缺陷便自行弥补。也就是说，我发现自己有罪过，但同时却又希望自己清白无辜。在私底下，我深深地知道自己向来是个拥有双重人格的人。其中一个是我父母的儿子，他上学读书，不太聪明，专心致志，学习刻苦，比许多别的男孩穿得整齐干净。而另一个则是个大人——实际上是个老人——多疑，多虑，远离人世，但却接近大自然，接近地球、太阳、月亮、天气、一切生物，但归根结底接近夜晚，接近睡梦，接近“上帝”直接作用于其身上的各种事情。这里，我把“上帝”加了双引号。因为就像我一样，大自然虽然是上帝创造，并用来表达他自己的，却被当作非神圣的东西搁到一边了。谁也说服不了我，说“依上帝形象”只创造了人。实际上，在我看来，高山河湖、花草树木及各种动物远比人更能体现上帝的本质，人们穿着滑稽可笑的衣服，心怀卑鄙、爱慕虚荣、假话连篇、自私自利、可恨至极——所有这些特质从我自己，从我的第一人格，从1890年一个学生的角度来看，实在是再熟悉不过了。除了他的世界之外，还存在着另一个王国，它就像一个神殿，每个进入其中的人都得以改造并深受感动，因为它们看到了整个宇宙的景象。因而只能惊叹、称赞，达到了忘我的境地。在这里居住的是“另一个人”，他知道上帝是一个秘密，一个隐了身的、具有人格，但同时又超乎人格的秘密。在这里，没有什么东西使人与上帝分隔，的确，这就仿佛人的心灵同上帝一起向下瞧着天地万物似的。

我在这里一句一句地展开的，是我那时在任何某一方面都从未意识到的某种东西，但我却以一种强烈的预感和感情感知到了它。在这种时候，我知道我配得上我自己，我就是真正的自我。只要我独自一人，我便会慢慢进入这种状态。因此，我追求这“另一个人”即第二种人格的安宁与孤独。

第一种人格和第二种人格之间的作用和反作用贯穿了我的一生，但却与“分裂的人格”或与一般医学意义上的精神分裂症毫无关系。相反，在每个个体身上是不起作用的。在我的一生中，第二种人格意义最为重大，而我总是尽力为一切东西腾出地方，只要它们想要进入我的内心。他是一个典型性的人物，但只有极少的人才能察觉。大多数人所意识到的理解力不足以认识到他也是他们那样的人的。

逐渐地，教堂变成了一个折磨我的地方。因为在那里，有人竟敢大声——我不禁要说，是无耻地——传播有关上帝意旨和行为的道义。在那里，人们受到劝诫说，他们应有那些感情并相信这样一种秘密：我知道，这种秘密就是最深奥的、在内心最深处的一种肯定，是一个字都不能泄露的肯定。最后我只能得出结论，显然，没有人会懂得这一秘密，连牧师也一样，因为反过来说，没有人敢在公众面前泄露上帝的神秘，敢用陈腐善感的语言亵渎这些无法言传的感情。此外，我确信，以这种方式去接近上帝是错误的，因为从自己的经验中，我知道这种恩惠只赐予毫无保留地完成上帝意志的人。这一点也是从讲道坛上得来的，但是人们总是假设，启示能使上帝的道理浅显易懂。另一方面，对我来说，这却成了最晦涩难懂的事情。对我来说，每天探求上帝的意志成了一个人的责任。我没有这样做，不过我敢肯定，如果有一个迫切的理由呈现在我面前，我便会去做。第一人格占用去我的时间实在太多了。它经常使我觉得，宗教戒律正在替代上帝的意志——这实在令人意外和惊恐——其唯一目的，就是告诉人们，没必要再去理解上帝的意志了。我变得越来越多疑，而我父亲的布道词及其他牧师的布道词使我非常难堪。我周围的人们似乎认为这些莫名其妙的话是理所当然的，里面散发出的艰深晦涩也是理所应当的。他们想都不想便囫囵吞下这些矛盾的说法，比如上帝是万能的，所以预见了整个人类史；再比如他确实创造了人类，但人类还是不得不犯罪，尽管上帝禁止他们犯罪，甚至要以地狱之火永世咒诅他们。

好长一段时间，魔鬼在我的思考中没有起过什么作用，这一点真是奇怪。在我看来，魔鬼不过是一条用铁链拴起来的凶狠看门狗，属于一个强有力的人。除了上帝，没人对世界负有任何责任，而且我很清楚，上帝会很可怕。每当我听到父亲在其富有感情的布道词中提到“仁慈的”上帝，赞扬上帝对人的大爱，并劝导人们以爱回报时，我的怀疑和不安便增强起来。“他是否真的知道自己在谈论什么？”我真是怀疑，“他会把我，他的儿子，像以撒一样，用刀杀死，献祭上帝吗，或者把我送交一个不公正的法庭，像耶稣那样把我钉死在十字架上吗？不，他做不到。因此，在某些情况下，他执行不了上帝的旨意。这种意志，正如《圣经》本身所示，是极为可怕的。”我很清楚，当人们受到劝诫要他们首先服从上帝而不是人时，这种话只不过是随便说说，没经思考就说出口罢了。很显然，我们一点也不知道上帝的旨意，因为要是我们知道，我们便会对这一关键的问题心生敬畏，好像只是单纯害怕上帝的权威，因为上帝能够把他可怕的权威强加在孤立无援的人身上，就像他已经强加在我身上一样。那些假装知道上帝旨意的人，又怎能预见上帝驱使我做的事？在《圣经·新约》里，没有任何类似的事。《圣经·旧约》，特别是《约伯记》，本可能使我大开眼界，但可惜那时候我对它不够熟悉。在接受坚信礼的时候也没有听说过任何类似的教导。当然，提到过对上帝的敬畏，但都已经过时了，是“犹太人的”，而且很久以前就被基督福音（上帝的大爱和仁慈）所取代了。

我年幼时种种体验的象征意义及那种形象的狂暴使我极为沮丧。我自问道：“谁是那样说话的呢？是谁这样厚颜无耻，在神龛里赤裸裸地展示阳具？是谁让我认为，上帝就是以这种可恶的方式摧毁了教堂？”最后，我自问道，这难道是魔鬼的勾当。一定是上帝或魔鬼才会这样说、这样干。对此我深信不疑。我非常肯定，发明这种思想和形象的人绝不是我。

这些，便是我生活中至关重要的体验。就在那时，它令我恍然大悟：我必须负起责任，我的命运完全掌握在自己手中。我碰到了一个问题，而且必须亲自找到这个问题的答案。但是是谁提出了这个问题？没人能回答我。我知道，我必须从自己的内心最深处找到这个答案：在上帝面前只有我一人，而上帝独自问了我这些可怕的事情。

从一开始，我便感到是命中注定，仿佛我的生命是命运赋予我的，让我必须接受的。这使我内心有一种安全感，虽然我从来无法向自己证实它，它却向我证实了它自己。我不曾拥有这种肯定性，但它却拥有了我。谁也夺不走我的这种信念：我奉命去做上帝想让我做的事，而不是自己想做的事。这给予了我力量，使我敢于以自己的方式行事。我往往有这种感觉，在一切具有决定性的事情上，我不再像众人一样，而是单独与上帝在一起了。而当我处身“彼处”不再是孤独一人时，我便处身于时间之外了，我属于好几个世纪，而给我答案的他便是向来就存在的，在我出生之前就已存在的他。永远存在的他就在那儿。与“另一个人”的这些谈话是我最为意义深远的体验，一方面是流血的斗争，另一方面则是至高无上的狂喜。

自然，我无法与任何人谈论这些事情。大概除我母亲之外，我不知道还能与谁进行交流。她似乎也像我自己那样，沿着有点相似的思路去思考的。但我很快意识到，在交谈中，她不是我的对手。大体上，她对我的态度是一种仰慕，而这对我却不是什么好事。于是，我便把这些思想独自放到了自己的心里。总的说来，这是我最喜欢的状态。我独自一人玩耍，做白日梦或独自在林中漫步，拥有属于我自己的一个秘密世界。

对我来说，我母亲是个贤良淑德的人。她有一种发自内心的、动物性的温暖，做得一手好菜，热爱交友，性格开朗。她个子长得很高大壮实，是个忠实的听众。她也喜欢说话，话匣子一打开，话便像泉水一样快活地流淌。她的文艺天赋横溢，品位高雅并有一定深度。但是这种天赋却从未能适当发挥，而一直深藏于一个善良、臃肿老妇人的外表之内。她极为热情好客并十分幽默风趣。她保有一个人所必须具有的传统观念，但在潜意识当中，她的个性有时会突然展现在人们面前。这种个性出人意料地有力：一个城府颇深、面露威严的人物，拥有无懈可击的权威性——而且做事从不瞻前顾后。我确信她拥有两种人格，一种是不抱恶意并富有人性，另一种则是神秘怪异。

这另一种人格只是时不时地出现，但每次出现都令人意外和惊悚。那时，她会像自言自语似的说起话来，但她说的话却是针对我的，并经常击中要害，于是我便吃惊一声不吭。

还记得这种情形第一次发生的时候，是我六岁左右。那时候，我们的邻居十分富有。他们有三个孩子，最大的一个男孩与我年纪相仿，他还有两个妹妹。他们是城市人，衣着打扮的方式往往使我觉得古怪可笑，特别是在星期天的时候——脚蹬专利皮鞋，衣服上有白色褶边，手戴白手套。甚至在周日时，这几个小孩也涂脂抹粉，头发梳得油光锃亮。他们喜欢摆架子，恨不得赶紧跟我这个穿着褶皱裤子，踩着破洞旧鞋，双手脏兮兮的粗鲁倔强的男孩子划清界限。母亲不但拿我同他们相比还严厉地训斥我，这惹恼了我："你看看人家那些漂亮的孩子，既有教养，又懂礼貌。看看自己的行为，就像一个小傻瓜。"这种训斥羞辱了我，于是我决定给那个男孩一顿痛打。我确实打了他。他母亲气坏了，便急忙跑到我家，对我的暴力行为大吵大闹了一场。而母亲却吓得够呛，教训了我一顿，而且声泪俱下，说话时间之长，感情之激动都是我以前闻所未闻的。我一直没有意识到自己的错误，相反我却为自己感到非常高兴，因为在我看来，我或多或少为村子里这个陌生人不协调的存在作了补救。我对母亲的激动深深敬畏，于是便带着负罪感退回到我家那架古旧竖式钢琴后面的桌子旁，开始玩起我的那些砖头瓦块来。好一阵子，房间里一片寂静。我母亲像往常那样，坐到靠窗的座位上打起毛衣。然后我便听到自言自语地嘟囔起来，从偶尔听到的几句话里，我猜想她是在思考这个事件，只不过现在却是另一种观点了。突然间，她大声说起话来："当然了，一个人绝不该生那么一大堆狗崽子！"我立刻意识到她是在说那几个"沐猴而冠"的人。她最喜欢的兄弟是个猎人，养了好些狗，总是张口不离养狗、杂种狗、纯种狗及狗崽子之类的话。我意识到，母亲也认为这几个令人作呕的小孩是劣种的狗崽，这使我长舒一口气。因此，对她给我的训斥实在不必按表面的意思来看待。但是甚至在那种年纪，我也知道必须完全保持冷静而不应得意扬扬地表露出来："您知道，您跟我想的是一样的！"她会愤慨地驳斥这种观点："你这个招人厌的孩子啊，你怎么敢假装知道有关你母亲的这种事呢！"从这件事里，我得出这样一个结论：我一定有过更早的、性质相似的体验，只不过现在不记得了。

我讲这个故事，是因为在我对宗教的怀疑日益加剧的时候，另一件事出现了，它显示了我母亲具有两重性。一天，我们围桌而坐时，话题转到了某些赞美诗单调沉闷的曲调，也提到了修订赞美诗集的可能性。说到这里，我母亲喃喃道："啊，您，我爱中之爱，您，咒诅的幸福。"就跟在过去一样，我装作没听见的样子，尽量小心谨慎，免得高兴得叫起来，但是我还是感到胜利了。

在我母亲的两种人格之间有着巨大的差异。因此在我还是小孩子的时候会经常做一些有关她的忧虑的梦。白天，她是个可爱的母亲，但到了晚上，她便显得神秘可怕。然后，她便像那些预言家（预言家也是一种奇怪的动物）一样，像一个熊穴里的女祭司。古香古色又残酷无情，像真理和大自然那样无情。在这种时刻，她就是我所谓“自然精神”的代表。

我也有这种古体的天性，而在我身上，它是与我的天赋联系在一起的——虽然并不总是令人愉快——把人和万物按其本性来加以看待的天赋。当我不想承认知道某些事情，而在心底我又非常清楚事情的原委时，我乐于受人欺骗。在这种情况下，我就像一条狗——你可以欺骗我，但我最后总能闻出藏起来的东西。这种“洞察力”基于本能，或者说是基于与其他人进行的“神秘分享”。就好像在一种没人参与的感知行为中，有一只“隐蔽的眼睛”在观看。

这件事直到很晚的时候我才认识到，当时，有些十分奇怪的事情发生在我身上。比如说，有时候我会详述某个人的生活故事，但事实上，我却不认识他。这件事发生在我妻子的一个朋友的婚礼上。我对新娘及其家人一无所知。在喜宴过程中，我坐在一个蓄着长长胡须的中年绅士对面，有人向我介绍说他是一位律师。我俩热切地谈起了犯罪心理学的问题。为了回答他提出的一个很专业的问题，我编造了一个故事加以说明，再润饰以各种各样的细节。当我正讲着这个故事的时候，我注意到这个人的脸上出现了十分异样的表情，接着我们这桌子上的人全都沉默了。我感到十分窘迫，赶紧停了下来。谢天谢地，我们开始吃饭后甜点了，于是我连忙站起来走进了饭店的休息室。我在一个角落里坐了下来，点起一支雪茄烟，尽力把刚才的情景从头到尾回想了一遍。这时候，跟我同桌吃饭的另一个客人走了过来，一脸责备地问道：“您怎会犯了如此可怕轻率的过失呢？”“轻率？”“对啊，就是您讲的那个故事。”“但那个故事全是我编造的啊！”

使我感到惊愕和恐怖的是，我讲的故事恰恰发生在坐在我对面那人的身上，准确得连所有细节都丝毫不差。就在此刻，我还发现，现在我连这个故事的一个字都想不起来了——甚至直到现在，我还一直回想不起来。在《自我审查》这本书里，佐克描述了类似的一件事：有一次，在一个小旅馆里，他竟能够揭发一个素不相识的年轻人，说他是个贼，因为在他内心里的眼睛，看到了整个偷窃的过程。

在我的生活过程中，往往会发生这样的事，我突然知道了一件确实毫不知情的事情。这种知识进入了我的脑海，仿佛它就是我自己的观点。我母亲也经历过这种情形。她不知道自己在说些什么；它就像掌握着绝对权威的一个声音，所说的恰好与情境相符。

我母亲常常认为，我的智力远远超出了我的年纪，于是她便像对待大人那样跟我说话。很显然，所有她不愿意跟我父亲说的事，都会跟我说，因为她早就把我当作自己的密友，把她遇到的麻烦事向我一一吐露。就在我大约十一岁时，她透露了与我父亲有关的事，使我感到相当震惊。我绞尽脑汁，最后终于决定，我必须与我父亲的某个朋友商量商量，我从别人口里听说过，这是个很有影响力的人。我事先没跟母亲打招呼，一天下午放学后我便进了城，到这个人家里拜访。给我开门的女仆说主人出门不在家。我既失望又沮丧，于是转身回了家。但正是出于上天的怜悯，他才没有在家。不久之后，我母亲又提起了这件事，而这一次，她给我描绘的却与之前截然不同，情境温和许多，于是整个事情便烟消云散了。这件事触及我的灵魂深处，我想：“你竟相信这件事，真是个蠢货，你愚蠢地信以为真，差点引发一场灾难。”从那时候起，我便决定把母亲说的话一分为二地看待。我对她的信任受到了严重的影响，因此我不再向她吐露我内心深处的秘密了。

但后来，她的第二人格有时会钻出来，她在这种情形所说的一切便如此真实，真实到令我颤抖的地步。要是我母亲能就此不变，那我本可有个妙不可言的交谈者的。

对于我父亲，情形却很不同。我原本乐于把自己在宗教上面遇到的麻烦事摆到他的面前，来征求他的意见，但我却没有那样做，因为我觉得，我事前就知道了他会出于对本职的尊敬而不得不作出回答。我的这个假设是非常正确的，不久之后便得到了证明。我父亲亲自对我进行有关坚信礼的教导，这使我烦得要死。一天，我浏览着教义问答书，希望找到不太多愁善感，不太难理解，又不太无聊的内容，一些关于主耶稣的内容。我偶然翻到了有关三位一体的那一段。里面有某些东西激发了我的兴趣：一体性同时又是三位性。这个问题迷住了我，因为它有着内在的矛盾性。我迫不及待地期盼触及这一问题的时刻。但当我们真正进行到那里时，父亲却对我说：“我们现在翻到三位一体了，不过我们跳过去算了，因为我自己对它真是一无所知。”我钦佩父亲的诚实，但另一方面，我却感到极其失望，于是便自言自语道：“问题就摆在那里，他们对此却一无所知并不打算仔细思考。那我又怎么能谈论我的秘密呢？”

我曾试探过几个善于思考的同学，结果无功而返。我非但没有引起任何反响，反而招致他们的麻木不仁，被他们疏远了。

尽管有些厌烦，尽管有些不解，我还是尽最大努力去相信——这种态度看来合我父亲的胃口——并为自己作好了圣餐仪式的准备，对此我还寄予了最终的希望。我觉得，这仅仅是一种纪念性聚餐，某种对我主耶稣的周年纪念活动而已。耶稣是在1890年30年前的1860年前去世的。尽管这样，他却留下了某些暗示性的话，比如，“拿起来吃吧，这就是我的身体”。其意思就是说，我们吃圣餐面包时，就好像吃的是他的身体，而这说到底，原本是他的肉。同样，我们要喝的葡萄酒原本是他的血。这对我来说再明显不过了：通过这种方式，我们便把他嵌入自己的身体中。这在我看来实在荒谬得难以置信，于是我肯定地认为，在这种行为的背后，必然存在着某种莫大的神秘感，而我会在圣餐仪式中领悟到这种神秘感。我父亲对圣餐的评价似乎极高。

像习惯的做法那样，教会委员会的一个成员做了我的教父。这是一个友善而沉默寡言的老人，是个制造车轮的工匠，在他那个车轮铺里，我常常站着看他摆弄车床和手斧，展现高超的技艺。现在他来了，穿着大衣，戴着高帽，变得一脸庄严，他把我带到教堂，而我父亲穿着那件我非常熟悉的教袍，站在祭坛后面，念起《公祷文》的主祷词来。在铺着雪白餐布的祭坛上，放着几个大盘子，里面放满了一小片一小片的面包。我看得出来，这面包是从我们那位面包师那里弄来的，他所烤制的各式面包一般都是淡而无味。酒从一个白锡酒壶斟进一个白锡杯里。我父亲吃了一片面包，喝了一口酒——我知道这酒是从哪个小酒馆里买的——然后便把杯子递给其中一个老人。所有这几个人都站得笔直，脸上神情严肃，但就我却感觉没什么意思。我焦急不安地继续看着，但都看不出也猜不透在这几个老人身上会出现什么异乎寻常的事情。其气氛也像在教堂举行的其他仪式，如洗礼、葬仪等一样。这给我的印象是，这里正在举行一场合乎传统意义正确的仪式。我父亲看来也只是主要关心，按照规定从头到尾地执行，而他着重强调和用词适宜的话也同样是规定的一部分。对于耶稣死去一千八百六十年一事却只字不提，而在所有其他纪念性宗教仪式中，耶稣去世的日期却是着重说明的。我看不出有什么伤心或快活的地方。与耶稣的纪念仪式，这何其重要的场合相比，我觉得这次圣餐从任何方面而言都是平淡乏味的，更无法与世俗的宴会相比。

突然间，该轮到我了。我吃了面包，正如我预料的那样，没什么味道。至于那酒，我只抿了一小口，味道又淡又酸，显然不是好酒。接着而来的是最后的祷告，仪式结束后人们便走出酒馆，没有消沉，也没有快活得红光满面，而是一脸“哦，就是这样”的神色。

我与父亲一起步行回家，心里深深意识到我正戴着一顶崭新的黑色毛毡帽，穿着一件黑色新礼服，这件衣服已经开始变成我的大衣了。这是种加长夹克，在臀部的地方分开成小小的两翼，中间是一个口袋的开口，我可以在口袋里塞一块手帕——这在我看来是成熟男子的姿态。我觉得自己的社会地位得到了提高，而这意味着自己已被接纳进男人的社交圈了。那一天是星期天，晚餐的饭菜异常可口。我可以整天穿着这件新衣到处逛来逛去了。但在别的方面，我却感到空虚，不知道自己有何种感觉。

几天过后，我才渐渐发现，什么事也没发生。我已经到达宗教启蒙的顶点，本来希望会发生什么事——是什么事我就不知道了——结果却什么事也没有发生。我知道，上帝可能给我惊人的启示，比如说一场大火或是一束超脱尘世的大光；但这次仪式却丝毫不见上帝的踪影——对我来说至少如此。当然了，谈到过他是肯定的，只不过停留在口头上罢了。在其他人那里，我看不出有什么极大的绝望、难以抑制的兴高采烈以及倾泻的天恩，这一切在我看来是上帝本质的构成部分。我体察不到“内心交流”“统一”“与……融为一体”的丝毫迹象。与谁呢？与耶稣吗？但他只不过是个在一千八百六十年前就已经去世的人啊。为什么一个人要与他结合成一体呢？人们称他为“上帝之子”——因此只是半神，跟希腊神话里的各路英雄没什么两样：可是一个普通人怎么能与他结为一体呢？这就叫作“基督教”，但它却与我体验到过的上帝毫无关系。另一方面，耶稣这个人，的确与上帝有关系，他在客西马尼和在十字架上曾感到过绝望，因为他教导人们说，上帝是个仁慈可爱的父亲。那时，他也一定看到了上帝的可怕。这一点我可以理解，但是为什么要举行这种讨厌的纪念性仪式，让人们吃无味的面包，喝酸牙的酒呢？慢慢地我才明白，这种交流对我来说可真是一种毁灭性的体验。它证明是空洞的，而且远不止于此，它还证明是一种彻底的失败。我知道，我再也不可能参加这种仪式了。“啊，这根本不是宗教，”我想，“这里没有上帝，教堂是一个我不应该去的地方。那里没有生命，有的只是死亡。”

我陷入了对父亲的强烈怜悯之中。突然之间，我明白了他职业和生活的悲哀。他与死亡纠缠在一起，却不承认死亡的存在。我和他之间洞开了一个巨大的深渊，大到无法逾越。我那亲爱慷慨的父亲在许多事上都让我自己做主，从来不向我施加权威；这一回，我可不能把他推入绝望和亵渎的罪孽之中啊，只有经历过上帝的恩赐才会有这种罪孽。只有上帝才能这样做。我没有这样的权利，那将是不人道的。我认为，上帝是不人道的，这才是他的伟大所在，所有人性的东西都侵犯不了他。他是善良的，又是可怕的——二者同时存在——因此是一种巨大的危险，而每一个人为了拯救自己，自然会竭力规避这种危险。人们只是单方面地依恋上帝的善良慈爱，但由于恐惧，他们变成了诱惑者和毁灭者的牺牲品。耶稣也注意到了这一点，因而他便教导：“主啊，指引我们，不让我们受到试探。”

我与教会以及与人类世界合为一体的感觉彻底破碎了。在我看来，我已经遭遇了人生中最大的失败。我所设想的宗教观解体了，它曾构成了我与这个世界唯一有意义的联系，我不可能再参与到这普遍的信仰中了，而是突然觉得自己卷入了某种无法表达的事物，卷入了我的秘密当中，而这一切我却无法与任何人分享。它很可怕，而且最糟糕的是，它既卑劣又可笑，它是魔鬼对我的嘲讽。

我开始思考：人类应该怎样看待上帝？我并没有发明上帝和大教堂的想法，在我三岁时做的那个梦更是如此。一个比我的意志更加强大的意志把这二者强加于我。该让自然来承担这个责任吗？但自然不过是造物主的意志而已。把这归咎于魔鬼也毫无帮助，因为它也是上帝创造的。只有上帝才是真切的——他是熄灭的火焰，是难以言喻的恩典。

圣餐仪式的失败对我产生了什么影响呢？那是我个人的失败吗？为了它我一丝不苟地做好了准备，也希望体验到天恩和启示，可是什么都没有发生。上帝也没有降临。由于上帝的缘故，我发现自己现在已经与教会断绝了联系，也不再接受父亲的和他人的信仰。只要他们所有人仍然代表着基督教，我就永远是个局外人。这种认识使我伤心欲绝，以致大学入学前我一直笼罩在一层阴影当中。

我开始在父亲相对简陋的藏书室——那时候这个图书室似乎给我留下了很深的印象——搜寻关于上帝的图书。开始时，我只找到了一些论述传统观念的书，而我要寻找的却是思想独立的作家所写的书。最后，我无意找到了比德曼于1869年出版的《基督教教义》。显然，这是一个独立思考的人，提出了个人的观点。我从他那里了解了，宗教是“一种精神行为，存在于人与上帝的关系之中”。但我不同意这种看法，因为我理解的宗教是上帝作用于我身上的某种东西；这是上帝的行为，我必须屈服，因为他是强者。我的“宗教”不承认任何人与上帝的关系，因为有谁能像上帝一样，人们知之甚少的东西产生联系呢？我必须更多地了解上帝，以便与他建立一种关系。我发现比德曼书中“上帝的本质”那一章里，上帝将自己呈现为一个“通过类比人类的自我方能理解的人格：独一无二、超凡脱俗的自我，可以将整个宇宙环抱”。

就我对《圣经》的了解，这一定义似乎是合适的。上帝具有一种人格，他是宇宙的自我，就像我自己是我的心灵和肉体存在的自我一样。但在这里，我却遇到了一个难以克服的障碍。毕竟，人格意味着个性。而个性并不是模棱两可的事物；也就是说，它含有特殊属性。但是上帝代表着一切，那他怎么还会具有一种可辨别的个性呢？另一方面，如果他的确有一种个性，那他只能是一个主观、有限世界的自我而已。此外，他又具有什么特点，什么人格呢？一切均取决于这一点，因为除非人类知道这个答案，否则他便无法与上帝建立起一种关系。

我心里产生了一种最强烈的抵制感，抵制通过类比我的自我来想象上帝。在我看来，这如果还不算彻头彻尾的亵渎神明，那必然是无边无际的狂妄自大。在任何情况下我都难以把握自己的自我。首先我知道，它具有两个相互矛盾的方面，即第一人格和第二人格。其次，在这两个方面里，我的自我是极为有限的，受制于自我欺骗、错误、情绪、感情、冲动和原罪等各种可能性。自我所遇到的失败要远远多于胜利，它幼稚、爱慕虚荣、自私自利、藐视一切、贪婪、渴望被爱、有失公允、敏感、懒惰、不负责任等。令我伤心的是，它缺少了许多的美德和才华。它们正是别人身上所拥有，而我无比羡慕嫉妒的。我们怎么能根据这种类比来想象上帝的性质呢?

我急切地想查找上帝的其他特征，结果发现它们全都以一种我熟悉的方式列了出来，这种方式是我从坚信礼的教导中得来的。我发现，按照第一百七十二条“上帝的超凡脱俗性最直接的表达是：1.否定性的，他不为人所见到，等等；2.肯定性的，他居于天堂，等等”。这简直是一场灾难，因为亵渎神明的幻象立刻涌入我的脑海，上帝直接或间接地（通过魔鬼）将这种幻象强加于我的意志。

第一百八十三条告诉我，“上帝的超凡脱俗性相对于道德世界来说”在于他的“公正”，这种“公正”不只是“明断”，而且还是“他神圣存在的表达”。我本来希望，这一段能谈到给我带来许多麻烦的上帝的阴暗面：他怀恨在心、他的愤怒极为危险、他无法理解全知全能所创造的生命；那些生命的缺陷也是由同样的全知全能造成的，他一定心知肚明。但他却以把生命引入歧途为乐，或至少以试炼他们为乐，尽管他早已知道试炼的结果了。那么上帝的个性到底是什么呢？我们该怎样形容如此行事的人格呢？我实在不敢深究这个问题，最终得到结果。然后我又读到，尽管上帝“本身已经自给自足，且除本身之外一无所求”，但他还是“出于自己的满意”创造了这个世界，并且“他将自己的仁慈充满了一个自然世界，他将自己的爱充满了一个道德世界”。

最初，我反复琢磨着那个令人费解的词“满意”。对何人满意或对何事满意呢？显然他对这个世界，因为他看了看自己的创造并认为这是好的。但这一点恰好是我永远无法理解的。当然了，世界无限美丽，但同时它又十分恐怖。在乡下的一个小村子里，人烟稀少，也没有什么事件发生，比起别的地方来，“衰老、疾病和死亡”，更加显眼，细节更加具体，人们体验得也更加深刻。尽管那时我还没到十六岁，但却目睹了大量人畜的生命现实，而在教堂和学校里，关于这个世界的苦难和腐败，我也听到了太多太多。上帝最多只能对天堂感到“满意”，但那时他已经安排妥当，为使天堂的荣耀与欢乐不至于太长久，便在天堂中放置了一条蛇，也就是魔鬼。他对此也觉得满意吗？我敢肯定比德曼并不是这个意思，他只是以宗教教导的特有方式，随意地说个没完，甚至都没察觉出自己写的全是一派胡言。正如我所看到的一样，上帝意在创造一个充满矛盾的世界，一个生灵自相残杀的世界和一个有生必有死的世界，但他却没有在人、兽不应得的痛苦中感到任何残酷的满意。这种假设并不是完全没有道理的。在我看来，自然法则中“美妙的和谐”更像是依靠可怕的力量来制服一片混乱，而沿着既定轨道运行的“永恒”星空显然更像是一群随意堆砌的天体，毫无秩序意义可言。因为没人能够真正看见人们谈及的各种星座，它们只是些随意的轮廓而已。

上帝将自己的仁慈充满了自然世界，对这种看法我既不理解也深感怀疑。这显然是这些观点中的另一个观点，只能相信，不能质疑。实际上，如果上帝是至善的，那他所创造的世界，为什么如此不完美，如此腐败，如此可怜呢？“显然它是受了魔鬼的感染并陷入了混乱之中。”我想道。但是魔鬼也是上帝创造的呀！我只好加紧攻读有关魔鬼的书。不管怎么说，魔鬼看起来还是极其重要的。我再次打开了比德曼的《基督教教义》，为这个急迫的问题寻找答案。为何要忍受痛苦缺陷和邪恶呢？结果我的努力成了一场徒劳。

这下我算完蛋了。论述教义的大部头巨著，不过是些出于想象的胡言乱语，更糟糕的是，它就是一场骗局，或者说是一种罕见的愚蠢，其唯一目的则是为了掩盖真理。我的希望幻灭了，我甚至感到愤愤不平，又对父亲产生了强烈的怜悯，因为他已经为了这些繁文缛节牺牲了自己。

但在某事某地，一定曾有像我一样寻求真理的人，他们理智地思考，不希望自欺欺人，否认世界的伤感现实。大约就在这时候，母亲或者说是她的第二人格，突然开门见山地说道："这些日子你一定要抽空读读歌德的《浮士德》。"我们家正好有一版不错的《歌德集》，于是我便把《浮士德》找了出来。它像一阵神奇的芳香沁人心脾。我想："这里终于有个人能严肃地对待魔鬼啦，甚至还与他订下可怕的契约——魔鬼是对手，他力挫上帝的计划，使世界尽善尽美。"我对浮士德的行为感到懊悔，因为在我看来，他不应该那么片面，那么易于上当受骗。他应该更加聪明和更具道德才对。他如此轻浮地拿自己的灵魂打赌是多么幼稚啊！很明显，浮士德有些夸夸其谈。我感觉该剧的分量和意义主要在于靡菲斯特这一方面。就算浮士德的灵魂真的进入地狱，我也不会为之难过。他是罪有应得！我并不喜欢末尾处"魔鬼受骗"的观点，因为说到底，靡菲斯特根本不是个愚蠢的魔鬼，而他被傻乎乎的小天使所骗，显然不合逻辑。在我看来，靡菲斯特是在一种完全不同的意义上被骗的：他并没有得到曾经允诺于他的权力，因为浮士德这个没什么特性的家伙一直将他的骗局进行到来世。必须承认，到了来世，他的幼稚便暴露无遗了。但正如我所理解的那样，他是不配受到启发，去那儿探究伟大的神秘。我倒是愿意让他尝一尝炼狱之火的滋味。就我而言，真正的问题在于靡菲斯特，他的整个形象给我留下了最深刻的印象；此外，我朦朦胧胧地感到，他还与种种本源的神秘有所关联。不管怎样，靡菲斯特及上帝的指引，对我来说一直是一种濒临我意识世界边缘的、奇妙而神秘的体验。

最后，我终于证实了，还是有人会理解邪恶及其无穷威力的，更重要的是，魔鬼在使人摆脱黑暗和苦难时，发挥了神秘的作用。在这一方面，歌德成了我眼中的预言者。但是他通过纯粹的诡计，通过小小的欺骗，打发走了靡菲斯特，这是我无法原谅的。对我来说，这太神学，太轻率，太不负责任了，歌德竟也堕落到使用狡猾的手段，把邪恶变成无害。这不禁令我扼腕叹息。

在阅读剧本时，我发现尽管浮士德厌恶哲学，他多少还算是个哲学家。他显然还是学到了要在一定程度上接受真理。直到现在，我实际上还未听说过有关哲学方面的事，于是，一个新的希望诞生了。我想，也许会有一些哲学家对这些问题苦思冥想，并从中给我启示。

由于我父亲的图书室里没有什么哲学家的著作——他们因思考成了可疑的人——所以我只好满足于克鲁格1832年的《哲学科学通用词典》第二版了。我径直翻到了有关上帝的条目。

令我非常不满的是，它的第一个词源便是“上帝”，说这个词“毋庸置疑地”源自“善”这个词，意指“最高的存在”或“完美”。它继续说道，上帝的存在以及上帝观念的固有性都是不允许被证明的。如果后者的先验性绝不可能在现实中存在的话，那么它便可以存在于人类当中。无论在何种情况下，我们的“智力”一定“在它有能力提出如此崇高的观念之前已发展到某种程度了”。

这种解释着实令我目瞪口呆。这些“哲学家”到底怎么了？我实在想不通。显然，他们对上帝的了解仅限于道听途说而已。然而在这方面，神学家们却有所不同，虽然他们对上帝的论述是自相矛盾的，但至少他们还确信上帝的存在。这位词典编辑者克鲁格在表述自己的观点时掺杂了过多的个人成见，因而很容易看出他喜欢断言，坚信上帝的存在。那么他为何如此直截了当呢？他为何要伪装成这副样子呢，好像他确认是我们“提出”了上帝的观念，在提出之前还必须先达到一定的发展水平。据我所知，甚至在原始森林里赤身裸体游荡着的野蛮人也会产生这些观念。而他们肯定不是“哲学家”，肯定不会坐下来“提出上帝这一观念”。我就从未产生过有关上帝的观念。当然，我们不可以证明上帝的存在，比如说，一只衣蛾吃的虽然是澳大利亚羊毛，但它怎样向别的蛾子证明澳大利亚的存在呢？上帝的存在并不取决于我们的证明。我如何得出上帝确实存在这一观点呢？人们告诉我关于他的种种故事，但我却什么也不相信，没有一件事能真正地说服我。我的观念并不从那里而来。实际上，它根本就不是什么观念——不是从思考中得来的。它并不是想象有某事，对它进行思考，然后加以确信这样的过程。比如说，我一直怀疑有关主耶稣的一切，并从来没有真真正正地相信过它，尽管它留给我的印象远比上帝深刻，因为上帝往往只是含含糊糊地暗示而已。我凭什么认为上帝就是理所应当的呢？上帝的存在如此简单，简单得就像一块砖头砸到你头上一样。既然如此，那些哲学家为何还伪装说上帝是一种观念，是一种他们能提出或不能提出的任意假设呢？

我突然间明白过来，上帝——至少对于我来说——是最为肯定、最为直接的体验之一。毕竟，我并没有捏造有关大教堂的恐怖意象。相反，它强加在我身上，所以我不得不以最残忍的方式来思考它，后来，那种获得天恩后难以言喻的感觉便在我身上出现了。我根本支配不了这些事情。我慢慢得出了结论，认为这些哲学家一定是出了什么毛病，因为他们竟提出如此怪异的看法，将上帝看作一种可以讨论的假设。令我极为不满的还有，这些哲学家对上帝的阴暗行为既不发表看法又不作任何解释。我认为哲学恰恰应该特别注意并考虑这些东西，因为我认为它们构成了一个哲学家十分棘手的问题。令我更加失望的是，我发现哲学家们甚至都没有听说过。

因此，我便转向了另一个使我感兴趣的题目，也就是关于魔鬼的词条。我读到，如果我们认为魔鬼一开始就是邪恶的，那我们就会深陷明显的自相矛盾之中，也就是说，我们便会落入二元论里。因此，我们最好假设魔鬼最初被创造出来的时候是一个善良的生物，只是由于他的高傲才堕落了。然而，正如作者所指出的——我很高兴他指出了这一点——这一假设预先假定了一个它试图解释的魔鬼，即高傲。至于其余的生物，他继续说道，邪恶的起源“无法解释、无法说明”——对我来说这意味着：同神学家们一样，他并不想思考这一问题。有关魔鬼及其起源的条目同样无法给人启示。

我在这里所作出的叙述总结了我一系列的思想以及观念的发展变化，这种情形断断续续持续了好几年。它们只发生在我的第二人格当中，并且是极为私密的。我未经父亲的许可便偷偷地利用起他的图书室来进行这些研究。时不时地，我的第一人格便公开地阅读格斯塔克所有的小说，以及德语译本的英国经典小说。这时我同样开始阅读德国的文学作品，尤其关注经典作品。在学校里，老师总是费力地对那些浅显易懂之处作着毫无必要的解说，不过这却并没有使我失去兴趣。我涉猎范围很广，也没有目的性，戏剧、诗歌、历史全部涵盖其中，后来连自然科学的著作也读。读书不但有趣，而且是一种受人欢迎又有益处的消遣方式，将我从第二人格的成见中解脱出来，而第二人格正使我在沮丧中越陷越深。在宗教问题的王国里，我随处遇到的都是紧锁的大门，如果碰巧有某道门打开了，门内的事物也会令我大失所望。别人似乎全都有着与我毫不相同的兴趣。在非常肯定的事情上，我却感到完全孤立。我比以往任何时候都更希望与人交谈，但在任何方面都找不到共同的话题；相反，我却在别人身上感受到了一种疏离、一种猜疑和一种恐惧，因此我只好欲言又止。这种情形，也令我十分沮丧。对此我不知如何是好。为什么没有人跟我有相似的经历呢？我百思不得其解，为什么学校的教科书对此只字不提呢？难道只有我一人具有这种体验吗？我从来没有想过自己可能疯掉了，因为在我看来，虽然上帝的光明和黑暗令我感到压抑，但这两个方面都是可以理解的事实。

我感觉自己怪癖的思想，迫使自己成为了别人的威胁，因为这意味着遭受孤立。我从来没有如此不公地被当作替罪羔羊，而这令我更加不开心了。此外，学校里发生的另一件事更加剧了我的孤独感。在德文课上，我表现平平，因为学科的内容，特别是德语语法和句法，一点儿都提不起我的兴趣。因此德文使我又懒又烦。作文题目也常常显得浅薄愚蠢，于是我的作文写得不是随心所欲就是矫揉造作。我的成绩在中等水平浮动，但这似乎很令我满意，因为一般来说我不想引人注目。大体上，我同情出身贫穷的同学，因为他们也像我一样来自默默无闻的家庭，我喜欢不太聪明的同学，虽然他们的愚蠢和无知常常令我愤懑。因为他们能提供我极为渴求的东西：他们简单淳朴，看不出我身上有什么不同寻常的地方。我的“不同寻常”逐渐开始给我一种令人不愉快的、相当可怕的感觉：我一定是拥有某些排他性气质，而我自己却全然不知，它使我的老师同学们疏远了我。

在这些成见之中，下面的一个事件却如晴天霹雳般降临到了我的头上。老师给我们布置了一个作文题目，它第一次引起了我的兴趣。因此，我便专心致志地写了起来，写出了一篇我自认为精心布局的成功作文。我本希望至少能拿九十多分——当然不是一百分，因为那样便会使我显眼，而是接近一百分的分数。

我们的老师习惯根据作文的优劣来进行点评。第一篇当然是全班成绩最好的男生写的。接下来评到其他一些人的作文，可是我等了又等，白等一场，居然没有听到我自己的名字。“怎么可能，”我想道，“我的大作竟差到比不上他提的那些可怜虫的作文吗？这是怎么回事呢？”难道我“不适合参加比赛”？而这意味着遭受孤立并以可怕的方式吸引注意力。

当所有的文章都评点完之后，老师停顿了片刻。然后他说道：“现在，还有一篇文章，是荣格写的。他写得最好，我本应给他打一百分。但不幸的是，这却不是他写的。老实交代，你是从哪儿抄来的呢？”

我猛地站了起来，面目狰狞，火冒三丈，大声嚷道：“我不是抄的！我费了老半天劲才写成一篇好作文。”但老师却对我怒吼：“你撒谎！你绝不可能写出那样的作文。没人会相信你。好了，说吧，你是从哪儿抄来的？”

我发誓自己是被冤枉了，但无济于事。老师固执己见并威胁我说：“我告诉你：要是让我查出来你是从哪儿抄的，我就开除你的学籍。”然后，他便转身走了。同学们向我投来了异样的眼光，我害怕地意识到，他们肯定心想：“啊，原来如此。”对我的抗议，他们充耳不闻。

我感觉从现在起，自己被打上了犯罪的烙印，而且原本有可能使我摆脱与众不同的所有道路也全被切断了。我深感沮丧与耻辱，发誓一定要好好报复这个老师，如果要是有机会的话，我很可能做出违背法律的事情来。可是我到底怎样才能证实，这篇文章不是抄来的呢？

一连好几天，我心里翻来覆去想着这件事，一再得出结论，我是无能为力的，盲目而愚蠢的命运跟我开了个玩笑，给我打上了骗子和作弊的印记。现在，我认识到许多以前无法理解的事——比如说，当我父亲问到我在学校的表现时，其中有个老师便说："哎呀，他就是中等水平，不过他很用功。"他们认为我有点儿笨还有点儿肤浅，这确实使我气恼。但令我愤怒的是，他们竟认为我是骗子，这无异于在道德上判了我的死刑。

我的悲愤马上就要失控了。随后，我在自己身上已然觉察到的一件事发生了：我的内心突然陷入了沉寂，仿佛一道隔音门把一间嘈杂的屋子关上了。就像一种冷漠而好奇的情绪突然落到了我的身上，于是我问自己："到底发生了什么？好吧，你激动了。当然了，那老师是个白痴，他不了解你的本性——也就是说，并不像你了解的那么透彻。因此，他便像你一样多疑。你不相信自己和他人，这就是为什么你会与那些天真、淳朴和单纯的人格格不入。当人对事物不了解的时候，他便会激动起来。"

鉴于这些既不愤怒又不高深的考虑，我的内心又翻涌着一系列与之类似的思想，在我不愿思考那禁止思考的观念时，它却坚实有力地铭刻在我的心上。在那时，尽管我根本看不出第一人格和第二人格之间的差别，尽管我仍然声称第二人格的世界是我个人的世界，但私下里，我却总是感到，自己的世界除了自己之外，还涉及其他的东西。仿佛由星云和浩瀚宇宙组成的广袤世界触碰到了我，又像一个灵魂无迹可寻地进入了房间——这个人虽然已经死去很久了，但他的灵魂却永恒地生存着，直到很遥远的未来。这类人的结局往往包围在守护神的光环之中。

当然了，那时候我不可能以这种方式表达自己，我也没有把自己现在的意识状况归咎于当时并不存在的事情上。我只是试图表达那时候的感觉，并借助我现在了解的事情照亮朦胧的世界。

刚才所描述的事件过去了几个月之后，我的同学便给我起了个外号“亚伯拉罕大爹”。第一人格不知原因何在，认为这愚蠢可笑。然而在背景的某个地方，我却觉得，这个外号正中要害。对这一背景所作的一切暗示对我来说都非常痛苦，因为我读得越多，我对城市生活就越熟悉，我的印象也就越深刻：我现在慢慢知道，真实属于一种事物秩序，与我从小长大的乡村世界景象不同。我生活在沐浴着阳光的小山村，生活在溪流与树丛中，生活在人群与动物中。天空飘浮着白云，微风吹拂着面庞，黑夜笼罩，某些事情便会发生。它不只是地图上的一个地方，而是“上帝的世界”，是由上帝安排的、充满了神秘的地方。但很显然人们并不懂得这一点，甚至连动物也多少失去了感受它的知觉。比如说，从母牛悲伤迷失的神情中，从马顺从的双眼中，从狗对人的忠心耿耿和极度依赖中，甚至从猫（选择房屋及谷仓作为它居住及狩猎的场所）自信的步伐中，都可以明显地看出这一点。人也像动物那样，看起来毫无意识。他们低头看地或抬头望树，为的就是看看有什么可以利用，用来干什么，他们也像动物那样，群居、择偶和争斗，但却看不出他们生活在一个统一的宇宙里，生活在上帝的世界里，生活在一切都已诞生和一切都已死去的永恒里。

因为它们与我们如此相似，也像我们那样不知不觉。因此我喜爱所有的热血动物；它们有着我们那样的灵魂，而且我想，与它们在一起我们就有一种本能的理解力。我们和动物体验过同样的喜与悲、爱与恨、饥与渴、怕与信——这些都是生命的本质特征，我们与动物的区别只是语言、更敏锐的意识及科学。我虽然以传统的方式赞美科学，不过我还是看出，它会使我们疏远并脱离上帝的世界，从而导致动物所不会有的堕落。动物可爱、忠诚、永不变心并值得信赖。

我认为昆虫并不是严格意义上的动物，冷血的脊椎动物是一个相当低等的中间阶段，而更低等的阶段便是昆虫。在这一类生物是可供观察和搜集的实物，只是奇珍罢了，它们在人类之外，与人类的性质不同，它们是非人类生命的表现形式，更接近于植物而不是人类。

“上帝的世界”在地球上的表现形式始于植物王国，这是与上帝直接进行沟通的方式。就像有人从上帝的肩膀上向下窥探一样，而上帝自以为没有人在看他，于是便制造各种玩具和装饰品。另一方面，人和严格意义上的动物，均是上帝身上微小的部分，只不过独立出来罢了。这就是为什么他们能够随心所欲地到处走动并选择自己的居所。而植物注定得待在原地，不论该地是好是坏。它们不但表达美，而且还表达了上帝的世界观，而它们本身则没有意图也没有偏向。特别是树木，它们是神秘的，它们直接体现了不可理解的生命含义。因此，我感觉树林最接近生命最深含意，也最接近生命中令人敬畏的工作。

当我熟悉了哥特式大教堂后，这种印象变得越发深刻。但是在这里，宇宙的无穷性、有无意义的混沌、客观目的与机械法则的纷乱，都被石头包裹了起来。这包含了并存在着深不可测的神秘，即精神的体现。我朦胧地感到，自己与石头之间的密切关系就在于生死之事物的神性。

正如我以前提到的，在那时，以形象的方式阐述自己的感觉和直觉，的确超出了我的能力，因为它们全都以第二人格的形式出现，我的自我虽然具有主动性和理解力，但却一直处于被动状态，还融入了属于好几个世纪的、“老人”的范畴。我以奇怪的、不假思索的方式体验到了他和他的影响力，当他出现时，第一人格便暗淡到几乎不存在的地步，当我的自我越来越与第一人格无异，并掌控了情形时，那老人，如果我没记错的话，似乎变成了一个遥远而又并不真实的梦境。

在十六岁到十九岁之间的三年里，使我进退两难的迷雾慢慢消散了，我沮丧的思想状态也有所好转。第一人格显得越来越清晰了。学校生活和社会生活占据了我的时间，而不断丰富的知识则逐渐渗透或抑制了知觉的世界与预感的世界。我开始系统地研究自己有意设计的问题。我阅读了一本哲学史简论，并对这一领域的观点有全面的了解。令我满意的是，我的许多直觉都有历史上的相似物。最重要的是，我被毕达哥拉斯、赫拉克利特、恩培多克勒及柏拉图的思想深深吸引，尽管他们的思想论述有点儿苏格拉底式的冗长啰唆。他们的观点既美好又有学术气息，犹如画廊里的名画一般，虽然显得有些遥远。只有迈斯特·埃克哈特使我感到阵阵生气——但这并不意味着我读懂了他。经验学者让我感觉冷冰冰的，而圣·托马斯那种亚里士多德式的理智主义比沙漠还要荒凉。我心里想道：“他们全都希望运用逻辑的把戏使事物自见其义，而这些事物他们无权获得，也并非真正懂得。他们想证明给自己看的是一种信仰，然而它实际上却是一种体验。”他道听途说大象存在，却一头也没见过，他们还想论证说明，大象按逻辑来说一定存在，而且形体也跟实际的一样。显然，一开始我对18世纪的批判哲学根本没有兴趣。在19世纪的哲学家中，黑格尔，由于其作品语言傲慢艰深，也令我敬而远之；我完全不信任他。在我看来，他仿佛困在由自己的词语筑造的大厦中，并在牢笼里夸夸其谈。

然而我的研究却有了一个重大的发现，它就是叔本华。叔本华是提及世界苦难的第一人，这种痛苦触目惊心地围绕在我们身边，他还提到了混乱、激情、邪恶——这所有的苦难，他人几乎从未觉察，还总是极力将其纳入无所不包的和谐与可理解性当中。现在终于出现了一位哲学家，他敢于承认在宇宙的山川湖海等自然特征中，一切并非完美无缺。他既不提造物主全智全仁的天意，也不提宇宙的和谐友好，而是直言不讳地指出，在人类历史悲怆的进程中以及大自然的残酷无情里，隐藏着一种根本性的缺陷：创造世界的意志具有盲目性。我先前观察过病死的鱼，冻僵或饿死的鸟，以及患疥癣的狐狸。而鲜花盛开的草丛中也藏匿着无情的悲剧：蚂蚁将昆虫折磨致死，昆虫相互撕来扯去。以上种种都证实了这盲目的意志。与人相处的体验也教会了我一件事：千万不能只相信人类本性的善良与正直。我足够了解自己，并知道自己只是渐渐地与动物区分开来。

我完全赞同叔本华对世界所作的阴暗描述，但却不喜欢他解决问题的方法。我敢肯定，“意愿”这个词实际上意味着造物者上帝。也就是说，上帝是盲目的。因为就我的经验而言，上帝并不因任何亵渎神明的行为而受到冒犯；相反，他甚至鼓励这样的行为，因为他不仅希望引出人类光明积极的一面，而且还希望引出他们阴险邪恶的一面。因此，叔本华的观点不会令我烦恼。我认为这是一个由事实证明的结论。但是他又提出：理智只须用自身形象面对盲目的意志，以使它作出改变。这一理论令我大失所望。意志既然是盲目的，又怎么能够看得见这一形象呢？既然形象能精确地展现意志的内容，即便意志看得见，为什么还要说服自己进行改变呢？另外，理智是什么？它是人类灵魂的一种功能，不是一整面镜子，而只是镜子里无穷小的碎片，就像小孩拿着它面向太阳，希望阳光把它照得晃眼一样。叔本华竟对这样一个不充分的解答感到心满意足，这着实令我不解。

正是它驱使我更彻底地研究叔本华，他与康德的关系也给我留下了越来越深的印象。于是我便开始阅读这位哲学家的著作，特别是他的《纯粹理性批判》，使我陷入了沉思。我的付出获得了回报，因为我发现了叔本华哲学体系的根本性缺陷。他犯了一个致命性的错误，把一个形而上学的主张具体化了，他赋予一个纯粹的本体——自在之物——以种种特性。我从康德的知识论中认识到这一点，而它可能使我获得比叔本华“悲观的”世界观更大的启发。

这种哲学上的发展从我十七岁起一直延续到我就读医学院的时候。它使我的世界观和人生观发生了革命性的改变。以前我一直羞涩，胆小，疑虑，脸色苍白，身材瘦小，健康状况显然不稳定；而现在，我却开始对方方面面产生极大的求知欲，我知道自己的需求并开始追寻它。我也明显变得易于接近，善于交谈了。我发现贫困并不是障碍，也远远不是产生痛苦的主要原因，富家子弟并不比衣衫褴褛的穷孩子优越。幸福与否有着更深层的原因，而不是取决于一个人口袋里装了多少钱。我结交了比以前要多、更要好的朋友。我感觉脚下的土地更坚实了，甚至还敢鼓起勇气公开发表自己的观点。但我很快便发现，这却造成了令我感到后悔的误解。因为我不但遭遇了尴尬和嘲讽，而且还受到了怀有敌意的反驳。使我备感惊愕和狼狈的是，某些人认为我是个骗子，夸夸其谈，装腔作势。以前关于骗子的指控死灰复燃了，只不过这回形式比较温和罢了。这一次，仍然和一个引起我兴趣的作文题目有关。我小心翼翼地写了出来，绞尽脑汁地加以润饰，没想到结果却是毁灭性的。“这里是荣格的一篇作文，”老师说道，“写得的确文采飞扬，但是却粗心大意地一挥而就，很明显，没下什么功夫用心去写。荣格，我可以告诉你，以这种粗心的态度，你成不了大事。生活需要严肃认真和尽职尽责，勤奋刻苦。你看D君的作文，他没有你华丽的文采，但他诚实、认真，下了一番功夫。

这才是生活中的成功之路。”

这一次我的情感并没有像之前那样受到严重的伤害，因为不管老师自己怎么说，他还是对我的文章印象深刻，并且没有指责我抄袭他人。我反驳了他的责备，但他却以这样的评论总结道：“《诗的艺术》认为，最优秀的诗歌掩盖了创作的艰辛。但在这一点上，你的作文却无法令我信服，因为它没有费什么力气，是草率的，是一挥而就的。”我知道，我的文章确实有一些精辟的见解，只是老师懒得讨论罢了。

这件事令我感到有些难过，但同学们的怀疑却更为严重，因为他们威胁我，要像从前那样孤立我，让我精神萎靡一蹶不振。我绞尽脑汁，竭尽全力想弄清楚我到底做了什么，而招致他们的诽谤。经过仔细的打听我才发现，他们之所以讨厌我，是因为我经常妄加评论与暗示，而那些事情我自己可能也不清楚。比如说，我假装对康德和叔本华有所了解，甚至对学校尚未开设的古生物学也略知一二。这些令人震惊的发现向我表明，事实上，所有激烈争论的问题与日常生活毫不相干，它们就像我内心深处的秘密，属于“上帝的世界”，因此最好对它只字不提。

从那以后，我变得小心翼翼起来，不再跟同学和熟悉的成年人提及这些深奥晦涩的事情，因为我知道，不管与谁交谈，难免会被扣上吹牛与欺骗的帽子。而最令我苦不堪言的莫过于我难以克服自己内心上的分裂，即我内心被分成了两个世界。由于事情一而再，再而三地发生，我不得不从脱离普通的日常生活而进入无边无际的“上帝的世界”。

"上帝的世界"这种说法，在某些人听来可能略显伤感，但我根本不这样认为。一切超人的事物都属于"上帝的世界"——耀眼的光芒；黑暗的深渊；冷漠无情的时间和空间；以及神秘、古怪、无理的机遇世界。

随着年龄的增长，我经常被父母和他人问到想成为什么样的人。说实话，我还没有想清楚。兴趣把我引向不同的方向。一方面，科学将我深深吸引，因为科学真理建立在事实之上；另一方面，有关比较宗教学的一切又令我心醉神迷。在自然科学方面，吸引我的主要是动物学、古生物学及地理学；在人文科学方面则是希腊、罗马、埃及及史前考古。当然那时我尚未意识到，这最为广泛的学科选择有多么符合我内心的双重性格。科学中的具体事实和其历史背景对我极具吸引力，而比较宗教学令我感兴趣的则是精神性问题，其中还牵涉到哲学。在科学中，我忽略了意义的因素；而在宗教学里我忽略了经验主义的因素。科学在很大程度上满足了第一人格的需求，而人类或历史研究则为第二人格提供了有益的指导。

我在这两个极端之间摇摆不定，好久都拿不定任何主意。我注意到，母亲家的一家之主，舅舅，巴塞尔圣·奥尔本教堂的牧师，正在轻轻地将我拉近神学的方向。有一次，当他和一个儿子——他几个儿子都是神学院学生——讨论一个宗教问题的时候，我正好坐在桌边倾听，我那专心致志的神情被他捕捉到了。我不知道是否有这样的神学家，他们与象牙塔中令人炫目的学问有着密切的联系，因此学识比我父亲还要渊博。谈话给我留下的印象是，他们并不关心真实的体验，当然更不关心与我的体验相似的体验。他们所谈论的只限于《圣经》中叙述的教义观点，所有这些观点都令我感到十分难受，因为《圣经》里有太多几乎难以令人相信的奇迹故事了。

每周四当我去高中上课时，我便可以到这位舅舅家吃午饭了。我非常感激他，不但因为午饭丰盛，还因为我难得有机会偶尔听到成年人智慧的交谈。弄清楚这类东西是否存在，成为我妙不可言的体验，因为在我家周边，我从未听到任何人讨论过学术问题。有时候我确实想与父亲严肃地谈一谈，但父亲总是不耐烦，还匆匆忙忙地躲开我，这实在令我不解。直到多年以后，我才渐渐了解，我那可怜的父亲原来是害怕思考，因为他的内心也充满了很多疑惑。他要躲进自己的世界里，因此坚信盲目的信仰。他无法将信仰当成恩赐，因为他要"通过斗争来赢得信仰"，要下一番功夫强迫它到来。

我舅舅和堂兄们可以心平气和地讨论历代教皇的教规教义以及现代神学家们的种种观点。他们似乎安居于一种不言而喻的世界秩序里，在这种秩序里，尼采的名字根本不会出现，而雅各布·布克哈特也只能受到勉强的恭维。布克哈特是"自由派"，"一个激进的自由思想家"，因此我猜想，在事物的永恒秩序里，他有些站不住脚了。我知道，舅舅向来认为我与神学相隔遥远，我也非常遗憾，不得不令他失望。我从来不敢把自己的问题摆到他面前，因为我非常清楚，这会给我带来多大的灾难。我也不必赘言来替自己辩护。相反，第一人格却很快一马当先，于是我的科学知识，尽管仍然很贫乏，却受到了当时科学唯物主义的彻底浸染。历史的见证和康德的《纯粹理性批判》牢牢地牵制着我，令我苦不堪言，而在我周围，居然没有任何人能够理解康德的《纯粹理性批判》。尽管身为神学家的舅舅和堂兄们对康德称赞有加，但他们只用康德的原理诋毁反对性观点，却绝对不会用来阐述自己的观点。对于这件事，我没有发表任何意见。

结果，当我和舅舅及其家人围桌吃饭时，我开始感觉越来越不舒服了。由于我有习惯性的犯罪意识，这几个星期四就变成了晦气的日子。在这个社会安定、精神安逸的世界里，虽然我如饥似渴地汲取着偶尔滴出的、刺激智力的甘露，但我还是感到越来越不自在。我觉得既可耻又不诚实，于是我不得不承认，“没错，你是个骗子；你说谎，欺骗对你心怀善意的人。他们生活在一个社会稳定与理智健全的世界里，他们根本不懂什么是贫穷，他们的宗教是一份获得薪水的职业，他们完全没有意识到上帝可以使一个人脱离秩序井然的精神世界，并遭受万人唾骂。这一切都不能怪他们。我无法向他们解释这一点。我必须自己背上这个恶名并学会忍受它”。但不幸的是，迄今为止，我的这一努力并未取得明显的成效。

随着道德冲突的紧张程度日益增加，第二人格对我来说变得越来越令人怀疑，令人憎恶，而我自己也无法再掩盖这一事实了。我试图消灭第二人格，然而这一努力也没能成功。在学校在朋友面前，我可以忘记他，在我学习科学时他也消失得无影无踪。但只要我在家里或去乡下独处时，叔本华和康德就又猛烈地回到我的脑海，庄严的“上帝的世界”也跟着回来了。我的科学知识也构成了这世界的一部分，并使这宏伟画卷上布满了生机勃勃、色彩斑斓的人物。这时，第一人格消失了，有关职业选择的忧虑也不见了踪影；这是我在19世纪最后十年间的一个小小插曲。但当我从过去几个世纪的远征重返现实的时候，我的身上会伴随着一种松垮的感觉。我，或者说第一人格，生活在此时此地，迟早都要形成一种希望选择什么职业的确切想法。

父亲与我严肃地谈了几次。他说，我当然有自由学习自己喜欢的任何东西，但如果我想听听他的忠告，那我就不应选择神学。“干什么都行，就是不要当神学家。”他语重心长地说。这时，我们之间达成了一种默契，我可以说也可以做某些事情，而且还不会受到他的指责。我能不去教堂就不去教堂，也不再参加圣餐仪式，他再也不会责备我了。离教会越远，我就觉得越舒服。唯一令我留恋的当然不是“宗教团体”，而是管风琴和合唱音乐。“宗教团体”这个词对我来说毫无意义，因为比起“俗人”来，经常上教堂的人，根本算不上什么“团体”。“俗人”可能不那么有德行，但从另一个角度来说却更加友好，他们感情自然，更为热心真诚、欢快健谈。

我可以向父亲保证，自己一点也没有想当神学家的愿望。但我仍然在自然科学和人文科学之间摇摆不定。二者都有力地吸引着我。我开始意识到，第二人格是没有立足之地的。在第二人格里，我超越了此时此地的范围；感觉自己是千眼宇宙中的一只眼，却不能像地上的石子那样经常移动。第一人格不想袖手旁观，于是奋起反抗这种被动性，但目前为止，他却陷入了难以解决的矛盾之中。显然，以后会发生什么，我只能拭目以待。如果有人问我想成为什么样的人，那么我会习惯地回答：语言学家。虽然表面上这么说了，但是私下里，我指的却是亚述和埃及考古学。然而在实际生活中，我继续利用业余时间学习科学和哲学，假期里更是如此了。假期我都与母亲姐姐待在家里。我跑去跟母亲抱怨“我烦透了，我不知道将来该干什么”的日子早就过去了。现在，假期成了我一年之中最美妙的时光，我可以无拘无束、自由自在了。另外，假期的时候，至少在暑假期间，父亲便会像往常一样离家前往萨克森度假去了。

我只经历过一次假日旅行。当时我十四岁，跟医生作了预约，于是便被送往恩特勒布赫进行治疗，希望我时好时坏的胃口以及当时不稳定的健康状况能有所改善。我有生以来第一次只身处于陌生的成年人之间。我住在一位天主教神父的家里。对我来说，这是一次既可怕又迷人的冒险之旅。我几乎看不到这位神父的身影，他的那位管家虽然算不上吓人，但却动不动就发火。在这里，任何对我有一点点威胁的事也没有发生。一位乡村老医生照看着我，他开设了一家旅店式的疗养院，供形形色色的康复期病人入院治疗。这群病人可谓五花八门，有农民、小官员、商人、几个来自巴塞尔的有教养的人，这几人当中有一个是化学家，荣耀登峰造极——获得了博士称号。我父亲也是个哲学博士，但他只不过是个文献学家和语言学家。这位化学家对我来说是个新奇的发现：这里终于有了一位科学家啦，也许他就是其中一个懂得石头秘密的人。他还是个年轻人，他教我打槌球，但我一点儿也没感觉他是个学识渊博的人。而我却太害羞、太笨拙、太无知了，结果什么也没问他。我很尊敬他，认为他是我亲眼见过的第一个已经了解大自然的秘密，至少是部分秘密的人。他与我坐同一张桌子吃饭，吃的是跟我一样的饭菜，偶尔也与我聊上两句。我仿佛进入了成年人更为庄严的领域。而我又参加了为寄宿者安排的郊游活动，这种地位的上升便得到了进一步的证实。在一次郊游中，我们参观了一个造酒厂酿酒厂，主人还邀请我们品尝了样酒。我想用两行诗来表达当时的心情：

可是现在遭遇了忧愁，
来吧，让我们畅饮这美酒。

我受到了各式各样小玻璃瓶的强烈启发，于是便飘飘欲仙，进入了一个出乎意料的全新意识状态。再也没有什么内部和外部了，再也没有“我”和“他人”了，第一人格和第二人格消失了，谨慎和胆怯也无影无踪了，天地、宇宙和在其中爬行、飞翔、转动、上升或下落的一切，全合而为一了。唉，真丢脸，我竟然得意扬扬地喝醉了。我仿佛沉浸在一片充满喜悦冥想的海洋里，但由于汹涌的波浪，我只好将眼睛和手脚紧贴着所有坚实的物体，在摇摆的街道和晃动的房屋树木间保持平衡。“棒极了，”我想道，“只可惜多喝了那么一点点。”然而这一体验却导致了一个相当不幸的结局，但不管怎么说它仍然是一种发现，一种美和意义的征兆，只是我的愚笨把它破坏掉了。

疗养快结束时，父亲过来接我，随后我们便坐上轮船，一起到卢塞恩旅行。多么美妙啊！我还从来没有见过轮船呢。蒸汽机的动作我怎么看也看不够，可是突然之间，有人告诉我们说菲茨瑙到了。一座大山雄踞在村落之上，父亲向我解释说，这就是瑞吉峰，一条齿轮铁路盘山而上。我们来到一个小火车站，那里停靠着世界上最古怪的火车头，锅炉虽然是直立的，但倾斜角却很异常。父亲把一张火车票塞进我手里说："你可以一个人坐到山顶。我就在这儿等着，两个人坐太贵了。千万要小心，别摔下来了。"

我激动得说不出话。我就站在这座雄壮的大山脚下，它比我见过的任何一座都高，特别像我遥远孩童时代所见的火红山峰。确实，到现在我差不多是大人啦。为这次旅行，我买了一根竹杖和一顶英伦骑士帽——对于一个环游世界的行者来说，这可是最合适不过的物品了。现在我马上就要登上这座雄伟的山峰啦！我不知道谁更雄伟，是我呢还是这座大山呢？伴随着扑哧扑哧的轰鸣声，这奇妙的机车咔嚓咔嚓地晃动起来，一直把我拉到令人头晕目眩的山顶，我向下俯瞰深渊，一幅连续变幻的崭新景象尽收眼底，直到最后，我站上了空气十分稀薄的山巅，放眼眺望难以想象的远方。"没错，"我想，"就是它，这就是我的世界，真实的世界，这就是我的秘密，这里没有老师，没有学校，没有无法回答的问题，不用求靠任何东西便可存在。"悬崖峭壁环绕，我小心翼翼地沿着小径行走。一切都显得十分庄严，我觉得人在山巅就要优雅谦恭、沉默无言，因为他已进入上帝的世界。山巅是有形的现在。这是父亲送给我的最美好、最珍贵的礼物。

山巅的美景给我留下了如此深刻的印象，以致“上帝的世界”里发生的一切，已经完全从我记忆中抹去了。但在这次旅行中，第一人格又显现了出来，他给我留下的印象使我永生难忘。我还是看见了自己，长大成人、独立自主，头戴一顶坚硬的黑帽，手握一根昂贵的手杖，来到一间极为优雅的宫殿式大饭店。像这样的饭店，卢塞恩湖边还有很多。我坐在饭店的露台上，要么就坐在菲茨瑙市美丽的花园里，头上则是洒满了阳光的条形凉棚。我坐在一张小巧的、铺着白色桌布的桌子旁边，喝着清晨的咖啡，吃着涂满金色黄油和各式果酱的牛角面包，设想着可以占满漫长夏日的远足计划。喝过咖啡之后，我可以镇定自若地踱步到汽船上，既不激动，也不匆忙。这条船便载着我驶向圣哥达，驶向山顶银光闪闪白雪皑皑的大山脚下。

几十年过去了，每当我劳累过度，想寻觅憩息之处时，这种形象便会浮现脑海。在现实生活中，我一再指望能见到这种壮丽的景象，但从未如愿以偿。

这是我第一次有意识的旅程，过了一两年之后，我又进行了第二次旅行。家人同意我看望在萨克森度假的父亲。从他那里我得知了一个令人印象深刻的消息：他与当地的天主教神父成为了朋友。这在我看来绝对是一种大胆的行为，我不由得暗地里敬佩起父亲的勇气来。在萨克森，我参观了弗鲁埃利的隐居之处以及克劳斯弟兄的遗物，听说后者此时已经升入天堂了。我猜测天主教徒们怎么会知道他已经处于一种极臻幸福的状态呢。也许他告诉人们自己还在四处游荡？当地的这位守护神令我久久难以忘怀，我不但能够想象一种完全献身上帝的生活，甚至还理解了这种生活。当我这样想时，心里却在微微颤抖，还产生了一个不知如何回答的问题：他的妻子和孩子怎么一生下来就有一位圣人丈夫和圣人父亲呢，而我那么喜爱父亲不正是因为他有过错有缺陷吗？“对啊，”我想，“谁能跟一个圣人生活在一起呢？”他当然明白这是不可能的，便只好去当隐士了。尽管如此，他隐修的小屋离家并不太远。我想，这个主意倒不错：让家里人住在一间屋子，而我则住在距之不远的小屋里，码放一堆书，置办一张写字台，还生着一团明火，可以烤几个栗子吃吃，用三脚架煲一锅汤喝喝。作为一个神圣的隐士，我再也不用上教堂了，因为我将会拥有属于自己的小教堂了。

我从修士的居所漫步向山上走去，陷入了沉思，当我要掉头下山时，左边一个年轻姑娘的纤细身影出现了。她面容姣好，穿着当地服装，跟我打了个招呼，蓝色的眼睛善意地闪烁着。我们一起向下面的山谷走去，仿佛这是世上最自然不过的事情。她与我年纪相仿。由于除了堂姐之外我不认识什么女孩，因此我便感到十分尴尬，不知道该如何同她说话才好。于是我开始犹犹豫豫地解释说，我来这里度几天假，我在巴塞尔读高中，以后想进大学学习之类的。正说着时，一种命里注定的奇妙情感涌上了我心头。“她就是在此时此刻出现的，”我心里想道，“而她很自然地随我一同前行，好像我俩是天生的一对。”我斜着瞟了她一眼，她的脸上交织着既羞涩又钦佩的神情，这使我有些狼狈，有些激动。我琢磨着，难道这便是命运的安排？我与她的邂逅只是偶然？一个农家姑娘——这可能吗？她是个天主教徒，但也许她的神父正是我父亲在此结交的朋友？她根本不知道我是谁。我当然不能跟她谈什么叔本华，谈什么意志的否定性。然而，她看起来一点也不邪恶。也许她的神父并不是穿着黑色长袍躲躲闪闪的基督会信徒。但我也不能告诉她我父亲是个新教教士呀。这可能会吓跑她或得罪她的。跟她谈哲学？谈魔鬼？这是完全不可能的。魔鬼比浮士德还重要，虽然歌德把魔鬼塑造成了一个容易上当的大笨蛋。她仍然居住在天真遥远的地方，可是我却重重地落入了现实之中，落入了创造的壮丽和残酷之中，听到这些她怎么受得了呢？我们之间阻隔着一面无法穿越的高墙，我们之间不可能有任何关系。

我感到很伤心，于是心中的想法退去了，把谈话转向不那么危险的话题上。她要去萨克森吗，天气真好呀，风景真美呀，等等。

从表面上看，这次邂逅完全没有意义。但从内心里看，它却举足轻重，不但好几天都占据了我的思想，而且还像路边的神龛一样，永远留在了我的记忆之中。那时候，我仍然处于那种幼稚的状态，认为生活是由单一的、毫无关联的经历组成的。因为有谁能发现命运之线竟会从克劳斯弟兄牵引到这位漂亮姑娘身上呢？

这个时期的生活充满了种种自相矛盾的思想。首先，叔本华和基督教就无法达成一致；其次，第一人格也想从第二人格的压制压迫或感伤中解脱出来。当第一人格想起第二人格的时候，感到沮丧的并不是第二人格而是第一人格。而就在此时，由于对立双方产生了冲突，我人生中第一个系统的幻想诞生了。它一点一点地出现，据我所知，它起源于一次令我激动不已的体验。

有一天，强劲的西北风将莱茵河刮得波浪起伏，泡沫荡漾。我上学时正好经过河边。突然间，我看见一艘船从北边驶了过来，船上扬起一面巨大的主帆，趁暴风雨来临之前向莱茵河上游驶去。这是一个全新的经历——莱茵河上出现了一艘帆船！这为我的想象插上了翅膀。如果这不是一条湍急的河流，如果整个阿尔萨斯变成了一个湖泊，那么我们就可以有各式各样的帆船和大轮船了。那时，巴塞尔就变成了一个港口；那感觉就像住在大海边一样美妙。然后，一切都将变得不同，我们也将会生活在另一个时间里和另一个世界里了。那就没有了高中，不用走一长段路去上学，我很快就能长大，如愿以偿地安排自己的生活。湖中会突起一座石山，由一道狭窄的地峡与大陆相连，地峡被一条宽阔的运河所切断，运河上架着一座木桥，通向一道两侧矗立高塔的大门，门内是建在四面斜坡上的中世纪小城。岩石上矗立着一座壁垒森严的城堡，城堡上有一座高塔和一座瞭望塔。这就是我的家。在城堡里面，没有华美的大厅或任何富丽堂皇的迹象。房间非常小，都镶嵌着木板，简单朴素。里面有一间特别引人注目的图书室，你会发现所有的藏书都值得一读。图书室还收集了各种武器，堡垒上架着大炮。除此之外，城堡里还有一支由五十位武装人员组成的卫戍部队。这座小城市有几百户居民，由市长和市议会（由元老组成）治理。我自己则是治安法官、仲裁人和顾问，只是偶尔在开庭时才露露面。小城镇在朝向陆地的那边有一个港口，港内停靠着我的一只双桅纵帆船，船上装备着几门小炮。

整个布局的核心及存在理由便是城堡塔楼的秘密，这个秘密只有我一个人知道。这种想法像电击一般涌上心头。因为塔楼内部，一根铜柱或者像胳膊一样粗的重型电缆从雉堞墙一直延伸至拱形地下室。铜柱在顶部分叉成许多极细小的分支，就像树冠一样——或者更确切地说——像带有小细根的主根倒立过来伸向天空一样。这些小根从空气中汲取某种无法想象的东西，引导着它们沿着铜柱进入地下室。在地下室里我还有一种同样难以想象的装置，它看起来像个实验室，我就在这里用铜根从空气中汲取的神秘物质制造金子。这的确是一个奥秘，对于它的性质，我既没有概念也不想形成任何概念。我也从来没有认真想象过这种炼金过程的性质。我的想象力巧妙地略有些紧张地回避了实际上正在进行的试验。实验室里面还有一种禁忌：最好不要太深究，也不要问从空气中的汲取物是什么。就像歌德在提到根源时说："甚至连提起它们，都会使勇者丧胆。"

当然，"精神"对我来说意味着某种难以形容的东西，不过在内心中，我不认为它与纯净的空气有什么本质上的差异。这些小根吸收并输送到铜柱去的是一种精神性的本质，它在地下室里变成了可见的、金黄色的硬币。这当然不是什么念咒驱鬼的把戏，而是大自然庄严、重要的秘密，我不知道如何获悉的这一秘密，但是我要将它掩藏起来不让市议会元老们发现，从某种意义上讲，也不能让我自己发现。

我高兴地发现，以前上下学要走的那条又长又烦的路，现在大大缩短了。我一走出学校大门进入了那座城堡，里面的结构正逐渐发生变化，市议会会议如期召开，作恶多端的人受到了惩处，争端得到了裁决，大炮也开火发射了。纵帆船的甲板清理干净，船帆扬起来了，随后船在微风的吹送下小心地驶离了港口，从岩石背后驶出，一直向西北方向驶去。突然之间，我忽然发现自己已经走到了家门口，好像刚刚走了几分钟似的。我从自己的幻觉中走了出来，就像从毫不费力将我送回家的马车上下来一样。这种令人无比享受的消遣一连持续了好几个月，后来才变得厌倦。这时，我觉得如此幻觉既愚蠢又荒唐。为了代替这种白日梦，我开始用小石子、泥土和灰泥建造城堡和严防死守的炮台——惠宁根要塞，当时它依然完好无损，所以便成了我的一个模型。我研究了沃邦有可能采取的一切防御计划，因此很快就熟悉了所有的防御技术。我又从沃邦的防御手段转到现代的防卫方式，尝试用有限的手段建造不同类型的防御模型。这件事占据了我两年多来的所有业余时间。在此期间，我稳步地丰富了对于自然科学和具体事物的知识，这却是以牺牲第二人格为代价的。

既然我对实实在在的事物知之甚少，我想，对它们进行思考也是毫无意义的。谁都可以异想天开，但掌握实际知识又是另一回事了。父母同意我订阅一份科学杂志，拿着杂志我饶有兴致地读了起来。我寻找收集了在我们侏罗山脉能找到的各种化石和矿物，还有各种昆虫以及猛犸和人类的骨头——在莱茵兰平原的采砾场里找到了猛犸的骨头，而人类的骨头是从靠近惠宁根的乱葬岗里找到的，可追溯到1811年。各种植物也激发了我的兴趣，但不是科学意义上的。我也不知道为什么就被植物深深吸引住了，总之强烈认为它们不该被连根拔起而死。它们是有生命的事物，它们只有枝繁叶茂开花结果才有意义，一种潜藏的秘密意义，上帝的一种想法。我们应该以哲学式的好奇深思它们，敬畏它们。生物学家对它们的看法很有意思，但却不是根本的东西。根本的东西是什么，我又无法向自己解释。比如说，植物与基督教有什么关系？又与意志的否定有什么关系？对此我理解不透。它们显然带有天真无邪的神圣状态，我们最好不要去破坏它。通过对比不难发现，昆虫是变性的植物，假设腿脚上长满了花果四处爬行，或用花瓣般的翅膀到处飞舞，忙于捕食各种植物。他们因为这种违法的行为受到了大规模的杀害，六月甲虫和毛毛虫是遭受惩处的特殊目标。我对“所有生物的同情”严格限于热血动物。青蛙和蛤蟆是冷血脊椎动物中唯一的例外，因为它们与人类有某些相似之处。

第三章　大学时代

尽管我对科学的爱好与日俱增，我却时不时地回来读哲学方面的书。我该选择一种职业的问题已迫在眉睫。我急不可待地盼望中学时代的结束，然后我就可以上大学学习了——当然是自然科学。这时，我将会掌握某种实际的知识。我刚刚为自己许下这一诺言，心里的怀疑便随之而来了。我不是更喜欢历史和哲学吗？我不是对埃及和巴比伦的一切都非常感兴趣，最想成为一名考古学家吗？但是除了巴塞尔之外，我可没钱去别的地方上大学了，但在巴塞尔，却没有教这门课的老师。于是这一计划很快泡了汤。好长一段时间，我下不了决心，总是拖延作决定的时间。父亲对此十分担忧，有一次，他说："这孩子对能够想到的一切都感兴趣，但却不知道自己要的是什么。”我只好承认，他说得没错。随着大学入学考试的临近，我们只好决定报考哪种专业了，我草率地报了科学，但我的同学却很疑惑，不知道我到底坚决要学自然科学还是人文科学。

这一显然草率的决定也有它的背景。几个星期以前，就在第一人格和第二人格相互角逐，谁有资格作决定的时候，我做了两个梦。在第一个梦里，我梦见自己身处一大片沿莱茵河生长的阴暗树林中。我走上一座小山丘，在上面的一个坟堆前挖掘起来。过了一会儿，我吃惊地发现，自己竟挖到了一些史前动物的骸骨。这引起了我极大的兴趣，但同时我又知道：我一定得了解大自然，了解我们在其中生活的世界，了解我们周围的各种东西。

接着我又做了第二个梦。这次我又梦见自己来到一处树林里，那里溪流纵横交错，在最幽暗的地方，我看到了一个圆形的池塘，池塘四周灌木丛生。半身浸在水里的是一种最古怪和最奇妙的生物：一个圆溜溜的动物，身上闪烁着乳白色的光泽，它由无数的小细胞，或者说是由形如触手的各种器官所构成。这是一只巨型放射类动物，身宽大约三英尺。这一威严的生物竟躺在那儿，躺在隐秘的地方，躺在这清澈的深水中，不受打扰，这在我看来实在是妙不可言。它在我身上激起了一股强烈的求知欲，结果我醒来后心还在怦怦跳着。这两个梦对我作出喜欢科学的决定起了压倒性的作用，同时也消除了我所有的疑虑。

我非常清楚，自己生活在一个必须自谋生计的时代和世界里。想要自力更生，一个人就得成为这样那样的人，我所有的同学也都深切地感受到自食其力的必要性，而且并无他求。这一点给我留下了深刻的印象。我觉得自己反而在一定程度上有点古怪。我为何下不了决心，让自己致力于某件确定的事情中呢？甚至连我那个毫无情趣、单调乏味的同学D君（德语老师将其奉为勤学自觉的典范）也早已决定要学神学了。我明白了，我必须定下心来，好好想想这件事。比如说，我要是学动物学，那我将来只能当个小学校长，充其量不过是在动物园里当个雇员罢了。这是没有前途的，甚至在要求不高的情形下也是一样——当然了，比起来，我更乐于在动物园工作而不愿经历教师生涯。

在这种进退两难的情况下，我突然灵机一动：我干吗不去学医呢？奇怪的是，我以前从没想到过这一点，尽管我总是从别人那里听说，自己的曾祖父曾经是个医生。也许正是由于这一缘故，我对这一职业向来颇为抵制。“绝不步人后尘”是我的座右铭。但现在我却告诉自己，学医至少与科学性的科目相关。在这方面，我便可以随心所欲了。此外，医学这个范畴十分广泛，因此以后要专攻某个方面，总会有不少机会。我坚定地选择了科学，而唯一剩下的问题便是：怎么去学？我得自己挣生活费，但既然我没有钱，便无法到国外上大学，也就无法获得培训，使我有希望开始科学生涯。充其量，我也只能在科学方面浅尝辄止。既然我又具有一种个性，使许多同学和说话算数的人（就是老师们）都不喜欢我，我也就没有任何希望找到一个支持我追求的资助者了。因此，在我最终选定医学的时候，我的心情反而非常不快，总觉得如此的妥协并不是一件步入生活的好事。不管怎么说，既然我已作出了这不可逆转的决定，便可以彻底解脱了。

然后，那痛苦的问题出现了：从哪儿去弄这么一笔钱呢？我父亲只能筹集一部分。他替我向巴塞尔大学申请定期生活津贴，这使我觉得很丢脸，但却被批准了。我之所以觉得丢脸，主要不是因为自家的贫困被暴露在光天化日之下，所有的人都知道了，而是因为我向来暗自相信，所有“上层”人士，所有说话“算数”的人，都对我抱有成见。我从来不指望从他们那里获得任何好处。我显然是由于父亲的名声而得到了照顾，因为他是个良善而又心胸开阔的人。然而我觉得自己跟他却是完全不同的人。实际上，我对自己抱有两种不同的观念。从第一人格的角度来看，我觉得自己是个不太合群、天资平平却又心比天高的年轻人，具有一种不受约束的气质而且态度动摇，一会儿天真热情，一会儿又孩子气般易于失望，在第一人格最本质的地方居住着一个隐士和蒙昧主义者。另一方面，第二人格把第一人格看作一种既困难，又费力不讨好的道德任务，是一门必须以某种方式通过的课程，这一课程由于如下种种过失而变得复杂起来，比如经常性的懒惰、泄气、沮丧，对无人崇尚的想法和事情抱有不适当的热情、轻信假想的朋友，见识有限、观念偏见、愚蠢（特别是在数学上）、对别人缺乏了解、对待哲学问题含混不清、既不是个虔诚的基督徒又不信奉其他东西等。第二人格没有什么明确的特征；他是一种永存的生命，出生、活着、死去，集所有于一身，一种无所不包的生活幻觉。虽然他无情地看穿了自己，却无法通过第一人格那浓重的、阴暗的媒介来表达自己，尽管他渴望这样做。在第二人格处于支配地位时，第一人格便包含并淹没在第二人格中，与第二人格的情况恰恰相反，第一人格把第二人格看作一个内部黑暗的区域。第二人格觉得，关于他的任何可以想象的表达，都像投到世界边缘的一块石头，最后毫无声息地落入无限黑暗当中。不过在他（第二人格）身上，光明处于统治地位，好像位于一座皇宫的宽敞大厅里，高大的窗户全都朝着洒满了金色阳光的风景敞开。在这里是意义和历史的连续，它们与第一人格生活中不连贯的偶然性形成了强烈的对比，后者和他所处的环境并没有真实的接触点。另一方面，第二人格暗暗觉得自己与《浮士德》所体现的中世纪相一致，与过去的一种遗产相一致，这一遗产显然使歌德内心深处激动不已。因此，之于歌德，第二人格也是真实的——这对我来说是一种极大的安慰。我现在震惊地认识到，《浮士德》对我的意义，远胜于我那可爱的《约翰福音》。《浮士德》中的某些内容能够直接作用在我身上。我觉得圣约翰描述的耶稣有些古怪，但更古怪的还是其他几部福音中所说的救世主。另一方面，《浮士德》是第二人格在现实生活中的等价物，而且我相信，浮士德就是歌德为他那个时代所作出的回答。这种洞见不但对我起到了安慰的作用，还增加了我内心的安全感及一种我属于人类社会的感觉。我不再孤立，也不只是个怪人，不再是一个残酷大自然嘲弄的对象了。我的教父和权威便是伟大的歌德。

大约就在这个时候，我做了一个梦，这个梦既把我吓了一跳，又鼓励了我。梦中我身处黑夜中某个不知名的地方，我顶着强劲的大风缓慢而痛苦地前行。浓雾四处飘飞。我拱起两只手，护住一盏随时都有可能熄灭的小灯。一切都取决于我能否保持灯的光亮。突然之间，我感觉背后有个东西正向我走近。我回过头去，看见一个巨大无比的黑影跟在我后面。虽然我当时吓坏了，却还清醒地意识到：尽管有各种各样的危险，我也一定得守护住这盏小灯，以度过这个狂风肆虐的夜晚。当我醒来后，便立刻意识到这个人影就是“布罗肯峰的鬼魂”，也就是我自己的影子，透过我带来的小灯灯光，投射在飞旋浓雾上形成的。我还知道，这盏小灯就是我的意识，我所拥有的唯一一盏灯。我自己的理解力是我所拥有的唯一财富，而且是最大的财富。虽然与黑暗的威力相比，这盏灯显得无比渺小和脆弱，但它仍是一盏灯，我唯一的灯。

这个梦对我来说是个很大的启示。现在我才知道，第一人格就是提灯的人，而第二人格则像个影子那样跟随着他。我的任务是守护着灯，不回头看那永存的生命力，后者显然是一个王国禁地，被不同的灯光照亮。我必须迎着风暴前进，而风暴则竭力把我推回到一个无限黑暗的世界里，在那里，除了背景中各种事物的表象之外，什么也意识不到。在第一人格的角色里，我必须前进——我要学习、赚钱、承担各种责任、承受各种拖累、迷惑、犯错误、忍辱负重、经历失败等。时间，便是把我向后推的风暴，它一刻不停地流向过去，紧紧地跟在我们后面。它发出一种巨大的吸力，贪婪地把一切有生命的东西吸入身体里；只有费力地前进，才能暂时逃脱它的魔爪。过去是存在着的，真实得叫人可怕，谁要是不能以满意的答案来保住自己的性命，它就把谁抓住。

我的世界观又一次发生了一百八十度大转弯，我清楚地意识到，我的道路不可扭转地通向外部世界，进入具有三维特征的有限区域和黑暗之中。在我看来，亚当肯定以这种方式离开过伊甸园；伊甸园对他来说变成了一个幽灵，而他得大汗淋漓地耕种满是石头的土地，这算是清闲的活儿了。

我自问道："这样一个梦到底来自何方呢？"直到那时我还理所当然地认为，这样的梦是直接由上帝送来的。但现在我却接受了大量认识论的观点，这些观点使我疑虑重重。例如，人们可以说，我的洞见经过了很长一段时间才慢慢成熟起来，突然又以梦的形式破茧而出。实际上，它就是那么发生的。但是这种解释却只是一种描述罢了。真正的问题在于，为什么会发生这个过程，它为什么以意识的形式破茧而出。我没有刻意做过任何事情，来加速任何一种发展态势；相反，我的同情心却在另一个方面。因此，这些景象之后一定有某种东西在起作用，是某种理智，某种比我更加理智的东西在起作用。在意识之光的照耀下，内心王国的光芒像一个巨大无比的影子显现了出来，这一离奇的想法确实不是我自发想到的东西。现在，完全是突然之间，我明白了许多在以前难以解释的事情——特别是每当我间接提到，任何能使人们联想起内心王国的事情时，人们脸上便会露出尴尬、疏远、冰冷、阴郁的表情。

我必须得把第二人格抛到脑后，这一点是毫无疑问的。但无论如何，我都得否认这种想法，并宣判它是无效的。这只会引来自相残杀，只会使我不可能再去解释梦的起源。因为在我心中，第二人格无疑与梦的创造有某种关系，而我可以很容易地认为他具有了必要的更高的智力。但我却感觉自己越来越与第一人格相同，而且后来证明，这种状态只是更加富有理解力的第二人格的一部分；正是由于这一原因，我觉得自己不再与它相同了。他确实是一个幽灵，一个能与黑暗世界对抗的灵魂。这是我在做这个梦前尚不知道的东西，甚至就在此时——回想起来我非常确信——我只是朦朦胧胧地意识到了它，尽管我毫不怀疑自己在情感上是认识他的。

无论如何，我和第二人格之间产生了分裂，结果，“我”被派给了第一人格，并在相同程度上与第二人格分隔开来，第二人格可以说获得了一种独立的人格。我并不把这与任何一种绝对的、个性的想法联系起来，而这种个性可能为一个幽灵所有；由于我是在乡下长大的，在我看来这种可能性本不奇怪。在乡下，人们根据不同的情况，会相信这些事物：其实他们有时候信，有时候也不信。这个灵魂唯一明显的特征就是他的历史性，即他在时间上有延展性，或者说是他的无限性。当然，我不用如此赘述来告诉自己这一点，对他的空间存在也没有形成任何概念。在我那第一人格存在的背景里，他起着重要的作用，从没有清晰的限定，但却又绝对地存在着。

小孩子对于大人说话的反应，远比不上他们对无法估量的周围环境所作出的反应。小孩在潜意识中使自己适应它们，而且他们身上产生了具有补偿性质的种种关联。甚至在我幼童时期便形成了某种特定的“宗教”观念，它是一种自发性的产物，只能理解为我对父母的环境，以及对时代精神所作出的反应。我父亲对宗教的种种怀疑潜伏了很长一段时间，后来自然地就屈服了。自己的世界以及整个世界发生的翻天覆地的巨变，将其影响慢慢推进；影响的时间越长，我父亲有意识的头脑便会不顾一切地反抗它的权威。父亲的预感使他处于一种坐立不安的状态，之后又将它们转移到我的身上，这一点也不奇怪了。

我从来没有印象，认为这些影响是来源于我母亲的，因为虽然她以某种方式深深地扎根于看不见的土地，但在我看来，她对基督教的信仰远没有那么坚定。对于我来说，她以某种方式与动物、树木、山脉、草地及流水联系在一起，所有这一切，与她信仰基督教的外表以及她对信仰一贯的维护，形成了最奇妙的对比。这一背景与我自己的态度形成了很好的呼应，因而没有给我造成任何不适；相反，它反而赋予了我一种自信和一种安全感，使我相信，这就是我可以站稳脚跟的坚实地面。我从来不觉得这一基础带有浓重的“异教徒色彩”。我母亲的第二人格在这种冲突中给了我最有力的支持，在那时，这一冲突已经在父亲的传统观念和我奇怪的补偿性产物间展开了。这一产物的产生一直受到我潜意识的刺激。

回顾过去，我现在终于明白，童年时的发展经历，在相当大的程度上已经预示了我未来的事件，也帮助我适应了父亲在宗教信仰上的崩溃，适应了有关这个世界的，令人震惊的启示——今天我们大家都明白的新发现并不是一天两天形成的，它的影响在事先很早的时候就已经形成了。尽管我们人类拥有自己的个人生活，我们在很大程度上却是一个集体精神（以世纪来计算时间）的代表者、牺牲者和促进者，我们可能终生都在认为，自己向来凭的是真本事，而且可能永远不会发现，在大多数情形下，我们只不过是世界戏剧舞台上的小配角而已。有些因素，虽然并不为我们所知，却影响着我们的生活。这些因素越是潜意识地存在，对我们的影响也就越大。因此，我们的生命至少有一部分是生活在好几个世纪里的——我给这一部分（只供我自己使用）起了个名字叫“第二人格”。它并不是被西方宗教所证实的，一种个人的好奇心。西方的宗教明确地把自己施加到这个内在的人身上，并在为时两千年的时间里，竭力使他了解有关表面意识（带有主观成见）的知识，“不用去外面寻找，真理就隐藏在内在的人身上”。

在1892—1894年间，我与父亲进行过一些相当热烈的讨论。他曾在哥廷根学习过好几种东方语言，并就阿拉伯版的《所罗门之歌》写了学位论文。随着最后一次考试的结束，他荣耀的日子也一去不复返了。此后，他埋没了自己在语言上的才华。作为一个乡村牧师，他陷入了一种感伤的理想主义中，陷入了对大学黄金时代的回忆中，于是他继续用大学时代的长柄烟斗吸烟，他还发现他的婚姻并没有之前想象的那么美满。他做了许多的好事——数不胜数——而结果常常令人气恼。父母两人都竭尽全力，过着虔诚的生活，但结果两人总是怒目以待。这些困境，虽然能够理解，但后来却粉碎了我父亲的信仰。

那时候，他的愤怒和不满日益增多，而他的状况使我非常担忧。母亲避开所有可能刺激他的事，再不与他进行争执。尽管我觉得这是最明智的做法，我却经常会控制不住自己的脾气。在他大发雷霆时，我总是默不作声，而在他显得比较平和的时候，我便想办法找些话与他交谈，希望了解一点他内心的想法以及他对自己的认知。毫无疑问，某些非常特别的事情正折磨着他，而我怀疑此事必然与他的信仰有关。从他无意中作出的几个暗示中，我可以肯定地说，他正在忍受着由于对宗教的疑惑而产生的痛苦。我想他一定经历过那种必要的体验了。从尝试着与父亲谈话这件事上，我发现事实上，某种必要的体验是缺失了的，因为我所提出的一切问题，他都给以同样的、陈腐的、毫无生气和合乎神学规范的回答，或无奈地耸耸肩，而这却使我产生了一种矛盾的心情。我不明白他为什么不在吵架时抓住这些机会，与这些情形妥协。我明白，我那些批判性的问题令他很难过，但尽管这样，我却不想进行一次建设性的谈话，因为在我看来，他竟没有体验过上帝，这可是最显著的体验啊，实在几乎令人难以置信。我对认识论了解不少，因而便意识到，这样一种知识是无法被证明的；而且我也清楚，这确实也没必要被证明，就像落日之美和黑夜之恐怖一样无须证明。毫无疑问，我曾笨拙地设法向他传达这些显而易见的真理，满怀希望，想帮助他承受这一不可避免的灾难。他不得不和别人争吵，于是便与自己和家人吵了起来。但他为什么不跟创造万物的阴暗上帝争吵呢？因为只有他才应该为世上的种种苦难负责。上帝一定会让他做一个奇妙的、深奥的梦，并为他揭晓答案；尽管我没有向他请求，上帝却让我做过这种梦，并让它决定了我的命运。我并不知道是什么原因，就是这样而已。对呀，他甚至让我瞥见他自己的形态。这是一个重大的秘密，我不敢也无法向父亲揭示。要是父亲能理解有关上帝的直接体验，我本可以向他揭示的。但在我与他的交谈中，我却从来没有涉及得如此之远，甚至从来都不曾触碰过这一问题，因为我总是以一种理智的、非心理学的方式来处理它，尽一切可能避免触及感情的方方面面。这种方法每次都像对着公牛的红布那样，导致了我所无法理解的种种愤怒反应。我实在想不通，一场完全理性的争辩，竟引起了如此强烈的感情上的抵制。

这些毫无结果的讨论激怒了父亲和我，最后我们只好放弃了这些讨论，各自背负起自己独有的自卑感。神学使父亲和我彼此疏远了。尽管我并不觉得孤单，我却感到自己遭受了一个致命的失败。我模糊地预感到，他正无法逃避地屈服于自己的命运。他是孤独的，没有一个朋友可以交谈。至少我知道，在我们的熟人中间，找不到一个令我信赖的人，能说些帮助的话，救救我父亲。有一次，我听见父亲在祈祷。他挣扎着要坚持自己的信仰。我心里为之一震，同时又很愤怒，因为我看出了，他是多么无助地陷入了教会和神学思想，无法自拔。它们阻塞了他本可直接接近上帝的一切通道，然而随后又背信弃义地将他抛弃。现在我终于明白了早期体验的深层含意了：上帝已拒绝为神学负责，拒绝为建立在神学之上的教会负责。另一方面，上帝又宽恕了这种神学，就像他宽恕过太多别的东西一样。在我看来，人们应为这些发展负责的设想实在荒谬可笑。人类究竟是什么呢？“他们就像小狗一样，生下来又聋又瞎，”我想道，“并像上帝所造的所有生物一样，只拥有最模糊的光线，这光绝不足以照亮他们在摸索前进时的黑暗。”我同样确信，我所认识的神学家中没有一人曾亲眼目睹过“那照亮黑暗的光明”，因为如果他们确实看到了，他们就不可能去传授“神学宗教”了；这种宗教在我看来有明显的缺陷，因为没有事情与它相关，但人们还要不抱希望地去信奉它。我父亲曾经奋不顾身地尝试过，结果却碰了壁。他甚至无法抵御那荒唐功利的精神病医生的侵犯。这也像神学一样，是某种人们不得不相信的东西，只是在相反的意义上罢了。我比以往任何时候都更确信，他们二者都缺少了认识论方面的批判及体验。

我父亲显然受了这种印象的影响，那就是精神病医生已经在人脑中发现了某种东西，这种东西证明了，在本应该有精神的地方，有的却只是物质，而“精神的”东西却什么也没有。之所以有这种想法是因为他预感到，如果我要学医，我就应该以上天的名义起誓，绝不成为一个唯物主义者。这种警告意味着，我应该什么也不相信，因为我知道，唯物主义者相信的是他们的定义，就跟神学者相信他们的定义一样；我还知道，我那可怜的父亲简直就是跳出油锅又入火坑。我意识到，他这一著名的信仰曾经狠狠地捉弄过他，不但捉弄过他，还捉弄过我所认识的大部分严肃而有教养的人。在我看来，信仰的罪过主要在于它排斥经验。神学家怎会知道，上帝刻意地安排了某些事物的同时，又“允许”另一些事物存在呢，精神病学家又怎么知道，事物也被赋予了人类的某些特质呢？我要是屈服于唯物主义，是不会有什么危险的，但我父亲却绝对不可能这么做。显然，有人低声说起了“暗示”，因为我发现，他正在读西格蒙德·弗洛伊德有关暗示的那本书，是伯恩海姆翻译的。这是一个崭新而重要的开端，因为除了读读小说，偶尔翻翻游记，父亲从来没有读过其他读物。一切“有智慧的”和有趣的书都在禁忌之列。但是阅读精神病学方面的书根本不能使他变得更加愉快。他沮丧的情绪与日俱增，情况也越来越剧烈，对于他患的臆想症也是如此。一连好几年，他一直在抱怨得了各种各样的肠胃病，然而给他看病的那位医生却一直不能确诊，他到底得了什么病。现在他又抱怨，感觉“腹腔有结石”。好长一段时间，我们都没把它当回事儿，但后来连医生也怀疑起来了。这大约是在1895年夏末。

那年春天，我已经开始进入巴塞尔大学学习。我上高中的日子终于结束了——那是我人生当中最最无聊的一段时光，而通向“文科大学”与学术自由的金色大门正在向我敞开。现在，我可以听到有关大自然的真理了，至少可以听到关于大自然最本质的真理了。我将会学到前人已经掌握的，有关人体解剖和生理学方面的知识，并掌握有关疾病的知识。除了这一切之外，我还加入了父亲以前所属的一个佩戴彩色徽章的兄弟会。在我还念大一的时候，他赶来参加了兄弟会的一次远足，他们聚集在马克格拉芬县下属的一个酿葡萄酒的村子，他在那里还发表了一场异想天开的演讲。让我高兴的是，他大学时代的那种愉悦精神在他的演说中再次体现了出来。那一刹那我突然意识到，在他毕业之时，他的生活停滞不前了，一首大学生歌曲的歌词便开始在我的耳际回响：

他们迈着步子垂头丧气，
慢慢返回世俗的土地，
往昔情景一去不回，
啊，我的上帝，我的上帝！

这些话重重地压在了我的灵魂之上。从前，他在大学一年级时也是个充满热情的学生，就跟我现在一样；世界的大门向他敞开过，就像现在为我敞开一样；知识的无穷财富展现在他的面前，就像现在展现在我面前一样。后来，一切对他来说却枯萎了，变得辛酸苦楚，这种情形怎会发生呢？我找不到答案，或者说答案太多了。那个夏夜，他喝过葡萄酒后发表的演说是最后一次机会，使他跳出回忆，使他度过一段自己本应该度过的时光。此后不久，他的健康情况恶化了。到了1895年秋末，他倒在床上一卧不起，1896年年初便去世了。

上完课后我回了趟家，询问了他当时的情况。“唉，还是老样子。他身体很虚弱。”母亲说道。他呢喃地向她说了点什么，她为我作了转述，然后跟我使了个眼色，提醒我他已处于神志昏迷的状态了：“他想知道你通没通过国家级别的考试。”我明白我必须撒个谎：“考过了，考得很不错。”他如释重负地叹了口气，接着便闭上了眼睛。过了没过久，我又进屋去看了他一次。他独自一人，母亲在隔壁房间收拾东西。他喉咙里发出嘎嘎的响声。我知道他已处于濒死的痛苦之中。我在他床边站着，竟然给这种情形迷住了。以前我从来没有见过任何人死去。突然之间，他停止了呼吸。我等啊等啊，等着他下一次的呼吸，可是却再也没有出现。于是，我想起了母亲，便跑进了另一个房间，看见她正坐在窗前织毛衣。“父亲他快不行了。”我说道。她跟着我来到床边，看见他已经去世了。她仿佛觉得非常奇妙：“一切这么快就过去了。”

随后的几天笼罩着忧伤和痛苦的氛围，没有多少留在我的记忆中。有一次，母亲用她的“第二个”声音对我，或者说对她周围的空气说道：“他为了你及时地死去了。”这句话的意思似乎是说：“你们并不理解彼此，而他可能已经变成了妨碍你的东西啦。”在我看来，这种想法正好符合母亲的第二人格。

“为你”这个字眼儿给了我可怕、沉重的一击，我感到昨日的一小部分已经永远地结束了。但同时，一种男子汉和自由的感觉开始在我身上觉醒。父亲去世后，我搬进了他的房间并取代了他在家中的地位。比如说，我得每星期把家庭生活用的钱亲手交给母亲，因为她不会计划家庭的经济开销，也不会理财。

在父亲去世六个星期后，他对我来说显得像一场梦一样。他会突然间站在我面前，说他快要度假回来了。他的身体已经恢复得很不错了，现在正要回家。我觉得，自己搬进了他的房间，他可能会讨厌我。但是事情并非如此！尽管这样，我的内心还是感到愧疚，因为在我想象中他已经死掉了。两天之后，这个梦又出现了。父亲恢复了健康，正在回家的路上，于是我便再次责备自己，因为我认为他已经死掉了。后来，我一遍遍地自问："在梦里，父亲回到家中，样子又显得那么逼真，这到底意味着什么呢？"这是一次难忘的体验，迫使我第一次思考起死后的生活。

父亲去世之后，我继续在大学读书便成了一个难题。母亲的一些亲戚认为，我该在商行里当个小职员，以便尽可能快地赚钱养家。母亲的小弟弟提议要资助她，因为她的经济来源几乎无法养活自己。父亲这边的一个叔叔同意资助我。我在完成学业的时候，欠了他三千法郎。我还一边当助教，一边帮老姑妈出售她收集的为数不多的古董，以此赚取剩余的学费和生活费。我以高价把古董一件件卖出，便可从中抽取价格不菲的提成。

我绝对忘不了这穷困潦倒的时期，这时，一个人便懂得了珍惜廉价的东西。我仍然记得有一次：有人把一盒雪茄当作礼物送给了我，我真是爱不释手。这盒雪茄我抽了整整一年，因为我只准许自己在星期天的时候才抽上一根。

在我看来，大学生活是一段美好的时光，一切都是理智的、充满生机的。大学还是一个结交朋友的时期。在兄弟会的几次会议里，我就神学和心理学方面的问题作了几次讲演。我们还进行了许多热烈的讨论，但并不总是医学方面的问题。我们就叔本华和康德进行辩论，我们对西塞罗文体美了如指掌，我们还对神学和哲学感兴趣。

在大学期间，在有关宗教的问题上我受到了很大的启发。在家时，我得到了一个绝佳的机会，与一位神学家谈过一次话，他曾经是我父亲所在教区的大主教。他不但以惊人的胃口闻名——这我是望尘莫及的——而且还博学多识。从他身上，我学到了许多有关教会神父和教规历史方面的东西。他还给我大致地讲了有关新教神学的新知识。里切尔神学在当时非常流行。这种神学的历史相对论使我感到异常兴奋，特别是用铁路火车作的比较。在兄弟会里与我进行多次讨论的神学系学生们，对“基督一生所产生的影响”这一理论似乎全都显得非常满意。但这种看法在我看来不但相当愚蠢，而且丝毫没有生气。我也无法赞同这种倾向，即把基督推到台前，使他在上帝与人的戏剧中充当决定性的角色。在我看来，这无疑掩盖了基督本人的观点：创造他的圣灵，会在他死后取代他在人间的地位。

在我看来，圣灵是无法想象的上帝的化身。圣灵的活动不但是崇高庄严的，而且还带某种怪异甚至是令人怀疑的特征，而这种特征又是耶和华神的行为所特有的；对于耶和华，我曾天真地把他等同于上帝的基督形象，这是我在坚信礼所接受的教导（这时我还不知道，严格说来，魔鬼是与基督教同时产生的）。我主耶稣对我来说无疑是一个人，因而也是个会犯错的人，或者就是圣灵的喉舌而已。这种极为不正统的看法，跟神学上的看法相去甚远，自然使人觉得完全不能理解。我对此感到的失望，逐渐使我产生了一种麻木不仁的态度，并证实了我的看法：在宗教问题上，只有体验才是最重要的。

我发现在大学一年级期间，科学虽然打开了通往渊博知识的大门，但却很少能提供真正的洞见。而总的来说，这种洞见具有一种特殊的性质，我从哲学著作的阅读中得知，灵魂的存在是造成这种情况的原因。没有灵魂，也就没有了知识和洞见。然而关于灵魂，哲学著作中却只字未提。无论在任何地方，人们都心照不宣地认为它是理所应当的，因而甚至当有人提及它的时候——例如，C.G.卡鲁斯——其实并没有真正地理解灵魂，有的只是神学式的沉思，然而作出这种那种沉思，实在是再容易不过了。对于这种奇怪的言论，我实在无法理解。

在第二学期期末，我又有了新的发现，这一发现将产生重大的结果。在我一位同学父亲的藏书室里，我无意中找到了一本论述唯心论现象的小书，出版日期为70年代。这本书叙述了唯心论的起源，其作者是一位神学家。我最初的怀疑很快消失了，因为我忽然间明白了，大体说来，书中所述的与我童年时期在乡下反复听到的故事几乎如出一辙。毫无疑问，这些材料是真实的。但是这些故事是否就是真人真事儿，对这一重大的问题的回答却不令我满意。虽然如此，但可以肯定的是，无论在哪个时代，无论身处世界的哪一个角落，同样的故事都被一遍遍地反复报道过。这其中必然有某种原因，但显然又不是最突出的原因，即世界各地拥有相同的宗教观念。相反，它必须与人类灵魂的客观行为相联系。但就这个主要问题——灵魂的客观性——而言，除了哲学家们所说的东西之外，我绝对找不出其他东西了。

唯心主义者的观点，在我看来既古怪又值得怀疑，然而就客观唯心现象而言，这些观点却是我最先见到的。比如左勒纳和克鲁克斯的名字就给我留下了深刻的印象，因此我实际上读完了我能够读到的所有文学著作。很自然，我也把这些事情说给朋友们听，然而他们的反应不是嘲笑就是怀疑，也有的急忙起来争辩。这着实令我大吃一惊。我奇怪的是他们竟敢断言说，不可能有鬼怪和转动桌子的事，那都是骗人的。在另一方面，我也很奇怪他们为什么表现出交际争辩的本性。我自己也不敢确定，这些报告是否准确无误，但是说到底，为什么就不能有鬼魂呢？我们怎么就能知道某些事是“不可能的”呢？而且，最重要的是，这种焦急意味着什么？对我自己来说，这种种可能性是极为有趣、极为吸引人的。它们为我的生活增添了又一个新天地，世界获得了深度和背景。比如说，梦可能与鬼魂有关系吗？康德的《通灵者之梦》出版得非常及时，而且我还很快就发现了卡尔杜普雷这个人，他从哲学上和心理学的角度对这些观点进行了评价。我还挖掘到了艾先梅耶、帕萨旺、尤斯蒂努斯、克尔纳和格雷斯的著作，还读了斯威登堡的七卷著作。

我母亲的第二人格对我的热情表达了由衷的同情，但我认识的其他人显然使我泄气。在这以前，我只是在传统观念上碰了壁，但现在，我却狠狠地撞上了铜墙铁壁：人们的偏见以及完全不承认有异常事物的存在。甚至在最亲密的朋友中间，我也遭遇了这种情形。对他们来说，所有这一切比我专注于神学还要更加糟糕。我感觉自己已经走到了世界的边缘，能激起我满腔热情和兴趣的东西，在别人眼里却枯燥空虚，甚至引起他们的恐惧。

有什么可恐惧的呢？为此我找不到任何解释。有的观点认为，存在着某些超越了空间、时间和因果关系范畴的东西。但这并不是什么荒谬可笑和惊天动地的想法啊。我们都知道，动物能够事先预感到暴风雨和地震。确实有一些梦预见了人的死亡，确实有钟表在人死亡的那一刻停了下来，确实有镜子在危险的时刻破碎。在我童年的世界里，所有这些事情都被认为是理所应当的。而到了现在，我显然成了唯一听闻这些事情的人。我非常认真地问自己，跌跌撞撞地走进去的到底是一个什么样的世界？显然，城市的世界对乡村的世界是一无所知的，对山脉、树林、河流，对动物和“上帝的思想”（植物和各种晶体）的现实世界，也是一无所知的。我觉得这样一种解释使人觉得舒服。不管怎样，这种解释坚固了我的自尊心，因为我认识到，尽管它是一个知识的宝库，城市的世界在精神方面却是十分有限的。事实证明，这种洞见是非常危险的，因为它诱使我产生了一种优越感，经常批评不当，盛气凌人，让我变得非常讨厌。真是活该呀。而这终于使我重新产生了旧日的怀疑、自卑感和抑郁的情绪——我决心要不惜一切代价攻破这一恶性循环。我不再愿意站在这个世界之外，忍受我是个怪人的难堪名声。

最初的引论课学完后，我当上了解剖学方面的初级助教，随后的一个学期，示范老师让我负责讲授组织学课程——我对此非常满意，那是不用说的。我自己主要对进化论和比较解剖学感兴趣，我还因此熟悉了新生机论。而最令我着迷的则是广义的形态学观点。形态学是与生理学恰好相反的学科。由于生理学要进行活体解剖，所以我对这个科目极为反感。而活体解剖的目的，只不过是示范罢了。热血动物跟我们人类相似，并没有理性的动机，这种感觉一直使我无法释怀。因此，当我能不上示范课的时候，我就不去了。我认为我们得用动物进行实验，但是，这种解剖试验的示范在我看来却是可怕的、野蛮的，而且是非常没有必要的。仅仅通过描述，我就能想象出整个示范的过程。我对动物的热爱并非来自叔本华哲学里那种装点门面的佛教理论，而是在于一种更加深厚的基础，即原始的态度——也来自潜意识里对动物的认同。当然了，当时对于这一重要的心理学上的事实，我是完全无知的。我对生理学深恶痛绝，所以这一科目的考试成绩相应地变差了，不过幸好混了个及格。

随后两个有关临床的学期使我忙得不可开交，几乎没有什么空闲的时间来涉猎其他领域的知识。只有在星期天，我才有时间研究康德。我还刻苦研读了爱德华·冯·哈特曼的著作。有一段时间，尼采也列入了我的计划，然而我却迟迟没有开始阅读他的作品，因为我觉得自己还没有作好充分的准备。那时候，人们对他议论纷纷，不过大多都是负面的评价，据说议论他的人大多都是有能耐的哲学系学生；从这些负面评价中我可以推测，他在高层人士中间引起了多么大的敌意。当然，这些人中的最高权威是雅各布·布克哈特，他对尼采的各种批判性评论到处可见。此外，我们大学还有些与尼采本人有些私交的人，此时便到处散布他的谣言，说他从不阿谀奉承。至于尼采的作品，他们中的大多数人连一个字都没读过，因而便只好就他外在的怪癖大肆渲染，比如爱摆绅士的架子，他弹钢琴的方式、他夸张的文体——这些个人癖好使当时巴塞尔的上流人士都感到心神不宁。我延迟阅读尼采当然不是因为这些事——相反，它们反倒激起了我强烈的欲望。我之所以延迟了，是因为我暗暗害怕，怕自己也会像他那样，至少是在那种“秘密”方面会像他那样，使自己和周围的环境隔绝。也许他曾有过内心的种种体验和种种洞见，谁又会知道呢？而不幸的是他又试图谈论自己的内心活动，结果却发现没有人能理解他。很明显，他是个怪物；或者至少在别人眼里，他是个怪物，是大自然嘲弄的对象；而我，无论如何不想成为尼采那个样子。我担心自己会被迫承认，自己也是一个怪人。当然了，他是个教授，写出过大部头的著作，并因此达到了难以想象的高度。但是，他也和我那样，是个牧师的儿子。但不同的是，他出生在德国，国土辽阔远及大海，而我只不过是个瑞士人，出生在一个普普通通的牧师家庭，在边境的小村庄里长大。他讲的是优雅的高地德语，懂拉丁语和希腊语，可能还懂法语、意大利语和西班牙语，而我有把握运用自如的语言却只有瓦格斯-巴塞尔方言。他，拥有了所有的荣耀，即使被人当作是某种怪人又有何妨，但我却绝不能让人发现自己那么像他。

尽管心里有这种种忧虑，我还是感到十分好奇，最后终于下定决心拜读他的著作。《不合时宜的沉思》是我阅读的第一本书。我被书中洋溢的热情牵引着，不久后我又读了《查拉图斯特拉如是说》。与歌德的《浮士德》一样，这本书是我的一次重大体验。《查拉图斯特拉如是说》便是尼采的《浮士德》，他的第二人格，而我的第二人格现在与查拉图斯特拉一致了——尽管这个比喻像是将小土丘与勃朗峰相比。而毫无疑问，查拉图斯特拉是病态的。我的第二人格也是病态的吗？这种可能性使我十分惊恐，好长时间拒绝承认这一点，但这个想法突然在不合时宜的时刻一遍遍地涌入我的脑海，吓得我一身冷汗，因此到了最后，我便不得不进行自我反省了。尼采只是在人过中年之后才发现了第二人格，而我自打童年时代就认识自己的第二人格了。尼采曾幼稚地、轻率地谈到过“不可言状”这一概念，它看起来是很合适的，但很快我便注意到，这只会招致麻烦。尼采才华横溢，当他还是个年轻人，对自己的前途还未曾设想的时候，就来到巴塞尔大学当教授了。既然他如此聪明，本该及时注意到有些事出了差错。我觉得，这就是他病态的误解：毫不担心、毫不怀疑就把自己的第二人格放进了这个世界，一个人们一无所知毫不理解的世界。他被一种幼稚的希望所打动，希望人们能够分享他的狂喜，理解他“重新评估所有价值”的思想。然而他却只找到了受过教育的世俗之人——使他哭笑不得的是，他本身就是这样一个人啊。像他们当中余下的人一样，在他一头撞进那难言的神秘时，当他想赞美愚蠢堕落的大众时，他却对自己一无所知。这就是为什么他语言夸夸其谈、暗喻堆砌如山，并怀有赞美诗一样狂喜的原因——全都是妄图引起这个世界的注意，而这世界为了换取大量毫无关联的事实，已经出卖了自己的灵魂。结果他——宣称自己是走钢丝表演者——一头掉进了出乎自己想象的深渊。在这个世界里，他并不认识回来的路，并且像个着了魔的人似的，人们必须小心谨慎地对待他。在我的朋友和熟人中，我只听说过两个人公然宣称自己是尼采的追随者，这两个人都是同性恋，其中一个自杀了，另一个则自暴自弃，像个被误解的天才。我其余的朋友并没有因《查拉图斯特拉如是说》的现象惊得目瞪口呆，只是对它所受到的欢迎无动于衷。

就像《浮士德》为我打开了一扇门那样，《查拉图斯特拉如是说》则砰的一声给我关上了一扇门，而且在很长一段时间里，这扇门一直关着。我觉得自己就像那个老农夫似的，明显发现自己的两头牛中了邪术，并把它们的头套在了同一个笼子里。“这是怎么发生的呢？”他的小儿子问道。“孩子呀，人们是不会谈论这种事的。”他的父亲回答说。

我意识到，跟人们谈论他们不知道的事，就像对牛弹琴一般。幼稚的人根本不会领悟，与友人谈些他们完全不懂的东西是何等的屈辱。只有当一个人是作家、记者或诗人时，他们才会原谅这种粗鲁的行为。我逐渐明白了，一种新思想，甚至只是旧思想的一个不寻常的方面，只有靠事实才能与人沟通。事实是站得住脚的，而且不会稍纵即逝；某个人早晚都会遇到它们并认识到他所发现的是什么。我意识到，自己之所以交谈，是缺少更好的东西，认识到我应该提供事实，但这些事实恰恰是我完全缺乏的。在我手中，什么具体的东西都没有。我经常发现，自己靠经验行事。我开始责怪哲学家们：毫无经验的时候喋喋不休，而该用事实应答的时候却把嘴闭上了。在这方面，他们看起来全跟肤浅的神学家没什么两样。我感到，在这个或那个时候，我已穿越过了一个满是钻石的山谷，但是我却无法让任何人信服，我所带回来的样品不只是砾石而已。

但当我更仔细地观察这些钻石的时候，我甚至连自己都说服不了了。

此时正值1898年，我开始更加认真地考虑把行医当成自己的事业。我很快得出结论，觉得自己必须有所专长。也就是选择外科还是选择内科。我倾向于选外科，因为我受过解剖学的专门训练，除此之外我还很喜欢病理学，如果我拥有足够的资金，便很有可能把外科当成自己的职业。为了上学而使自己债台高筑，向来使我痛苦不堪。我知道，期末考试之后，就得尽早地开始养活自己了。我想象过在某个县级医院开始助理医师的生涯，比起一个诊所而言，在县级医院更有希望谋得一个有薪水的职位。此外，在一个诊所的职位，在很大程度上得取决于其负责人的支持或其个人利益。由于我人缘不太好，与人不太合群——这种体味经历得太多了——因此我不敢设想自己会交到好运，于是便只好满足在地方医院谋职，拥有个普普通通的前景。其余的便取决于努力工作，取决于我的能力和实际应用了。

然而，在暑假期间，却发生了一件注定要对我产生深远影响的事。一天，我正坐在房间里学习功课。隔壁房间的门敞开着，我母亲就坐在里面织毛衣。那是我家的餐厅，里面摆着那张胡桃木圆餐桌。这张桌子是我祖母的嫁妆，到此时大概有七十年了。我母亲坐在窗前，隔桌约有一码远。我的妹妹上学去了，女佣则在厨房里。突然间，砰的一响好像发出了枪击声。我一下跳了起来，快步冲进了传出爆炸声的房间，只见我母亲瞠目结舌地坐在她的扶手椅里，毛线团从手中落到了地上。她结结巴巴地说道："出、出、出什么事啦？就在我身边！"然后她便盯着那张桌子。顺着她的目光，我看到事故的原貌。桌子从边缘到中心以外的地方裂开了一条缝，而且还不是沿着接缝处裂开的，那裂缝直穿坚硬的木材。我像遭了雷击一样惊呆。怎么会发生这种事呢？一张硬胡桃木桌子风干了有七十年了——怎么竟在一个夏天，在我们这里气候特有的、湿度相对较高的时候，裂了缝呢？如果是在寒冷干燥的冬天，将桌子摆在火炉旁边，发生了这种情形倒还是可以想象的。到底是什么原因造成了这样一种爆炸呢？"一定有什么蹊跷之处。"我想道。母亲脸色阴沉地点点头，"是啊，是啊，"她用她那第二人格的声音说道，"这一定是意味着什么。"虽然并非刻意，但我对此时印象极深，而由于找不到什么话好说，我便生起自己的气来。

大约两个星期以后，我在傍晚六点钟时回到家里，结果发现我们全家——我的母亲、我十四岁的妹妹及女佣——都处于一种十分骚动不安的状态。大约在一小时之前，又发生了震耳欲聋的响声。这一回，不再是那裂了缝的桌子了，而是从餐具柜的方向传来的，这东西是一件沉重的家具，早在19世纪初就买来了。她们已经从上到下把它察看了一遍，但却找不到任何裂缝的迹象。我立刻将这柜子仔细检查了一遍，连周围的地方也没放过，但是依然毫无结果。然后，我便开始检查柜子的内部来。在盛放着面包篮的碗柜里，我发现了一条面包，在面包旁边，放着一把切面包的刀子。刀刃的大部分断裂成了几块碎片，刀把躺在长方形面包篮的一个角落里，在其余的三个角落里，都躺着一片刀刃。这刀子不久前刚刚使用过，在四点钟下午茶时间使用的，然后便被放到了一边。从那以后便没有人到餐具柜里取过东西。

第二天，我把这把断裂的刀子拿到镇上一个最有名的刀具商那里。他用放大镜仔细检查了裂痕，然后便摇了摇头。“这把刀子完全没有问题。”他说道，“钢是没有毛病的。一定是有人一片一片把它故意弄坏的。这是可以做得到的，比如说，可以把刀刃插进抽屉的裂隙里，然后一次折断一片。或者可以用其他办法，比如从很高的地方把它扔到石头上。但是好钢是不会炸裂的。一定是有人在开您的玩笑吧。”我小心地把刀子的这些碎片一直保存到今天。

母亲和妹妹那时正好在那房间里，这突如其来的爆炸声把她们吓了一跳。我母亲的第二人格意味深长地望着我，但我却不知道说什么好。我完全感到不知所措，对于已发生的事拿不出任何解释，我只好承认，这件事给我留下了非常深刻的印象。桌子怎么会裂开了缝，刀子怎么又碎成一片片的呢？假如说一切只是巧合，那这种巧合也太过分了啊。一次偶然的机会，莱茵河竟然倒流了，这在我看来也是极不可能发生的——而其他一切可能的解释也被自动驳倒了。那么，这到底是怎么回事呢？

几个星期以后，我听说有几个亲戚一直以来都在从事桌子转动的活动，他们还有一个灵媒，是个十五岁半的年轻姑娘。这几个人一直想让我见见这位灵媒，据说她能使人进入梦游状态并能招致灵魂。我一听到这个消息，便立刻想起了在我们屋里的那种古怪现象，于是我便猜想，它们可能或多或少与这位灵媒有关。于是，我便开始定期出席他们的会议，这种会议每周六傍晚在我亲戚家里举行。我们在沟通形式，墙的四壁及桌子嗡嗡作响方面有了结果。不依赖于灵媒，桌子会移动是令人生疑的，而且我很快发现，施加在这种实验上的限制性条件一般来说会有妨碍的效果。因此，我同意桌子是自动发出啪啪声的，随后便把注意力转到信息所包含的内容上来。我在博士论文里列举出了这些观察的结果。经过大约两年的实验，我们全都变得相当厌烦了。我发现了这位灵媒企图利用诡计使人产生幻象，而这使我再也不参加这些实验了——不过我又感到十分后悔，因为我从这个例子中懂得了第二人格是如何形成的，懂得了它如何进入一个小孩的意识，最后使小孩融入到她身体里。她是早熟的灵异之一，二十六岁时患了肺结核。在她二十四岁的时候，我又见过她一次，她既成熟，又独立，给我留下了长久的印象。在她死后，我从她家里人那里打听到，在她生命的最后几个月里，她的个性一点儿一点儿地解体了，到了最后，她竟回到一个两岁小孩的状态，而她就是在这种状况下去世的。

总而言之，这是一次重要的体验，它把我早期的哲学理念一扫而光并使我获得了一种心理学上的观点。对于人的灵魂，我已经发现了一些客观的事实。然而这体验的本质如此深奥，再次使我难以表达。我找不到一个人来诉说整个故事。于是只能再次把这个尚未解决的问题搁置起来。直到两年之后，我的专题论文才最终问世。

在医务所里，弗雷德里希·冯·穆勒取代了老伊姆曼的位置。在穆勒身上，我邂逅了一个吸引我的思想。我明白了一种敏锐的智慧，如何抓住问题的关键并提出疑问，而在这些疑问中，问题的一半便迎刃而解。对于他来说，他似乎在我身上看出了某种东西，因为到我实习期快结束的时候，他接受了任命到慕尼黑就职。他提议让我做他的助手，应该跟他一起到慕尼黑去。这一邀请差点儿使我决心献身内科。要不是与此同时发生了一件事，一件消除了我对未来职业所有顾虑的事，我就接受了他的邀请。

尽管我一直在上精神病学和临床的课，但当时那位精神病学的讲师却没有真正地激发起我的兴趣，而当我回忆起精神病院的经历对我父亲的影响时，我对精神病学就再产生不了好感了。因此在准备回家考试期间，精神病学的教科书我是到最后才复习的。我并不希望从中获得什么，所以我仍然记得，当我打开克拉夫特艾宾编著的教科书时，我突然想："好呀，现在让我们看看，一个精神病学家为了自己到底有些什么话好说吧。"专题讲座和临床示范基本上没给我留下什么印象。在医院里所见到的病例我连一个也记不起来，想起来的都是厌恶和恶心。

我开始读序言，想看看一个精神病学家如何介绍自己的科目，或者如何证实其存在的理由。在为我这种趾高气扬的态度辩护的同时，我必须清楚地指出，在当时的医疗界，精神病学是非常受人轻视的。但没有人真正了解精神病学，也没有一种心理学把人看作一个整体，并把人的各种病理变化包含到心理学的宏观图景当中。医院院长及其病人被关在同一个医院里，而这个医院又同时切断了与外界的联系，就像古时候的麻风病院和麻风病人一样，被隔离在城郊地区。没有人愿意朝这个方向看上一眼。而医生们像门外汉一样知之甚少，因而他们的感受也跟这些人没什么两样。精神病是一种致命的疾病，没有治愈的希望，这种看法也影响到了精神病学。精神病医生在那时被当成怪人，而不久之后我就得到了切身体验。

打开序言，我读道："大概是由于这个科目的特殊性及其发展尚不完全的缘故，精神病学方面的教科书便或多或少地烙上了一种主观的印记。"几行之后，作者将精神病患者称作"人格疾病"。我的心突然开始怦怦地跳了起来。我只好站起来深吸了一口气。我变得十分激动，因为在一闪而过的启示里，我清楚地知道精神病学才是我唯一可能的目标。只有在这里，两股兴趣的激流才能融汇到一起，形成一条水流冲击着自己的河床。这是一个经验性的领域，与生物学和精神性的事实存在着共性，我一直在寻找这样一个领域，可是却一直没能找到。这里终于有了一方天地，一个大自然和精神的冲撞形成的现实天地。

当克拉夫特·埃宾讲到精神病学教科书的"主观特性"时，我作出了激烈的反应。因此，我认为这本教科书的部分内容也是作者的主观坦白。他那特有的偏见和他自我存在的整体性，使他背弃了自己的客观经验，以自己的整个人格对这种"人格之病"作出反应。在医院时，我从来没有听老师说起过这类事情。尽管克拉夫特·埃宾的教科书与其他教科书并没有什么本质上的区别，但这几点暗示却使精神病学更加注重自身的转变，因此我无法抗拒地被它的魔力征服。

我作出了决定。当我告诉内科老师我自己的意愿时，他的脸上流露出了惊讶和失望的表情。唉，我觉得自己是个局外人，疏远了其他人，我的伤疤又开始疼了。不过我现在终于明白了原因。没有人，甚至包括我自己在内，曾经想到过我竟会对这一冷僻的学科感兴趣。对于我的选择，朋友们既感到惊讶，又感到困惑，认为我是个傻瓜，竟放弃了内科，放弃了一个令人羡慕的机会，放弃了一份理智的职业，而选择了满嘴胡言乱语的精神病学。

我明白，自己显然又走进了一条死胡同。没人能够，也没人愿意追随我。但是我懂得，何人何事都无法使我偏离自己的目标；我懂得，我作出的决定是站得住脚的，那是我命中注定的选择。它就像两条河流汇集成一股滚滚洪流，毫不留情地挟我流向远方的目标。我是一个“双重性格合而为一的人”，这种自信的感觉犹如魔力的波涛，帮我顺利地通过了考试，并且使我名列榜首。最具典型意义的是，我创造了不计其数的奇迹，然而潜藏着的绊脚石却使我在最拿手的病理解剖学上栽了跟头。由于一个可笑的错误，在玻璃切片上，除了各种各样的碎屑之外似乎只含有一些上皮细胞，没想到我却漏掉了藏在角落里的一些霉菌。在其他科目上，我甚至猜到了我可能会被问到的问题。正因为如此，我成功地躲过了好几个危险的暗礁。但是报复接踵而至：在我觉得最有把握的地方，我却以最为莫名其妙的方式遭了殃。要不是因为这一点，我本可以在这次考试中取得高分的。

结果，另一个候选人跟我得了一样的分数。他是个独来独往的家伙，我不太了解他的个性，但是怀疑他天资愚钝。除了“行话”之外，我根本无法与之交谈。对于每一件事，他总是高深莫测地微微一笑，让我想起了埃伊纳岛的希腊雕像。他总是一副趾高气扬的样子，然而在这种外表下，他却显得十分尴尬，从来不应景。这难道不是一种愚蠢吗？但我却从没有证明这一点。关于他，我唯一确信的是，他给我留下了带有偏执狂式野心的印象，这一野心使他对除了纯粹的事实之外的任何事情都不感兴趣。几年之后，他成了个精神分裂症患者。我提到了这个典型的例子，证明凡事都有对应性。我的第一本书有关早发性痴呆（精神分裂症）的心理；在这种心理里，我的人格或者“人格倾向”便对应于这种“人格之病”。我向来认为，最广义的精神病学是病人心灵与医生（假设他是正常的）心灵之间的对话，是病人的人格与治疗者人格之间的一种妥协，两者从原则上说都是同样的主观。我是想表明，妄想和幻觉并非只是精神病表现出的症状，还包含着一种普遍的意义。

在期末考试过后的那天晚上，我上戏院看了场戏，让自己享受了平生第一次渴望已久的奢侈享乐。直到这个时候，我的经济情况还不允许我如此地铺张浪费。但靠卖古董挣来的钱还略有所余，有了这笔钱，我不但看了场歌剧，甚至还到慕尼黑和斯图加特游览了一趟。

比才的歌剧使我陶醉，将我征服，令我在浩瀚大海的波涛上随波起伏。第二天，当火车载着我越过边境来到一个更广阔的世界之时，《卡门》那美妙的旋律仍然萦绕耳际。在慕尼黑，我第一次领略了真正的古典艺术；这种艺术与比才的音乐融合在一起，使我如沐春风，沉浸在新婚之夜般的快乐气氛之中，其深意我已能朦朦胧胧地领会。然而在外部世界，却是1900年12月1日至9日这恐怖的七天。

在斯图加特，我拜访了姑妈艾美尔·荣格夫人，没想到这竟是我与她的永别。她的丈夫是个精神病学家。她是我祖父第一次婚姻与弗吉尼亚·德·拉索尔所生的女儿。她是个迷人的老太太，蓝色的眼睛闪闪发光，性情活泼开朗。在我看来，她仿佛完全生活在一个捉摸不透的幻想世界，生活在拒绝消亡的回忆里——生活在一种即将消失又无法挽回的往事中。这次拜访是我与童年怀念的永别。

1900年12月10日，我在苏黎世的伯格霍兹里精神病院谋得了助理医师的职位。我很高兴能到苏黎世工作，因为在这几年的时间里，巴塞尔对我来说已变得过于枯燥乏味了。对于巴塞尔人来说，除了他们这个城镇，别的城镇都不存在，只有巴塞尔才是“文明开化的”，伯斯河的北岸，延伸开去便是蛮荒之地。朋友们无法理解我为何离开，猜想我一定很快就会回来。但是他们却大错特错了，因为在巴塞尔，不论什么时候，人们都把我看作卡尔·荣格牧师的儿子和卡尔·古斯塔夫·荣格教授的孙子。我是个知识分子，属于一个有限的社交圈子。我对此颇为反感，因为我不想把自己归为某一类人之中。在我看来，巴塞尔知识界具有一种令人艳羡的统治性气氛，但传统观念的压力过大，使我难以忍受。当我来到苏黎世后，我立刻感受到了这种差异。苏黎世并非通过知识，而是通过商业与世界相连。然而这里的气氛确实是自由的，我一贯看重的就是这一点。在这里，即使你不是出自书香门第，你也不会感到千百年浓雾的重压。时至今日，我对巴塞尔还有一种淡淡的怀念，尽管我知道它过去的风貌已然不再了。我至今仍然记得巴霍芬和布克哈特在街上漫步的日子。仍然记得矗立在大教堂后面的古老牧师会礼堂，仍然记得那横跨莱茵河河面，半木质结构的古桥。

母亲难以接受我离开巴塞尔的事实。但是我知道，自己无法分担她的苦痛，而她则勇敢地忍受住了。她和我妹妹住在一起，我妹妹娇小柔弱，一副病恹恹的样子，跟我一点也不一样。她仿佛天生注定要当老姑娘，所以终身未嫁。但她培养了一种非凡的个性，而她的处事态度也令我十分钦佩。她必须得经受一次据称并无大碍的手术，但她却未能幸免于难。当我发现，她事前早已把一切事情，甚至连最后一个细节，都安排妥当的时候，我深深地感动了。在我的心底，她永远是个陌生人，但我却非常尊敬她。我很爱动情，但她总是镇定自若，尽管她的内心深处非常敏感。我可以想象得出，她在妇女敬老院里是如何打发时光的，就像我祖父他唯一的妹妹经历的一样。

随着我在伯格霍兹里精神病院工作的进展，生活也呈现出令人专心致志的现实性——精神集中、意识清醒、认真负责等。就像进入了一座世俗的修道院，要屈服于誓言，屈服于可能有的，一般的、普通的、没有意义的东西，放弃一切奇特和有意义的东西，并把一切超凡脱俗的东西变成平淡无味的东西。从此之后，有的只是空乏的表面，有的只是无法延续的开端，有的只是毫无关联的事件，有的只是越发狭窄的知识面，有的只是被称为问题的失败，有的只是令人沮丧的狭隘眼界，有的只是日常琐事的无边沙漠。整整六个月，我把自己关在类似修道院的四壁之内，以便习惯这精神病院的生活习气；为了使自己熟悉精神病人的思想活动，我把五十卷的《精神病学概论》从头到尾仔细阅读了一遍。我想了解人类的心灵在面对自身毁灭时是如何作出反应的，因为就我看来，精神病学清楚地表达了一种生物学反应，这种反应在精神病发作时支配着所谓的健康头脑。我觉得自己的同事也跟精神病人同样有趣。在随后的几年里，我暗地里编制了我的瑞士同事在遗传背景方面的统计数据，从中深受启发，获益良多。我这样做一是为了想使自己受到启迪，二是为了更好地理解精神病人的智力。

我对研究工作的专心致志以及我的自我封闭，使我渐渐与同事们疏离开来，这自然不必说。他们当然不知道，精神病学对我而言是多么的奇妙，而我又是多么急于洞悉其中的精髓。那时候，我在治疗学方面的兴趣尚未觉醒，但是所谓的正常性病理变异却令我着迷，因为它使我获得了期盼已久的机会，得以更深入地洞察具有普遍性的心灵了。

所以这些便是我开始精神病学生涯时的状况——从客观生活中产生的主观实验。我既没有愿望也没有能力脱离自我以真正客观的方式观察自己的命运。我会编织一个事情原本应该如何的幻想，或者写一本《为吾生辩》的书，以这种方式犯下一个为人熟知的自传式的错误。说到底，人是一个事件，它无法判断自己，是好是坏，全都交由他人评判。

第四章　精神病治疗活动

在伯格霍兹里精神病医院工作的那几年是我的学徒生涯。决定了我的兴趣和研究工作的则是一个急切的问题："精神病人的内心深处到底发生了什么？"我当时并不了解这个问题，我的同事中间也没有人关心过这个问题。精神病学的教师对于病人要说的话不感兴趣，感兴趣的却是如何作出诊断，或者如何去描述病人的症状，编写统计数字。从当时流行的临床观点来看，病人的人格，也就是个性，根本无关紧要。相反，医生带长长的、剪贴好的诊断病历和详尽记录的症状看病。病人们被定了性，诊断书盖上了橡皮印章，大多数情况下，事情到此就算解决了。不管怎么说，精神病人的心理根本不起作用。

在这一点上，弗洛伊德对我来说变得举足轻重，特别是因为他在癔病和梦的心理学方面进行了基础性研究。他的观点指明了一条道路，即对个别病例进行密切调查和了解。虽然弗洛伊德本人是个神经病学家，但他却把心理学引入了精神病学。

我依然能非常清楚地回想起那时的一个病例，它极大地激发了我的兴趣。一个年轻妇女患上了“忧郁症”，遂被这家医院收治。医生像往常那样对她进行了检查：询问了既往病史，进行了各种检测又做了体检。诊断结果为精神分裂症，用当时的术语来说就是“早发性痴呆”；预后：不良。

这个妇女恰好收治到了我所在的部门。开始，我并不敢质疑这一诊断结果。我那时还是个年轻人，一个初学者，因此不敢鲁莽地提出另一种诊断。但是这个病例却让我觉得很是奇怪。这跟精神分裂症无关，而是属于一般性的抑郁症，于是我决心使用自己的治疗方法。那时候，我正忙于诊断性联想研究，于是我便开始与病人联手进行了一次联想实验。除此之外，我还与她一起讨论她的梦境。我以这种方式成功地揭示了她的过去，而这是既往病史没弄清楚的。我直接从潜意识中获取信息，而这种信息则揭示出了一个阴暗凄惨的故事。

这个妇女结婚之前认识了一个男人，一个富有的企业家子弟，邻近地区的姑娘们都对他感兴趣。由于那女子面容姣好，便认为很有机会将他追到手。但他并没有对她表示好感，于是她便嫁给了另一个男人。

五年之后，一位老朋友前去拜访她。他们一起追忆往事，他对她说道：“在您结婚的时候，某个人——您那位先生（那个富有的企业家之子）——却相当吃惊。”就在那个时刻，她的抑郁症就开始了，几周之后便引发了一场大灾难。她正给孩子洗澡，先是她四岁的女儿，接着是她两岁的儿子。她住在乡下，水源不太卫生；饮用的是纯净的泉水，但洗澡、洗衣服用的却是河里的脏水。在她给女儿洗澡时，她看见这孩子吮吸海绵，却没有阻止她，她甚至还给小儿子一杯脏水喝。自然，她这样做完全是潜意识的，或者只是半意识的。因为她的意识已经受到了初期抑郁症的影响。

没过多久，在这种病的潜伏期过去之后，她女儿就因伤寒病倒了，接着便去世了。女儿是她的掌上明珠，儿子却没有感染。这时，抑郁症到了急性阶段，于是这位妇女被送到了医院。

从这一联想试验里我得出了结论：她是一个谋杀犯，而我又知道了太多关于她秘密的细节。突然间真相大白了，这就是她患抑郁症的充分理由。从本质上说，这是一种心理错乱，而不是精神分裂症。

那么，现在又该采用何种治疗措施呢？直到此时，这位妇女一直注射麻醉剂，来与失眠症作斗争，同时还有人监护着她，防止她采取自杀的行为。但在其他方面并未采取任何措施。从生理上看，她的健康状况还不错。

我现在面临着这样一个问题：我要不要公开地跟她讲明呢？我应该承担主要责任吗？我遇到了从未有过的职责上的矛盾。在良知方面，我有一个难题需要回答，并且需要独自解决。要是请求同事们帮忙，他们大概会提醒我说：“看在上帝的份儿上，这种事情可千万别跟这个女的说呀。这只会使她疯得更厉害。”但在我看来，效果可能恰好相反。一般来说，在心理学上几乎不存在明确的准则。一个问题既可以这样解答又可以那样解答，这完全取决于我们是否考虑到了潜意识的因素。当然，我非常清楚自己所冒的个人风险：要是病人的病情加重，我同样也会陷入麻烦！

尽管如此，我还是决定要试一试这种治疗，虽然结果很难说。我把通过联想试验所发现的一切全告诉了她。不难想象，这样做是多么的艰难。断然指控一个人是杀人犯绝非小事。对于必须听取并接受这一指控的病人来说，也是悲痛万分的。结果两周之后，事情却证明她可以出院了，从此以后，她再也没进过精神病医院。

在这个病历上，我对同事守口如瓶其实还有别的原因。我担心他们对此大加评论，甚至有可能引起法律问题。当然了，他们倒拿不出对病人不利的证据，然而对她来说，这样的一场讨论或许会产生毁灭性的影响。命运的惩罚已经够受的了！她应该回到生活中去并在生活中赎罪。这才是更有意义的事情。她背负着沉重的思想负担出了院。她是不得已才承受这一负担的呀。失去孩子对她来说已很可怕了，而她的救赎在患抑郁症，在医院监禁的时候就已经开始了。

在精神病学的许多案例中，病人来就诊时都隐瞒了某个不为人知的故事。我想，只有对这个完全私人的故事进行过调查之后，才能真正开始对病人进行治疗。这故事是病人心中的秘密，是使他撞得粉身碎骨的岩石。我要是知道了这个隐秘的故事，就掌握了治疗的关键。医生的职责就在于此。在大多数情况下，只探索意识材料还远远不够。有时候，进行联想试验能够为诊断开辟出路，对梦的解析，或对长期耐心地接触病人也有裨益。在治疗上，永远要从病人的整体而绝非只从症状入手。我们必须提出挑战整个人格的问题。

1905年，我在苏黎世大学担任了精神病学的讲师，同年，我又当上了精神病诊所的高级医师，这一职位一待就是四年。随后在1909年，我在工作上获得越级提升，便因此离了职。在这几年间，我私下里看过很多病人，日常的工作再也忙不过来了。然而我却继续留任教授，直至1913年。我讲授心理病理学，也讲授弗洛伊德的精神分析基础课程以及原始人心理学。这就是我所主讲的科目。在前两个学期里，我主要讲催眠术，也讲珍妮特和弗劳内伊。到了后来，弗洛伊德心理分析的问题成了我所讲授的主要内容。

在讲授催眠术期间，我常常对病人（给学生做示范的病人）的既往病史进行详细询问。有一个病例我至今记忆犹新。

一个明显带有强烈宗教信仰的中年妇女前来就诊。她当时已经五十八岁了，拄着拐棍来的，一同前来的还有她的女仆。十七年来，她由于左腿瘫痪受尽了折磨。我让她坐到一把舒适的椅子上，然后要求她讲一下自己的病史。她开始给我讲了起来，那病史真是可怕极了——她把整个长长的病史和盘托出，细节详尽。最后，我打断了她："唔，好吧，我们没有时间详谈了。我现在就给您催眠吧。"

这句话几乎还没说完，她就闭上了双眼，进入深深的睡眠之中——一点也没有进行催眠！我对此迷惑不解，但却没有打扰她。她继续滔滔不绝地说着，而且还讲到了最引人注目的梦境，这些梦代表了潜意识的相当深刻的体验。然而，直到几年之后我才明白了这一点。当时，我认为她是处于狂热的状态。这种情境渐渐使我觉得很不舒服。当时有二十个学生在场，而我正要向他们演示催眠术！

这种情形维持了一个半小时后，我想要再次把这位病人唤醒，可是她怎么也醒不过来。我惊呆了，我忽然想起，自己可能已经无意识地深入她那潜伏的精神病中了。然后我花了大约十分钟的时间才把她唤醒。与此同时，我不敢让学生们看出我神经紧张。当这位中年妇女醒过来之后，她觉得头晕、迷糊。我对她说道："我是医生，您一切正常。"听到这，她喊出声来："啊，我的病可算好了！"一把扔掉拐棍走了起来。我尴尬得满脸通红，却向学生们说道："现在你们该看出来催眠术有多厉害了吧！"可实际上，我却根本不知道发生了什么事。

我的很多经历促使我想要放弃催眠术，对中年妇女的诊疗便是其中之一。我不明白到底发生了什么事，可是那女人却痊愈了，而且精神抖擞地走了。我请求她告知我后来的情况，因为我估计过不了二十四小时她就会旧病复发。但她的老毛病却没有重犯，尽管我心里怀疑，却不得不接受她确已经痊愈的事实。

第二年暑假那个学期，当我讲第一堂课的时候，她又来了。这一回，她抱怨后背剧痛难忍，据她说，这在最近才发生。很自然，我自问道：这是否与我重新开始讲课有关系呢？也许是她在报纸上看到了我讲课的通告吧。我问她这疼痛是什么时候开始的，由什么原因造成的。她回想不起来在任何特定的时间发生过任何事情，也丝毫不能解释发病的原因。最后，我得出的结论是，她后背疼痛的那天，正好从报纸上看到了我讲课的通告。这证实了我的猜想，但我仍然搞不懂，她的病怎么就神奇般地治愈了呢？我再次对她进行了催眠，也就是说，她再次自发地进入了昏睡状态——然后那背痛就消失了。

这一次课讲完后，我把她留了下来，想要进一步了解她的生活。结果发现，她有一个弱智儿子，正好在这所医院我所在部门里治疗。我对此毫不知情，因为她用的是第二个丈夫的姓，而儿子却是她第一次结婚时生的。他是她唯一的孩子。自然地，她本希望儿子才华出众，事业有成，没想到他在很小的时候就得了精神病，这对她来说绝对是可怕的一击。那时候，我还是个年轻的医生，那时的我，代表了她对儿子的所有希冀。她热切盼望成为一位英雄的母亲，因此便把希望转移到了我的身上。她认我做了干儿子，并四处传扬我奇迹般地治好了她的病。

我在当地获得了“巫师”的名誉，实际上得归功于她，也正是因为她四处宣传这一神迹奇事，我才得到了第一批私人病人。我的心理疗法竟然始于一位母亲，我还取代了她精神病儿子的地位！自然，我向她详细地解释了这整个事件，包括所有的细枝末节也讲到了。她很快便接受了我的阐述，而她的病也再没复发过。

这就是我第一次真正在治疗上的体验——可以说，这也是我所作的第一次分析。至今我仍然清晰地记得与那位年长妇女的谈话。她是个聪明人，对我表示了极大的感激，因为我曾认真地接待了她，并对她和她儿子的命运颇为关切。这的确帮了她的大忙。

一开始在进行私人诊疗的时候，我也采用催眠的方法，不过我很快就放弃了这种做法，原因是在使用它时，你只是在黑暗中摸索前行。你从不知道病情的改善或治疗的疗效能维持多久，而以这种毫无把握的方式工作，我总是感到良心不安。我也不喜欢自作主张命令病人做些什么。我更为关心的是从病人本人那里得知，他天生的倾向会把他引向何方。为了弄个明白，我认为有必要对各种梦境进行仔细的分析，并对潜意识的其他表现进行研究。在1904—1905年期间，我在精神病诊所开设了一个实验性精神病理学实验室。我找来几个学生帮忙，一起进行精神性反应（联想）的调研。弗朗兹·里克林是我的协作者。路德维格·宾斯万格当时正在写他的博士论文，内容是“与精神流电疗法效应有关的联想实验”，而我也在写我的论文《论对事实的心理学诊断》。我们的同事中还有几个美国人，例如弗雷德里克·彼特森和查尔斯·里克什等。他们的论文发表在美国的期刊上。正是这些联想研究，才使我于1909年，接到克拉克大学的邀请，就我的研究工作举办学术讲座。而与此同时，他们还邀请了弗洛伊德。我们两人均被授予了“荣誉法学博士”的学位。

联想实验和精神流电疗法实验使我在美国获得了声誉。很快，美国的许多病人便找我来治疗。在第一批的病人中有一例我记得特别清楚。一个美国同事给我介绍来一位病人。该病人的诊断结果是“酒精中毒性神经衰弱症”，预后是“无法治愈”。那位同行怕我的治疗不起作用，便建议患者也到柏林某位神经病权威专家那里看看，算是以防万一。患者前来就诊了，我与他谈了片刻便发现，这个人患的是一般性神经症，而对于这病的精神起因他却守口如瓶。我进行了一次联想试验，结果发现他正遭受着可怕的恋母情结所带来的影响。他出身富有的名门望族，有个可爱的妻子，生活也无忧无虑——当然这是从外表上来说的。他只是酗酒，而喝酒则是他极力麻醉自己的方式，好忘掉那压抑性的情境。这自然毫无帮助。

他母亲拥有一家大公司，而这位才华横溢的儿子在公司里占据领导职位。他确实早应从附属于母亲的压迫性地位中解脱出来，然而他却鼓不起勇气抛弃这一优越的职位。因此，他便一直受制于母亲，受制于把他安置在公司里的母亲。每当他和她在一起时，或不得不屈从于她对他工作的干涉时，他便开始喝酒以麻痹或消除他的情感。他意识中的一部分并不真的想离开这个温暖舒适的家，这尽管有背他的本能，他却忍不住财富和舒适的诱惑。

经过短时间的治疗后，他把酒戒了，也觉得自己痊愈了。但我告诉他：“如果您回到以前的情况，我不敢保证您不会旧病复发。”他并不相信我的话，兴高采烈地返回了美国的家。

他一回到家中，重新处于母亲的影响之下，便又开始喝酒。因此，他母亲在瑞典停留的时候，便前来向我询问治疗办法。她是个精明的女人，但却是个地道的“权力女魔头”。我明白了她儿子必须竞争的是什么，而且还认识到，他根本没有力量进行反抗。他的身体也十分羸弱，根本不是母亲的对手。因此我便采取了一种强迫性的治疗办法。背着他，我给他母亲开了一张医疗证明，说她儿子因酗酒而无法完成工作上的种种要求，建议她把儿子解雇。我的建议被采纳了——而儿子当然要对我大发雷霆了。

在这里，我做了一件在医生看来不符合伦理道德的事。不过我却知道，为了病人的利益，我不得不出此下策。

他的病情有何进展呢？自从脱离了母亲，他自己的个性便得到了发展。他拥有了光辉的职业生涯——也许正是因为我给他开了一服烈性药的缘故。他妻子对我十分感激，因为她丈夫不但克服了酗酒的毛病，而且还开拓了他自己的道路。

尽管如此，对于这个病人我一直有种良知上的负罪感，因为我背着他开了那张证明，尽管我确信只有这样做才能使他解脱出来。事实确实如此，他一解脱出来，他的神经症就消失了。

在我行医期间，人的精神对潜意识犯罪的反应方式不断给我留下深刻的印象。毕竟，那个年轻妇女最初并没有意识到是她杀死了自己的孩子，然而她却落入了一种状态，好像是一种对罪恶极有意识的表现。

我还有一个与此类似的，使我永生难忘的病例。一位女士来到我的诊所。她拒绝说出自己的姓名，说这无关紧要，因为她只想就一次诊。很明显，她属于上流社会。她说她曾经当过医生。她要告诉我的是她的忏悔：大约二十年前，她出于妒忌犯了谋杀罪。她毒死自己最好的朋友，因为她想嫁给朋友的丈夫。她原本认为，只要谋杀不被发现，她就会继续安宁的日子。她要嫁给这个男人，最简单的方法就是除掉她的朋友。她认为，道德方面的考虑对她来说是无关紧要的。

而结果呢？她确实跟这个男人结了婚，但他不久之后就死了，当时还相对年轻。在之后的几年里，一系列奇怪的事情发生了。他们婚后所生的女儿一长大就设法离开了她。她女儿年纪轻轻就结了婚，然后就从她眼前消失了，与她的感情越来越远，直到最后，这位母亲失去了与女儿的一切联系。

这位夫人是个热情的女骑师，拥有几匹她钟爱的乘用马。有一天，她发现，这些马在她骑行时开始变得焦躁不安，甚至连她最为宠爱的那匹马也躲着她，并把她甩下身去。最后，她只好放弃了骑马。那以后，她转而养起了狗。她拥有一只非常喜欢又出奇漂亮的猎狼犬。而就是这只狗却不知怎么得了瘫痪症，好像命中注定的一般。现在可以说，没有比她再不幸的了；她感到，自己在道德上完全崩溃了。她需要忏悔，于是她来到我这里。她是个杀人犯，但更重要的是她把自己也谋杀了。因为凡是犯谋杀罪的人都毁灭了自己的灵魂。杀人者已经对自己作出了判决。如果某个人犯下了谋杀罪又被抓住的话，他是会受到法律制裁的。如果他是暗中所为，没有道德上的意识，也一直没被发现，惩罚却依旧会降临在他的头上，就如病例中显示的一样。这种情形终于出现了。有时候，仿佛连动物和植物也“知道”这种罪行。

由于杀了人，这个女人便陷入了一种无法忍受的孤独之中，甚至连动物都开始疏远她。而为了摆脱这种孤独，她便让他人了解她的秘密。她是得找个无罪的人来分担心头的秘密。她想找到一个人，不加偏见地接受她的忏悔，因为这样一来，她会再次获得某种感受，就像和人类建立关系那样。而这个人应该是个医生而不是一个职业司祭。由于牧师的职责关系，她对倾听自己忏悔的律师心生怀疑，担心他不会就事论事，而是从道德上来判断她的是非。她看到了人们和动物纷纷疏远她，受到了这种无声的判决，使她再也无法忍受任何更深的谴责。

我一直没能查出她的身份，也没有任何证据可以证明，她所说的故事就是真实的。有时候我问自己，她怎么能有如此下场。因为她的忏悔并不是她生命的终点呀。也许她最后终于被迫自杀了。我实在无法想象，她如何在完全孤独的状态中生活下去。

临床诊断之所以重要，是因为它能给医生指引方向，但对病人来说却没有什么帮助。至关重要的是病人所讲述的故事。因为只有它才揭示了病人的背景及他遭受的痛苦，而只有这时，医生的治疗才开始发挥作用。有一个病例非常有力地证明了这一点。

这一病例与女病房的一位老病人有关。她大概七十五岁，卧床不起已有四十年之久。大约五十年前，她就住进了医院，但医院里余下的人却记不起她为什么会住院，当时在这医院里工作的人已全都死掉了。只有一位工作了三十五年的护士长，还依稀记得这位病人的故事。这个老太太已经不会说话了，只靠流质和半流质的营养物来维持生命。她用手指进食，让粘在手上的食物慢慢滴进嘴里。有时候，她喝一杯牛奶差不多要花两小时。不吃东西时，她便用双手和胳膊做古怪的律动式动作。我不明白这些动作是什么意思。精神病所造成的毁坏程度我还是有深刻印象的，但对此却找不到任何合理的解释。在讲授临床课时，她往往被当作精神分裂症中的一种紧张性精神病案例，但这对我并没有什么含义，因为这种话根本没法帮我弄清楚，这些古怪的手势因何而起，又是什么意义。

这一病例给我的印象体现了这个时期我对精神病学的反应。当我成为助理医师时，我觉得，自己对精神病学的真正含义一无所知。每当我站在主治医师和同事们身边时，我便感到特别不自在，因为他们总是一副胸有成竹的样子，而我却茫然不知所措地在黑暗中摸索。因为我认为，精神病学的主要任务是了解病人的头脑里正在发生什么事，然而到目前为止，我却对此一无所知。我在这里从事着助理医师的职业，可我却对此一点也不在行！

一天深夜，当我走过病房时，我看到那位老人仍在做着她那神秘的动作，于是我又问自己："为什么非要这样呢？"随后，我便到老护士长那里，问她这位病人是否总是这样。"是的，"她答道，"但我的前任告诉我，她过去常常做鞋子。"于是我再次翻阅了她那发黄的病历，确信无疑，上面表示她有做鞋子的习惯。过去，鞋匠习惯把鞋子夹在两膝之间，以这样的动作精准拉扯出穿过皮革的线（如今仍可见到乡下鞋匠的这种动作）。这位病人不久后便去世了，她的弟弟前来参加葬礼。我问他："您姐姐怎么得的精神失常呢？"他告诉我说，她爱上了一个鞋匠，但鞋匠出于某种原因不想娶她，而当他最后拒绝她时，她便“发作”了。鞋匠的动作暗示着她与恋人的认同，一直持续到去世之前。这个病例给了我有关精神分裂症心理起源的第一点暗示。从那时起，我便把全部注意力集中到了精神病中有意义的种种关联。

另一个病人的故事为我揭示了精神病的心理学背景，但最主要的是“毫无意义”的妄想。从这个病例中，我第一次能够明白精神分裂症患者的语言，而这种语言直到目前还一直被认为是没有意义的。有个病人名叫巴贝特，她的故事我已在别处发表了。1908年，我在苏黎世的市政厅进行了有关她的讲座。

她出生在苏黎世旧城，在贫困、狭窄、肮脏的街道出生，在卑贱的环境中长大。她的姐姐是个妓女，其父则是个酒鬼。在三十九岁那年，她死于偏执狂式早发性痴呆症，带有典型性夸大狂特征。当我见到她时，她已经住院二十年了。医生将她当作教学课的客体，向数百个医学院的学生展示过。在她的身上，他们看到了精神分裂不可思议的过程。可以说她是个典型病例。巴贝特精神完全失常，说些毫无意义的、最疯癫的话。我竭尽全力想要弄明白，她那些莫名其妙的话语到底是什么意思。比如她会说：“我就是罗蕾莱。”她之所以这样说是因为每当医生想弄清楚她的病况时，总是会说：“我不知道这是什么意思。”或者她会放声痛哭：“我是苏格拉底的代理人。”我发现这句话的意思就是：“我像苏格拉底那样受到不公正的指控。”她也会突然说出荒唐的话，比如“我是两个工艺学校不可取代的人”“我是玉米面底下的葡萄干蛋糕”“我是日耳曼和赫尔维希亚特别甜的黄油”“我和那不勒斯必须为世界供应面条”，这些话都意味着她对自我评估的提升，也就是说，以此来补偿她的自卑感。

我对巴贝特和其他类似病例的迷恋使我相信，很多我们今天认为没有意义的话并不像我们想象中的那样疯狂。我不止一次地看出，即使在这种病人的背后也存在着所谓的正常人格。也就是说，这种人格在袖手旁观。这种人格偶尔也会——通常是以声音或梦的方式——提出完全理智的评论和异议。在身体生病时，它甚至还能再次进入前景中来，使病人看上去和正常人别无二致。

我曾经医治过一个患精神分裂症的老太太，她在背景处为我非常清楚地显现了她那“正常的”人格，这样的病人是无法治愈的，只能对她表示关心。说到底，每个医生都会碰到他治愈不了的病人，对于这种病人，医生只能使他通往失望的道路变得平坦。她听见了分散于她整个身体的种种声音，而在胸膛中间的那个声音便是“上帝的声音”。

我对她说：“我们必须信赖那个声音。”说这番话时，我都对自己的勇气感到吃惊。一般说来，这一声音会说出非常理智的话，而借助于这一声音，我能够更好地对待这个病人。有一次那声音说道：“让他考验一下您对《圣经》的信念！”于是她带来一本很破旧的、翻阅过很多次的《圣经》；每次巡房时，我都指定其中一章让她阅读。接下来，我又对她进行了这种考验。我一连考验了她七年，每隔两个星期进行一次。开头时，我对于扮演这样一个角色感到很不自在，但不久之后，我认识到了这项功课的意义。通过这一方式，她的注意力保持在活跃的状态，因此她就不会在精神分裂的梦境中越陷越深。结果证明六年以后，原本活跃在她整个身体的种种声音，已经退回到左半部分，而右半部的声音完全消失了。在左半身，这一现象的强度也没有倍增，而是跟过去一模一样了。因此，我得出结论，这个病人痊愈了——至少是治好了一半。这是一次出乎意料的成功，因为我根本没有想到，这些记忆练习竟能产生治疗效果。

通过我对病人的工作，我认识到了，偏执狂患者的思想和幻觉有那么一点含义。在精神病的背后，潜藏着一种人格、一部生活史、一种希望与欲望的形式。不了解他们是我们的错。这时我第一次渐渐明白，人格的一般性心理，是潜藏在精神病当中，甚至在这里，我们遇到了远古的人类冲突。病人尽管可能显得麻木、冷漠，或完全像个白痴，但是他们的思想仍然活跃着，思想中有意义的东西也比看起来要多。从本质上说，在精神病里我们没有发现什么新鲜的和一无所知的东西；相反，我们遇到的是他们本性的根基。

一直使我感到震惊的是，精神病学为了了解精神病所包含的内容，竟然花了那么长的一段时间。没有人愿意费心思去理解幻想的含义，或者想要询问一下为什么这个病人有这种幻想，而另一个病人的幻想却完全不同。比如说，一个病人幻想自己遭受了基督会信徒的迫害，另一个则想象犹太人想毒死他，第三个则确信警察正在追捕他，这些情形到底意味着什么呢？这样的问题，当时的医生对这种问题一点也没兴趣。这些幻想只是以一般的名义，例如“受迫害幻想”被堆砌到了一起。在我看来显得同样古怪的是，我那时的调查研究如今几乎被人遗忘了。在本世纪之初，我已经开始用心理疗法来治疗精神分裂症。因此，这一方法并不是刚刚发现的某种东西。然而，人们开始把心理学引入精神病学，则经过了漫长的一段时间。

当我还在诊所工作时，我医治那些精神分裂症患者不得不小心谨慎，否则可能被人指责，说我心不在焉。精神分裂症向来被认为是不治之症。如果有人在精神分裂症的治疗上取得进展，那么别人就会认为，病人患的并不是真正的精神分裂症。

弗洛伊德于1909年来苏黎世看望我，我把巴贝特的例子让他看了一下。后来，他对我说道："您知道，荣格，您在这个病人身上肯定发现了很多有意思的东西。但您到底怎么能忍受这个面容丑陋的女人，并在她身上花了那么多时间呢？"我很可能蔑视地看了他一眼，因为我从来没有过这种想法。我甚至认为这个女人是个令人愉快的老精灵，因为她竟有如此可爱的妄想，又说了那么多有趣的事情。不管怎样，甚至在她疯疯癫癫的时候，人性还是会从怪诞荒谬的浓云中透射出来。从治疗来看，巴贝特并没有取得什么成效——她患病的时间实在太长了。但是我看过其他病例，在这些病例里，这种深入病人人格的关怀，能够产生长久的疗效。

从外表上来看，我们从精神病人身上所看到的，都是他们悲惨的毁灭，但背向我们的、心灵的另一面，却是我们极少能看到的。外表往往具有欺骗性，在一个年轻的紧张性精神症患者的病例中，我吃惊地发现了这一点。她那时只有十八岁，出身于一个有教养的家庭。十五岁时，她遭受哥哥诱奸，后又受到一个同学凌辱。从十六岁时起，她退避到孤独之中。她与众人疏远，到了最后她所剩下仅有的感情维系是邻家的一只恶狗，她一直想把这只狗争取过来。她变得越来越古怪，到了十七岁时便被送进了精神病院，在那里待了一年半。她听到各种声音，绝食，变得完全沉默了（就是不再说话）。我第一次看见她时，她正处于一种典型的紧张性精神症中。

过了好几个星期，我才渐渐说服她让她开口说话。克服了重重障碍之后，她告诉我说，她一直住在月亮里。月亮看起来像是有人居住似的，但她在那里最先见到的却只有男人。他们立刻把她带走了，将她放到了月亮下的一个住处，里面还住着这些男人的孩子和妻子。因为在月亮的高山上住着一个吸血鬼，专门绑架杀害女人和孩子们，月亮上的人便受到了灭绝的威胁。而原因就在于，月亮下面居住着占人口半数的女人。

这位病人下定决心要为月球人做点什么，并计划消灭这个吸血鬼。经过长时间的准备，她在塔楼的平台上等到了吸血鬼，这个塔楼是专门为它而建的。过了许多个晚上，她终于看见了吸血鬼从远处向她飞近，这怪物像一只黑色的大鸟，扇着翅膀向她飞来。她拿着一把藏在长袍底下，作祭祀用的长刀，等着这只吸血鬼的来临，突然之间，它已经站在了她的面前。它有好几对翅膀，脸和整个身体都被翅膀遮住了，因此除了它的羽毛之外，她什么也看不见。她感到非常奇怪，于是在好奇心的驱使之下，她想一探究竟，看看吸血鬼的真正面容。她手握刀子走了过去。突然之间，翅膀张开了，一个超凡脱俗的美男子站在了她的面前。它用带翅膀的双臂像铁钳一样紧紧夹住了她，使她再也无法挥动长刀。总之，她完全被吸血鬼的容貌迷惑住了，因此总是无法向它发起攻击。结果它把她从平台上抓了起来，夹着她飞走了。

经过这一番披露，她又能无拘无束地说话了，但这时，她的反抗性又凸显出来了。看起来我好像制止了她返回月球的欲望，她再也无法逃离开地球了。她说，这个世界并不美丽，但月亮却是美丽的，那里的生活也是很有意义的。不久之后，她的紧张性精神症复发了，于是我只好把她送进了一所疗养院。有好一阵子，她简直处于极端疯癫的状态。

大约两个月之后她出院了，我也可以再次跟她谈话了。她渐渐地明白过来，在地球上生活是不可避免的。她便拼命地与这一结论及其后果进行斗争，结果又被送进了疗养院。我再次到她的病房里看望她，对她说："这一切对您不会有任何好处，您不可能再回到月亮上去了！"她沉默不语地接受了这一点，神色漠然极了。这一次，她在里面待了不久就出院了，后来奔赴自己的前程去了。

她在一所疗养院当了一段时间护士。有一次，那里的一位助理医生略微粗暴地斥责了她，结果她用左轮手枪朝他开了一枪。幸运的是，那人只受了点轻伤。但这个事件表明，她总会随身携带一把左轮手枪。在此之前，有人还看见她拿了一把上了膛的来复枪。我最后一次会见她，是在那次治疗结束以后，她把枪交给了我。我惊愕地问她要干什么，她答道："要是您骗了我，我就开枪！"

当这次枪击事件的激动心情平复下来以后，她回到了自己的老家。结了婚，还生了几个孩子，并在东部地区经历了两次世界大战，还幸存了下来，旧病再也没有复发过。

通过解释这些幻想，我们可以得出什么结论呢？在她还是个姑娘时便有了乱伦关系，这让她感觉在世人眼里受尽屈辱，但在幻想的王国却变得高尚了。她转而进入了一个神秘的国度，因为乱伦从传统的角度来看，是只有王室和众神才拥有的特权。结果造成她与世界完全疏远，并处于一种精神病的状态。结果，她便变得“超凡脱俗”，她也失去了与人类的联系。她陷入遥远的宇宙距离当中，进入了外层空间，并在那里遇到了长着翅膀的魔鬼。依循着此事的规律，在治疗期间，她把魔鬼的形象投射到我的身上。因此，我自然就受到了死亡的威胁，因为我像所有人一样，可能会劝她回到正常人的生活中。她为我讲述她的故事，这在某种意义上出卖了魔鬼，并让自己依附在了一个世人身上。这样，她就能够回到正常的生活，甚至结婚生子。

从此之后，我开始以另一种眼光来看待精神病人所遭受的痛苦，因为我已洞察到，他们的内心体验有多么丰富、多么重要。

我经常对自己的心理疗法或分析疗法提出疑问。对这一问题我无法作出明确的解答。病例不同，疗法也就不同。有个医生告诉我说，他严格坚持这一或那一疗法，而我对他的疗效产生了怀疑。有一个文献资料，涉及了很多有关病人抵抗的内容，好像医生是在想方设法把某种东西强加到病人身上，而实际上，治疗应该根据病人的情况而自然地形成。心理疗法和心理分析因人而异。我将接治的每一个病患都尽可能区别对待，因为问题的解决方法向来就是独一无二的。即使有通用的法则，适用起来也该有所保留。心理学上的真理之所以为真理，因为它是可以颠倒过来的。对我来说完全不适用的解决办法，对别人来说有可能刚好合适。

很自然，一个医生必须熟悉他所谓的“方法”。但他必须小心，以防落入特定的、常规的方法之中。一般而言，一个人对理论上的各种假设必须有所谨慎。它们今天可能是正确的，而明天却就有可能变成其他假设的对立面。在我的分析过程中，它们根本不会起作用。我不从属于任何体系的做法，是相当刻意的。在我看来，与每一个个体打交道，只有了解他们才会起到作用。对于每一个病人，我们都需要使用一种不同的语言。在进行这次分析时，我可能用阿德勒学派的语言说话，在另一次分析时，我可能又用弗洛伊德的语言说话了。

至关重要的一点是，我面对每一个病人，都是采取一个人面对另一个人的态度。分析是一种需要双方参与的对话。分析师和病人面对面地坐着，四目相对，医生有话要说，但病人同样有话要说。

既然心理治疗的本质不是一种方法的应用，那么单单进行精神病学方面的剖析还远远不够。我自己本人就是工作了很久之后，才掌握了心理疗法的技能。早在1909年，我就意识到，如果不了解他们的象征含义，我就无法治疗隐性的精神病患者。正是在那时，我开始了对神学的研究。

对于有教养和高智商的病人来说，精神病学家所要掌握的，不应只局限于专业知识。除了所有的理论假设外，他还必须清楚，促使病人发病的真正原因是什么。不然的话，医生便会激起病人不必要的反感。说到底，重要的并不是一种理论是否得到了证实，而是病人是否领悟到自己是一个个体。然而这一点如果不参照集体性的观点，则无法做到。对于这一点，医生必须有所涉猎。因此，仅有医疗性的训练是不够的，因为人类的心灵包罗万象，并不仅限于医生诊室的有限范围。

心灵显然要比躯体更为复杂，更不容易接近。也就是说，它是半边世界，只有当我们意识到它的时候，它才会显现出来。因此，心灵并不只是一个个人问题，而是一个世界性问题，而精神病学家所要处理的则是整个世界。

今天，我们可以比以往任何时候看得更加清楚，威胁着所有人的险境，并非来自大自然，而是来自人类自己，来自个体的和大众的心灵。人的精神失常便是危险所在。一切取决于我们的精神是否正常运作。今天，要是某些人失去了理智，氢弹就将爆炸。

然而，心理治疗师不仅需要了解病人，了解自己也非常重要。对于这一原因，分析者的分析对象就是“必要条件”，也就是所谓的训练性分析。也就是说，病人的治疗始于医生。只有当医生懂得如何应对自己，并处理他本人的问题之后，才有可能教导病人也这样做。只有到了这时才行。在训练性分析中，医生必须学会认识自己的心灵并严肃地对待它。要是他做不到这一点，病人就不会学着去做，他将失去自己那部分心灵，就像医生不加理解便失去了自己的心灵一样。因此，对于训练分析来说，只掌握一系列概念是不够的。精神分析对象必须认识到，这种分析是与他本人有关的，训练性分析是现实生活的一小部分，而不是通过死记硬背就能掌握的一种方法。如果学习者在自己的训练性分析中认识不到这一点，他必将为未来的失败付出沉重的代价。

虽然有种叫作“附属心理疗法”的治疗方法，但在任何全面性的分析里，病人和医生的整个人格都要发挥作用。有许多病例，没有医生的介入根本无法治愈。事关重大，医生是否把自己看成这出戏的一部分，或者装出一副权威的样子，结果会大相径庭。当生命处于严重危险之时，当生死存亡的决定性时刻来临之时，玩点小把戏，给一点点建议，则一点忙也帮不上。在这种时刻，医生的整个人格便受到了挑战。

治疗医师在任何时候都必须密切注意自己的行为，以及自己对待病人的方式，因为我们并不只对自己的意识作出反应。我们还必须不断地问自己：“我们的潜意识如何体验到这种情景？”因此，我们必须密切观察自己的梦境，密切关注和研究自己，就像我们小心对待病人一样。要不然，整个的治疗就会出现问题。关于这个，下面我举例来说明。

我看过一个病人，她是个智商很高的女人，但出于种种原因，她引起了我的怀疑。开始时，心理分析进行得很顺畅，但没过多久，我开始感觉到，自己无法正确解析她的梦境，还觉得我们之间的谈话变得越来越空洞。因此我决定就这个问题与我的病人好好聊一聊，当然她也觉得肯定有什么地方出了差错。在我准备跟她谈话的前一天晚上，我做了下面这个梦。

沐浴着午后的阳光，我沿着穿过一座山谷的公路走着。我的右面是一座陡峭的小山，山上矗立着一座城堡，在最高的塔楼上一个女人正在一根栏杆上坐着。为了看清楚她，我只好拼命地把头往后仰。一从梦中醒来，我就感到脖子后部产生了痉挛。甚至在梦里，我便认出那女人就是我的病人。

梦的解析突然间变得豁然开朗。如果在梦中我是以仰着头的方式看我的病人，那么在实际中我可能是俯身去看她的。梦境，说到底，就是对意识态度的补偿。我把这个梦和我对梦的解析告诉了她。她的情境立即发生了改变，于是治疗再次开始取得进展。

作为医生，我常常问自己，病人正在传递给我一种什么样的信息。他对我又意味着什么？要是他对我毫无意义可言，那我就无法打开突破口进行医治。医生只有自己在感情上受到感染，才会发挥作用。“只有受过伤的医生才会医治。”但是要是医生的个性像铁甲一般刚硬，治疗也起不了作用。我对病人认真对待。我也许也会遇到他们所遇到的问题。病人恰好是医治医生痛处的一服良药，这种情况会经常发生。正因为这种情况的存在，医生也会遭遇困境——或者说，这种困境是医生的专利。

每个治疗医师都应该拥有由第三方支配的控制力，为的是使自己欣然接受另一种观点。甚至教皇保罗也有一位忏悔师。我总是对心理分析者建议：“找个男忏悔师前辈，或找个女忏悔师前辈吧！”对于扮演这种角色，妇女有着独特的天赋。她们往往具有敏锐的直觉和犀利的批判性洞见，可以看出男人心里的秘密，有时甚至还能看穿男人们灵魂的诡计。她们能看出男人们看不到的某些方面。这就是为什么没有一个女人相信自己的丈夫是超人！

不难理解，一个人要是得了精神病，他就应该进行一下心理分析；但是他如果感到自己正常，那就没有必要逼他去做。但是，我可以肯定地告诉你们，对于所谓的“正常”，我有过一些令人震惊的体验。有一次，我遇到了一位完全“正常”的学者。他是个医生，是我的老同事介绍来的，随身还带着这位同事写的评价颇高的推荐信。他曾是我这位同事的助理医师，后来便接替了他诊所的工作。现在，他正常出诊，取得了不错的成就，有一个正常的妻子和几个正常的孩子，住在一个正常小镇的一幢正常的小房子里，他收入正常，大概饮食也正常。他想成为一位心理分析学家。我对他说道：“您知道那意味着什么吗？它意味着您首先得学着了解您自己。您本人就是治病的工具。要是您出了问题，您怎么可能把病人矫正过来呢？要是您说服不了自己，又怎么能说服病人呢？您本人必须货真价实。否则，就求上帝帮帮您吧！不然，您就会把病人引入歧途的。所以，您本人必须首先接受心理分析。”“这很好。”那人说道，但马上又说了一句，“我根本没有什么问题跟您说呀。”这对我来说应该是个警告了。我说道：“很好，那我们来检查一下您的梦境吧。”“我不做梦啊。”他说道。“您很快就会做梦的。”我回答道。任何人在那天晚上大概都会做梦，但是他却回忆不起任何一个梦。这样的情况持续了大概两个星期，而我却开始对整个事件感到相当不痛快。

最后，他终于做了一个印象深刻的梦。我准备把这个梦讲述一下，因为它表明了，在实践性精神病学中，了解梦境有多么的重要。他梦到自己坐火车去旅行。这列火车在行驶两小时后停靠在某个城市的车站。他并不知道这座城市，又想浏览一番，于是出发向市中心走去。在那里他发现有一座中世纪的建筑，大概就是市政厅吧，随后便走了进去。他顺着长长的走廊游荡着，看到了一些很漂亮的房间，房间四壁悬挂着各种古画和精美的壁毯，珍贵的古董随处可见。突然间，他意识到，天色已经暗了下来，太阳也早就落山了。于是他想：我一定得回到火车站去。就在这时，他发现自己迷路了，再也找不到出口了。他吃惊得跳了起来，同时他还发现，在这座建筑物里他连一个人影也没见着。他开始感到不安，于是便加快了脚步，希望能碰见某个人。但他还是一个人也没有遇到。这时，他来到了一个大门处，好不容易松了口气，想道：这就是出口吧。他打开门，发现自己原来跌跌撞撞地进了一个硕大无比的房间。这个房间又大又黑，他连墙对面都看不清。梦中人吃惊极了，于是便跑着横穿过这间又大又空的房间，希望在另一边能找到出口。这时，就在房间的正中央，他看见地板上有个白色的东西。待他走近一看，才发现这是个两岁左右的白痴小孩。小孩坐在一个夜壶上，夜壶粘满了屎尿。就在这时，他大喊一声醒过来了，吓出一身冷汗。

我所需要知道的一切现在都知道了——这是一个隐性的精神病患者！我必须承认，当我试图把他引出梦境的时候，我都满头大汗。我不得不跟他解释说这没什么害处，并掩盖了所有有害的细节。

这个梦的大致意思如下：他动身出发开始苏黎世之行。然而他在那里只待了一段很短的时间。房间中央的那个小孩就是他自己两岁时候的样子。小孩子不讲卫生的行为倒是有点不寻常，不过依然有这种可能。他们可能对自己的排泄物感兴趣，因为这些东西有颜色而且还有一种奇怪的气味。一个在城市里长大受到严加看管的孩子很容易对这种错误感到羞愧。

但做梦的人，即那位医生，却根本不是小孩而是大人了。因此，在房间中央梦的意象是一种邪恶的象征。当他把这梦告诉我时，我便认识到，他的正常就是对这种情形的补偿。我在关键的时刻挽救了他，因为这位隐性的精神病患者的病情差一点点就要变成显性的了。这是必须加以阻止的。最后，在他另一个梦的帮助下，我成功地找到了结束这种训练性分析的，一个可以接受的借口。对于结束训练性分析，我们俩都很高兴。我并没有把诊断结果告诉他，不过他大概意识到，自己已经处于致命恐慌的边缘，因为他又做了一个梦，梦见自己被一个危险的疯子追赶。在这之后他立刻回了家。从此再也不敢去刺激自己的潜意识了。他典型的正常性揭示了一种人格，在现实中不会发展，只有在遭遇潜意识时才被击得粉碎。精神治疗医师不喜欢这些隐性精神病患者，因为他们往往很难以被确诊。

由于这个案例，我们得聊聊外行人进行心理分析的问题了。我赞同由非医学人士研究心理疗法并进行诊断，但对于隐性精神病人，却存在着他们会犯重大错误的风险。因此，我赞成由外行人来做一个分析的工作，但必须要在职业性医师的指导下进行。只要外行人察觉到哪怕一点点不确定，就应该向自己的导师咨询。即使对医生来讲，要确认并医治一个隐性精神分裂症患者也不容易；对于外行人来说更是如此了。但我曾反复地发现过，有些多年从事心理分析治疗，并曾对自己进行过心理分析的门外汉，都很精明能干。此外，从事心理治疗的医生还远远不够。从事这种工作，进行长期而彻底的训练是必要的，此外还要掌握很少有人拥有的广博的学识。

医生与病人的关系，特别是当病人方面发生移情，或医生与病人在潜意识上或多或少的认同，能够导致灵学现象。我频繁地遇到这种情形。有这样一个病例给我留下了难以磨灭的印象，我帮助这位患者摆脱了精神性抑郁症。他回家后结了婚，但我并不喜欢他的妻子。我第一次看到她，便产生了一种不自在的感觉。她丈夫倒对我十分感激，不过我看得出来，由于我对她丈夫产生了影响，因而我却成了她的眼中钉。这种情况频频出现，那些并不真心爱自己丈夫的女人心存妒忌，而且还要破坏其夫与他人的友谊。她们希望要丈夫完完全全属于自己，而原因是她们自己并不属于自己的丈夫。所有嫉妒的症结便是缺乏爱情。

病患妻子的态度给他造成了难以承受的沉重负担。在这种压力下，结婚才一年的他，旧病复发了，重新陷入一种新的沮丧状态里。我早已预见到了这种可能性，便事先作好了安排，他只要一感到精神沮丧，便立刻与我取得联系。由于他的妻子总是嘲笑他萎靡不振的状态，他竟然忘了与我联系。因而，我对他的情况也就一无所知了。

就在那时，我去B市办了一场讲座。回到旅馆时已接近午夜。讲座结束后我与朋友们坐下聊了会儿天，接着就上床睡觉了，但是不知道怎么的，我辗转反侧，久不能寐。在两点钟左右——我一定是刚刚睡着——我心里一惊，醒了过来，并感到有人走进了我的房间。甚至在我的印象中，门是被匆匆忙忙打开的。我立刻打开了灯，可是什么东西也没有。我想，大概是有人走错门了吧，接着便向走廊望了一眼，可那里也是死一般的寂静。“怪了，”我想，“确实是有人进过这屋啊！”然后我试着仔细地回想一下到底发生了什么事，突然之间我才发现，自己是被隐隐的疼痛唤醒的，好像有什么东西击打了我的额头，然后又在后脑勺敲了一下。第二天，我接到了一个电报，说我那位病人开枪自杀。后来我才知道，那颗子弹穿过前额后留在了后脑勺部位的颅骨里。

这一体验是一次真正的同步发生的现象，当它与一种原型性情境（这一次是死亡）联系在一起时，我们便会经常发现这种现象。通过潜意识中时空的相关性，我很有可能已觉察出实际上正在别处发生着的事情。集体潜意识是人所共有的，它是古人所谓的“万物皆有的同情心”的基础。在这个案例中，我的潜意识了解病人的状况。实际上在那天，我一整晚都感到莫名其妙的紧张与不安，这种情绪与我平日的状态截然相反。

我从不试图改变病人的信仰，也绝不强加任何命令。病人应该获得自己对事物的看法，这对我来说才是最重要的。在我的治疗下，异教徒还是异教徒，基督徒还是基督徒，犹太教徒也还是犹太教徒，一切遵循命运的安排。

一个犹太妇女的病例令我记忆犹新，她是个丢失了信仰的病人。开始时我做了一个梦，梦见一个我不认识的年轻姑娘找我看病。她大概向我描述了一下自己的病情，正当她说话的时候，我心里想："我根本不知道她说了些什么，也不知道这一切到底是怎么回事。"但没想到我恍然大悟，她一定是患有一种不同寻常的恋父情结。

第二天，我的预约门诊一直忙到了下午四点。这时一位年轻妇女出现了，她是个犹太人，是个富有的银行家的女儿，长得漂亮，穿着时尚，智商很高。她已经做过一次心理分析，但是那位医生却移情于她，最后只好恳求她再也别到他那儿看病了，因为她一来，便意味着破坏了他的婚姻。

这位姑娘多年来一直遭受着严重的忧虑性神经症的折磨，而她那次心理分析的经历，自然加重了她的病情。我从既往病史入手，但并没有发现什么特殊性的东西。她是个适应性极强，已然西化了的犹太人，是个彻彻底底的文明人。起初，我并不知道她遇到了什么麻烦。但是我突然间想起了自己做过的梦，于是想道："天哪，原来她就是我梦境中的小姑娘。"但是由于我仍然无法从她身上看出恋父情结的蛛丝马迹，便开始询问她祖父的情况，这是我在处理类似病例时的习惯。这时，她把眼睛闭上了一小会儿，然后我马上意识到了问题的关键所在。因此，我要求她谈一谈自己的祖父，进而了解到她祖父是个犹太教教士并且隶属于一个犹太教派。"您是说'哈西德派'吗？"我问道。她说："是的。"我继续就此提问："要是他是犹太教教士，那他有过机会当圣徒吗？”“有过，”她回答道，“据说他是某种圣人而且拥有第二视力。不过这全是胡说八道，根本没有这回事！”

听到这里，我便从既往病史中得到结论，也明白了她的精神病史。我向她解释：“现在，我要告诉您一件您有可能无法接受的事情。您爷爷是个圣徒。您父亲却背叛了犹太教，他背叛了那种秘密并背弃了上帝。于是您便得了精神病，因为您对上帝的恐惧已经深入骨髓。”这席话给了她犹如晴天霹雳般的一击。

第二天晚上，我又做了一个梦。我在家里正在举行招待会，天哪，这个姑娘也在场！她走到我跟前问道：“您有雨伞吗？雨下得正大呢。”我真的找来了一把雨伞，乱摸一通想把它打开。正当我要把伞给她时，我竟然跪了下来，仿佛她是个天神似的。

我把这个梦告诉了她，一周以后，她的精神病痊愈了。这个梦告诉我，她并非是个肤浅的小姑娘，而是在外表之下隐藏着一个圣人的素质。她没有什么神话观念，因此她天性中这一最本质的特征便无法找到表达自己的方式。她所有有意识的活动便被引到卖弄风情、穿衣打扮和性的方面去了，因为除此之外她一无所知。她只懂得理智，过着一种毫无意义的生活。但在实际上，她却是上帝的孩子，命中注定要完成她那秘密的意愿。我要唤醒她身上的神学和宗教意识，因为精神活动对她来说不可或缺。这样一来，她的生活便会呈现意义，而精神病的痕迹也随即消失了。

在这个病例里，我没有用任何“方法”，只是觉察到了一种“内在指导力量”。我向她解释这种力量，她的病便痊愈了。方法在此并不重要，重要的是“对上帝的敬畏”。

我常常看到有人因为满足于对人生问题片面或错误的回答，从而患上了精神病。他们寻求地位、婚姻、名誉、外在的成功和金钱，虽然他们获得了寻求的一切，可生活仍然不幸福，自己还得了精神病。这种人通常局限于极为狭窄的精神视野中。他们的生活缺乏内容和意义。如果他们能够发展成为个性丰富多样的人，他们的精神病一般来说便会消失。因此，发展的观念向来对我意义重大。

我的病人大部分不是拥有宗教信仰的人，而是那些失去信仰的人。来找我医治的患者都是些迷途的羔羊。甚至在今天这个时代，信徒仍然有机会在教堂里过着“象征性的生活”。关于这一点，我们只需要想一下弥撒、洗礼、效法基督及宗教其他许多方面的体验，便会一目了然。但是信徒必须首先参与其中，才能体验这些象征，并生活在这些象征里面。现今的人们却往往缺乏这种参与。在精神病人当中，实际上更是一直缺乏这种参与。在这样的病例中，我们便需要观察，潜意识是否会自发地带来种种象征，来取代所缺乏的东西。但直到此时，有一个问题还是尚待解决：一个拥有象征性梦境或幻象的人是否能够理解他们的含义，承担起随之而来的后果。

比如说，我曾在《集体潜意识原型》中描述过的一位神学家的病例。他做过一个梦，而这个梦境反反复复出现了很多次。他梦见自己站在一个山坡上，一个树木茂密的山谷美景尽收眼底。在梦里他知道，树林的中央有一个湖泊；他还知道，迄今为止，某种东西一直在阻止他走向那里。但这一回他却想付诸这一计划。当他走近湖边时，气氛变得神秘起来；突然之间，一阵微风掠过湖面，湖水泛起了昏暗的涟漪。他便在惊叫声中醒了过来。

最初，这个梦显得无法理解。但作为一个神学家，他本应记得这个被一阵微风拂动水面的“池塘”，而这个池塘就是病人受洗的水塘——贝塞斯达水塘。一位天使降临人间触碰了水面，因此，这个池塘的水便有治病的功能。那阵微风就是随处吹拂的圣灵。而这却吓坏了做梦的人。这暗示了一种看不见的存在，一位守护神，他过着自己的生活，一旦现身却吓得人浑身发抖。这个做梦的人却不愿接受“贝塞斯达水塘”的联想。因为这种事情只有在《圣经》里才可能遇到，或最多只是作为星期天早晨布道的题目而谈到，但却跟心理学毫无关系。在有些场合中提到圣灵自然很好——但这并不是一种能够体验到的现象！

我知道，这位梦者应该克服他的害怕与恐慌。如果病人不愿意踏上为他指明的道路并承担后果，那我也绝不会把问题强加给他们。我并不赞同那种肤浅的假设，认为病人只是由于普通的反抗才受到了阻碍。反抗，特别是顽固的反抗，更值得我们注意，因为它们往往是不可小觑的警告。治疗可以通过药物进行，并非每个人都可服用，如果遇上了禁忌症，也可以通过手术治疗。

每当触及内心最深处的体验，触及人格的核心时，大多数人会惊慌失措，而许多人则逃之夭夭。这位神学家的病例就是如此。我当然知道，比起其他人来，神学家的处境更为艰难。一方面，他们更接近宗教，而另一方面，他们又受到教会和教规的更多束缚。内心体验的冒险以及灵魂的冒险，无论在任何情况下，对于大多数人来说都是难以接受的。这种体验有可能具有心灵的真实性，这更是他们甚为厌恶的事。如果这种体验具有一种超自然的或至少是"历史性的"根基，一切就会变得十分顺利。那么心灵上的东西呢？如果直面这一问题，病人往往会对心灵怀有一种毫不怀疑但却藐视的态度。

在当代的心理疗法中，往往要求医生或精神治疗医师应该"顺着"病人和病人的情感。我倒觉得，采取何种方法不应该是一成不变的。有时候，的确需要医生方面进行积极的干预。

有一次一位贵族夫人来我这里诊治，她习惯用巴掌扇仆人——甚至连她的医生也不放过。她患了强迫性精神病，一直在一家疗养院里治疗。自然地，她很快就给了主治医生一记义务性的耳光。在她看来，医生只不过是个高级跟班而已。她不是为他付了工资吗？这位医生便把她送到了另一家医院，而到了那里，同样的情形再次发生了。因为这位夫人并不是真疯，而是显然需要得到医生温和的关怀，于是那位倒霉的医生便把她送到了我这里。

她是个端庄威严的女人，足有六英尺高——我敢跟你说，她那巴掌扇起人来，力气可真不小！然后，她来了，我们谈得很畅快。然而，终于到了对她说点难听话的时候了。她听了暴跳如雷，一跃而起，威胁说要给我一巴掌。我也跳了起来，对她说道："太好了，您是女士，女士优先！不过一会儿我可要还手的！"我是说真的。她一屁股坐回到椅子上，在我眼前一下子泄了气。"从来没有人敢这样跟我说话！"她抗议道。从那一时刻起，我的治疗便初见成效了。

这位病人所需要的是一种男子汉式的反应。在这个病例中，要是"顺着"病人，可就大错特错了。甚至比无所作为更糟。她之所以有强迫性精神病，就是因为无法用道德约束自己的行为。因此我们对这类人就要施加其他的约束力——于是产生了强迫症状来实现这一目的。

多年以前，我曾经统计过自己的治疗结果。虽然回忆不起准确的数字，但保守估计，我的病人当中，有三分之一确实治愈了，三分之一症状大有好转，还有三分之一没有本质上的效果。但正是这些毫无好转的病例才是最难以判断的，因为许多事情直到多年以后病人才意识到，才能理解，而只有到了那个时候，这些东西才能发挥作用。我以前的病人经常写信告诉我："治疗过去十年之后，我才认识到这一切究竟是怎么回事。"

确实有几个病人中断了在我这里的治疗，这种情况实属罕见。但他们中的一些人却送来了积极的反馈。这就是为什么很难对治疗结果成功与否下结论。

当然了，医生在行医过程中也会遇到几个对自己产生重大影响的人。无论好人坏人，他们绝不会引起公众的兴趣的，正因为如此，他们身上具有非同寻常的资质，或命中注定要经受些空前的发展与灾难。有时候，他们才华横溢，技艺超群，也许会刺激另一个人为他们献出自己的生命；而这些才华横溢的人可能先天便具有古怪的、不受欢迎的精神气质，使得我们分不出来他们到底是天才，还是发展不平衡。当然在这片贫瘠的土地上，罕见的心灵之花时而怒放，但在社会的平原上，我们却从未见其踪影。要建立密切的联系，心理疗法才能有所成效，密切到医生不应对人的各种疾苦，无论惨烈还是深切，视而不见。这种关系，说到底，就在于不断比较和相互理解，在于辩证地看待两种对立的精神现实。若是由于某种原因，这些相互产生的印象无法撞出火花，那么心理疗治的整个过程便始终不起作用，病人的症状依然不见好转。除非医生和病人相互产生关系，否则没有解决的办法。

如果在别的时代，我们今天所谓的许多精神病人便不会患病；这些人之所以成了精神病人，正是因为人格分裂的缘故。如果人们通过神话能与祖先的世界取得联系，并且从本质上而非外在体验到这种联系的话，如果他们生活在这样一个时代和这样一个世界的话，他们本可以免除自身的人格分裂。这里所说的是那些无法忍受神话遗失的人，还有这样一类人：他们既无法达到一个纯粹的外部世界、一个由科学审视的世界，同时又不满足于玩弄文字，自欺欺人，因为这样做无论如何都与智慧毫不相关。

我们这个时代的精神分裂受害者都只是非强制性的精神病患者。一旦跨越了自我与潜意识之间的鸿沟，他们明显的病态便消失了。对于这种分裂本身深有感触的医生，能够更好地理解潜意识的心理过程，避免心理学家沾沾自喜的通病。医生若不从自身的体验中了解原型的圣秘，在其医治病人时就难以避免消极性的疗效。他将会高估或低估原型的圣秘，因为他只持有理智的观点而非经验准则。危险的心理失常就是从这里开始的，它的第一种表现，就是企图用理智来主宰一切。这就实现了两个隐秘性的目的：其一，将医生和病人与本源性作用以及实际经验远远隔离开来；其二，用明显安全、人为、纯粹二维的观念世界取代心理现实。在这样一个世界里，生活的真实性被所谓的清晰概念完全掩盖。经验的本质被剥夺殆尽，取而代之的却只是空有的名称，而这些名称进而又取代了现实。对于一种观念，谁也不必承担任何责任；这就是观念如此受人欢迎的原因——它承诺保护人类免受经验的伤害。精神并不存在于观念里，而是存在于行为和事实里。花言巧语是无济于事的。尽管如此，这种徒劳的做法却反反复复无穷无尽。

因此据我的经验而言，除了说谎成性的人，最难对付、最忘恩负义的病人就是那所谓的知识分子了。对于他们来说，自己的理智和情感没有任何关联。他们养成了一种“分隔心理”。理智只要不受感情的控制，任何事情都可以靠理智解决——然而要是感情不够发达，知识分子仍然要遭受精神病的折磨。

从我与病人及种种心灵现象（以无穷的形象之流展现在我面前）的接触中，我学到了极其丰富的知识，最重要的是我学到了洞悉自我本性的能力。我从自己的错误和失败中，也学到了不少。我的患者大都是女性，她们往往以卓越的自觉性、理解力和聪明才智配合着我的工作。从根本上说，正是因为她们，我才有可能在治疗方面开辟新的途径。

一些病人变成了我感情真挚的弟子，并把我的想法传播到了全世界。我与他们建立的友谊经受住了几十年的考验。

我的病人使我洞见了人生现实，我也从他们身上懂得了不少本质性的东西。对我来说，与遇见形形色色的人物，了解种类庞杂的心理水平相比，同名人们只言片语的交谈简直是微不足道。与默默无闻之人的谈话成了我一生中的最美好、最有意义的谈话。

第五章　西格蒙德·弗洛伊德

我成了一个精神病学家，踏上了探索自己智力发展的道路。我十分天真地开始从临床和外部的角度来观察精神病患者，因此发现了带有显著特征的心理过程。尽管一点也不明白它们的内容，我还是把这些事情记录下来，分了类；人们认为已经充分地对这些事加以分析和评价，因此就把它们当作“病理学上的问题”而抛到一边。随着时间的流逝，我的兴趣日趋集中在一些病例上，从中我体验到了某些我可以理解的东西，也就是偏执狂症、狂郁性精神病及心理性精神障碍。自从开始精神治疗的职业生涯，我便研读了布鲁厄、弗洛伊德和皮埃尔·雅内的著作，它们给了我极大的启发与刺激。但最重要的是，我发现弗洛伊德对梦进行分析与阐释的技巧对精神分裂症的各种表达方式产生了宝贵的影响。早在1900年，我就读过弗洛伊德的《梦的解析》。那时候，我把这书放到了一边，因为我仍然无法理解它的含义。在我二十五岁的时候，我仍然没有欣赏弗洛伊德理论的经历。直到后来，1903年的时候，我重新拜读《梦的解析》，才发现它与我自己的想法不谋而合。最使我感兴趣的是它把压抑机制的概念应用到梦境中，而这一概念又是从精神病人的心理演化出来的。这对我来说非常重要，因为我在词语联想测验中经常遇到压抑性机制。病人对某些激发性词语的反应，要么根本不作联想性回答，要么就是反应时间过慢。后来才发现，这种障碍每次发生，就在于所使用的激发性词语触碰到了心里的创伤或矛盾。在大多数情况下，病人意识不到这种障碍。当被问及产生障碍的原因时，他经常会以一种特别不自然的方式来回答。我读弗洛伊德的《梦的解析》时发现，压抑机制在这个地方起着作用，而我所观察到的事实也与他的理论相一致。这样，我便能够证实弗洛伊德的一系列论点了。

但在受压抑的内容方面，情况有所不同。在这方面我不同意弗洛伊德的看法。他认为压抑的原因是一种性方面的创伤。然而，从我的实践来看，在我熟悉的许多精神病病例里，性的问题只起到一种次要作用，其他因素却占据了突出的地位——比如说，对社会的适应、生活中悲惨事件带来的压迫感、声誉方面的考虑等。后来，我把这些病例展示给弗洛伊德，但他却认为性才是真正的起因。这使我感到非常不满。

最初，我很难在生活中留出一块适当的位置给弗洛伊德，也难于对他采取一种正确的态度。在我逐渐熟悉他著作的时候，我正在规划自己的学术生涯，还要完成一篇论文以便在大学获得晋升。但弗洛伊德在当时的学术界却是个非常不受欢迎的人，因而在学术界，与他发生任何的联系都只会有损名声。“显耀人士”最多只在暗地里提及他，在代表大会上，人们也只在过道讨论他，而在会场里，人们却对他只字不提。因此，当我发现我的联想测验竟与弗洛伊德的理论一致时，我根本高兴不起来。

有一次，我在实验室打算再次回味这些问题，魔鬼却悄悄凑到我的耳边，告诉我在发表实验结果和结论时，不要提及弗洛伊德，这样做才是合适的。因为说白了，早在我读懂他的著作前，我就已经得出实验结果了。但这时我又听到了第二人格说话的声音：“要是假装不知道弗洛伊德干这样一种事情，那不过是一个把戏而已。你不能将自己的生活建立在谎言之上！”听到了第二人格的声音，这个问题便解决了。从那时候起，我开始公开支持弗洛伊德，并为他斗争。

在慕尼黑举行的一次代表大会上，我第一次站出来为弗洛伊德辩护，因为在会上，一个发言人谈及强迫性神经症，但却故意不提弗洛伊德的名字。1906年，联系到这一事件，我便为《慕尼黑医学周报》写了一篇论文，就弗洛伊德的精神病理论进行论述，这一文章对了解强迫性神经症起到了巨大的作用。看了这篇文章后，有两个德国教授写信警告我，如果我依然站在弗洛伊德一边并继续为他辩护，那么我的学术生涯将处于危险的边缘。我回信说道：“如果弗洛伊德所说的是真理，我就会站到他一边。如果学术一定要基于限制探索、取消真理这一前提，那我根本就不在乎什么学术生涯了。”我继续为弗洛伊德及其思想进行辩护。但是根据我自己的发现，我仍然不认为一切精神病都是由性压抑或性创伤所造成。在某些病例的确如此，但在其他病例中则不然。尽管如此，弗洛伊德却在调查研究方面另辟蹊径，而在我看来，当时人们对他的叫嚣指责简直是荒谬可笑。

我在《早发性痴呆心理学》中所表达的观点没有得到多少赞同。实际上，我的同事还嘲笑过我。但通过这本书，我却渐渐认识了弗洛伊德。他邀请我去看望他，后来到了1907年3月，我们终于在维也纳见了第一面。我们下午一点见的面，实际上一连聊了十三小时。弗洛伊德是我见过的第一个真正重要的人；在我那时的经历中，无人能与他相比。他的态度中根本没有一点儿浅薄的东西。我发现他相当聪明、机敏和出类拔萃。然而他给我的第一个印象却多多少少有些混乱，我无法清楚地将他描述出来。

他所谈到的性理论吸引了我。然而，他的话却无法消除我的犹豫和怀疑。有好几次我都尝试着把自己的保留意见提了出来，但每次他都觉得，我之所以提出这些看法是由于缺乏经验。弗洛伊德是对的，在那些日子里，我确实还没有足够的经验来支持我的反对意见。我可以理解，无论从个人方面还是哲学方面，他的性理论对他来说是举足轻重的。这一点给我留下了深刻的印象，不过我不敢肯定他对性的如此强调，在多大程度上源于他自己的主观偏见，又在多大程度上源于有证可查的经验。

但最重要的是，弗洛伊德对精神的态度，在我看来是相当值得怀疑的。无论在一个人身上或在一件艺术品身上，只要显现出灵性（指在智力方面而不是在超自然的意义上），他便产生怀疑，并含沙射影地暗示这是受压抑的性欲。任何无法直接阐释为性欲的事物，他都会将之称为“精神性性欲”。我反对这一假设，如果这一假设得出逻辑推论，便会导致对文化的毁灭性的判断。文化显得像是一场闹剧，只是受压抑性欲的病态结果。“没错，”他表示赞同，“事实就是如此，这就是命运的诅咒，我们无力抗争。”我对此一点也不赞同，或者不再争辩下去，但是我仍然感到自己能力不济，无法与他争个明白。

在第一次会面中出现了其他的一些东西，它们对我来说意义非凡。这与一些事情有关，而这些事情只有当我们的友谊破裂之后，我才能想起来，并加以理解。在非常大的程度上，弗洛伊德已经将自己的情感卷入他的性理论当中了，这一点是不会错的。当他提到性理论时，他的声调便变得急促起来，甚至焦急起来，而他正常的、批判怀疑的态度却消失得无影无踪。这时他脸上便会现出一种奇怪的、深受感动的表情，我不知道是什么原因。我有一种强烈的直觉，觉得性对于他来说已变成了一种既敬畏又向往的东西。三年后（1910年）我们在维也纳的一次谈话证实了这一点。

我仍然能够生动地回想起弗洛伊德对我说话的情景：“亲爱的荣格，请您答应我永远不放弃性理论。这是万物之根本。您知道，我们得使它成为一种教条，一座不可动摇的堡垒。”

说这话时，他非常动情，语气就跟一位父亲那样：“亲爱的孩子，请答应我，每个星期天您一定要上教堂去。”我有点吃惊，禁不住问他道：“一个堡垒——防御的是什么呢？”对此他回答道：“防御的是诽谤的黑潮。”说到这里，他犹豫了一会儿，补充了一句“关于神秘主义的”。首先使我感到震惊的是“堡垒”和“教条”这两个字眼，因为“教条”意味着一种不加辩驳就笃信的信仰，设立教条就是为了一劳永逸地压制种种怀疑。但这与科学的判断不再有关，而只与个人的冲动有关系。

这就是深深系在我们友谊当中，难以解开的结。我知道自己绝不会接受这样一种态度。弗洛伊德所说的“神秘主义”的含义，实际上就是宗教与哲学，其中包括当代正在兴起的，已经了解心灵的心灵学。对我来说，性理论真的很神秘，也就是说，也像许多其他的猜测性观点一样，是一种未加证明的假设。正如我所了解的，一种科学真理可以是一种假设，可以在一定时期内存在，但却不应当作一种信仰永远保留。

尽管我当时对它的了解并不是很恰当，但我却观察到，弗洛伊德身上涌现了潜意识的宗教因素。很显然，他是要我帮他建立起一道堡垒，来抵御这些有威胁的潜意识内容。

这次对话留给我的印象使我更加困惑，直到此时我仍不认为性是一种宝贵而又危险的概念，使人人必须信奉。很显然，性的含义对弗洛伊德来说要远多于别人。对他来说，人们要以宗教的虔诚来观察性。面对如此根深蒂固的信念，一般来说一个人就只好退却沉默了。我结结巴巴地，总想尝试着说些什么，但却欲言又止，不久，我们的对话便结束了。

我既迷惑而又尴尬。我觉得，我已经有机会瞥见那未知的新王国了，那里的新思想向我蜂拥而至。有一件事很清楚：一向宣扬无神论的弗洛伊德，现在却创造了一种教条；或更确切地说，他失去了一个好妒忌的上帝，他用另一个引人注目的形象，即性的形象取代了上帝的位置。比起原先的形象来，这个形象也同样固执、苛刻、专横与凶险，在道德上也同样自相矛盾。正像心灵更强大的人被冠之以“神圣的”或“恶魔的”的形容词一样，“性欲”便取代了一个隐蔽的神的作用。对弗洛伊德来说，这样一种转换的好处显然在于，他可以认为这一精神上的新原则，在科学上是无可挑剔的，而且消除了一切宗教色彩。然而，说到底，这种神秘性，即两种在合理性上无法相比的对立物——耶和华和性——的心理特质，却仍然是相同的。只是名字变了而已，当然了，随着名称的改变，观点也改变了：现在那失去的神得在人间而不是在天上去寻求了。但是最终，对于一会儿叫这个名字，一会儿又叫那个名字的更强大的媒介来说，这又能有什么差别呢？如果心理学并不存在，只存在具体物体的话，那其中一个便会被另一个所毁灭、所取代。但实际上，也就是说在心理体验上，急迫、焦虑和强迫并没有丝毫减弱。如何去克服或摆脱我们的焦虑、内疚、罪过、冲动、潜意识和本能，这一问题还没有得到解决。我们如果无法从光明的理想主义方面做到这一点，那我们从黑暗的生物学方面来探索这个问题的解决办法，也许希望更大。

这些想法像燃烧的火焰在我脑中猛然闪过。很久之后，当我回想起弗洛伊德的性格时，它们便显现出了自己的意义。最重要的是，他的一个性格特点深深地吸引着我，那就是他的痛苦。在我们第一次见面时，弗洛伊德的性格特点就给我留下了深刻的印象，但我却一直无法解释其中的原因，直到我把他的性格与他对待性的态度联系起来时，我才恍然大悟。对于弗洛伊德来说，尽管性无疑是神秘的，但他定义性时所用的术语和理论，却仅仅把性当作了一种生理功能。只有他谈及性时所带有的感情色彩，才能揭示出他内心深处回响着的更加深刻的成分。从根本上说——至少对于我来说——他想要教授人们一个理论，那就是从内心而言，性欲包含了灵性，并有一种固有的意义。但是他的具体化的术语却过于狭隘，无法表达这种观点。他给我的印象是，从本质上说，他所做的事违背了自己，也违背了自己的目标；自己变成了自己最大的敌人，没有什么比这更加痛苦了。用他自己的话来说，他感到自己受到了一种“诽谤黑潮”的威胁——他比任何人都要想屈服于那黑潮呀。

弗洛伊德从不问自己，为什么会不由自主地不停谈论性，又为什么对性如此着迷。他一直未能认识到，他那“单调的阐释”表达了一种自我逃避，或逃避他身上可以被叫作神秘性的另一面。只要他拒绝承认有这一方面，他就绝不可能与自己妥协。他对潜意识内容的矛盾性和模糊性视而不见，而且不知道从潜意识中产生的一切有顶端和底部，有内在也有外在。在我们谈到潜意识的外部时——弗洛伊德正是这样做的——我们所考虑的只是整体的一半而已，结果从潜意识中产生了一种反作用。

我对弗洛伊德的这种片面性一点办法也没有。也许他的某种内心体验会使他睁开眼明白过来；不过这时候他的智力便会把任何类似的体验都归因于“纯性欲”或“心理性性欲”。他仍然是他所能认识到的那一面的牺牲品，由于这种原因，我将他看成一个悲剧性的人物；他是个伟人，又是一个被恶魔掌管的人。

在维也纳进行了第二次交谈之后，我还了解了阿尔弗雷德·阿德勒的权力假说，到目前为止，我还很少注意过它。像很多当儿子的一样，阿德勒所学的，并不是“父亲”的言语，而是父亲的行为。很快，爱（厄洛斯）和权力的问题像铅一样重重地压在了我的心上。弗洛伊德亲自告诉过我说，他从未读过尼采的著作；而现在我却把弗洛伊德的心理学看作通往理性历史的一种捷径，是对尼采神话了的权力原则的补充。这个问题显然得改写为“弗洛伊德对尼采”，而不是“弗洛伊德对阿德勒”了。因此，我觉得，这远不只是精神病理学范畴的一场国内之争了。我突然觉得厄洛斯和权力驱动力可能在某种意义上有点像一个父亲的两个意见不同的儿子，或像一个单一促动性精神力量的两种产物，这一精神力量非常有经验地以对抗的方式展现自己，就像正负电子一样，其中厄洛斯是被动的一方，权力驱动力则为主动的一方，或恰好相反。厄洛斯对权力驱动力有很大需求，而权力驱动力也很需要厄洛斯。没有一者，哪来的另一者？一方面，人屈从于驱动力；另一方面，人又企图掌控它。弗洛伊德表明了客体如何屈从于驱动力，而阿德勒则表明人又如何利用驱动力将自己的意志强加于客体之上。尼采由于无法支配自己的命运，便只好给自己创造一个“超人”。我得出结论，弗洛伊德本人一定是深受厄洛斯权力的影响，才会希望把它提高到一种教条的层面——像宗教的守护神那样的“永恒精灵”。“查拉图斯特拉”是福音的布道者，这已经不再是秘密了，而弗洛伊德在这里也试图超越教会并把一种理论神化。可以肯定，他并非大张旗鼓行事；相反，他怀疑“我”想成为一个先知。他提出了他那灾难性的主张，但同时又把它驳倒。人们往往如此对待神秘的事物，而且这样做是有道理的，因为它们一方面是真实的，另一方面却是不真实的。神秘的体验既崇高又卑微。如果弗洛伊德对性欲是神秘的这种心理事实——既神圣又邪恶——多加考虑，他就不会一直被束缚在生物学的观念上了。如果尼采更为坚定地立足于人类生存的基础之上，他也就不会因过度理智而走上极端了。

只要神秘体验使精神处于猛烈震荡的状态，那么支撑一个人重量的绳子就有断掉的危险。如果发生了这种情况，有人便会落入绝对肯定的状态，同样也会有人落入绝对否定的状态。涅槃（摆脱对立物）是东方人在这方面的解决办法，我没有忘记这一点。精神的指针在理智和非理智之间摇摆，而不是在正确与错误之间摆动。那种使人既敬畏又向往的感情之所以危险就在于它把人引向极端，因而一种适度的真理便被看作真理，而次要的错误便等同于致命的错误。一切都会消逝——昨天的真理在今天却是骗局，而昨天虚假的推论却可能成为明天的启迪。在心理学方面情况更是如此，在这方面，说真的，我们仍然知之甚少。万事皆空，除非微小而转瞬即逝的意识注意到了它。我们还远不能理解这到底意味着什么。

我与弗洛伊德的谈话向我表明，他担心自己对性的洞见这一神秘之光会被“诽谤的黑潮”熄灭。因此一种神话的情境便产生了：光明和黑暗展开了斗争。这解释了它的神秘性，还解释了弗洛伊德为何能立刻利用教条，将它当作宗教性的辩护手段。我的另一著作《里比多的变化与象征》论述了英雄人物为自由而斗争，弗洛伊德对此的古怪反应使我进一步对这一原型主题及其神话背景进行了研究。一方面他对性的解释影响了我，另一方面我又受到教条驱动力的影响，因此那几年，我开始考虑象征论。那么就有必要研究一下精神的极性和动力学。我还开始研究延续好几十年的“诽谤黑潮神秘主义”——也就是说，我想弄明白意识和潜意识方面的历史性假设，这是我们当代心理学的基础。

我很想听听弗洛伊德谈论一下他对未卜先知和一般性心灵学的看法。我1909年到维也纳拜访他时就问过他对这些事情有何看法。由于他具有实利主义的偏见，他批驳了所有的问题，认为它们简直是胡说八道，而且还以如此浅薄的实证主义方式进行批判，因而我不得不把就在嘴边的尖锐反驳的话咽了回去。过了好几年，他才认识到灵学的严肃性，而且承认“神秘”现象真实存在。

当弗洛伊德以这种方式继续说着的时候，我产生了一种异样的感觉。我的横膈膜像是铁打的一般，变成一个炽热的、红光闪闪的拱顶。就在这时，我们身边的书架突然发出了砰的一声巨响，把我俩吓了一跳，真害怕这东西从上面倒下来砸在身上。我对弗洛伊德说道："瞧，这就是一个所谓的'催化形象化现象'的例子。"

"哦，"他叫道，"这简直是胡扯。"

"不，这不是胡扯，"我答道，"您错了，教授先生。为了证明我的看法，我现在就预言，过一会儿还会有另一声巨响！"果然，我的话音刚落，书柜发出一声同样的巨响。

直到今天，我仍然不知道是什么使我如此确信不疑。但我毫不怀疑，这砰的一声定会再响一次。弗洛伊德目瞪口呆地看着我。我不知道他心里是怎么想的，也不知道他的眼神意味着什么。不管怎样，这件事引起了他对我的不信任，而我却认为自己干了一件反对他的事。自此之后，我再也没有同他讨论过这一事件。

1909年是对我们的关系起到决定性作用的一年。这年我受邀到麻省伍斯特市的克拉克大学进行关于联想测验的讲座。巧的是，弗洛伊德也接到了邀请，于是我们决定一同前往。我们在不来梅会合，弗伦齐也加入了我们。在不来梅，后来人们开始议论纷纷弗洛伊德晕倒的事件。我对"泥煤沼尸体"的兴趣间接地引发了这个事件。我知道，在德国北部的某些地区，有时会发现这种所谓的泥煤沼死尸。这些尸体是史前人类的尸体，他们要么是在沼泽里淹死的，要么就是埋葬在那里的。这些浸泡尸体的泥沼水含有腐殖酸，能够腐蚀骨质并使皮肤变成黝黑色，因而皮肤和头发便得以完好地保存。从本质上说，这是一种自然木乃伊化的过程，在这期间，尸体被泥煤的重量压扁了。在荷尔斯泰因、丹麦和瑞典，泥煤采挖者经常能挖到这些尸体的残骸。

我在报上读到了有关这种泥煤沼尸体的报道，便想起了我们在不来梅时见到的尸体，但由于搞不太清楚，我便把它们跟该市铅窖里的木乃伊混为一谈了。我对尸体的兴趣引起了弗洛伊德的不快。“您为什么要对这些尸体如此关心呢？”他问过我好几次。他对整个事件感到非常恼火，有一次我们在吃饭时谈起这事，谈着谈着他突然间就晕倒了。后来他对我说，他确信我跟他谈论这些尸体是希望他早点死掉。这样的解释实在令我难以置信。对他这样强烈的幻想我实感震惊——竟然这样强烈，怪不得晕倒了。

在一个类似的事件中，弗洛伊德再次当着我的面晕了过去。那是在1912年慕尼黑举行的一次心理分析大会期间。会上有人把谈话转到了阿蒙诺菲斯四世（依克纳顿）方面去了。他们认为由于阿蒙诺菲斯对父亲抱有一种否定的态度，因而毁掉了父亲摆放在石柱上的装饰花框，而在他创立独神教宗教的壮举背后，实则游荡着一种仇父情结。这种看法激怒了我，于是我试图说明，阿蒙诺菲斯是个有着深刻宗教信仰，极富创造力的人，我们不能通过他对父亲的反对来解释他的行为。相反，我说道，他一直深切地怀念着自己的父亲，而他所热衷的破坏只是针对阿蒙神这个名字，只要一有这个名字，他就把它销毁；他还凿去了他父亲阿蒙霍特普石柱上装饰花框上的“阿蒙”两个字。此外，其他法老也用他们自己的名字取代纪念碑和雕像上祖先的名字，不论真实的还是神话性的祖先都是如此，因为他们觉得既然自己是这同一个神的化身，便有权去这样做。但是我指出，他们既没有开创一种新风格，也没有开创一种新宗教。

就在这个时候，弗洛伊德从椅子上滑落下来，昏厥过去。大家手足无措地把他围了起来。我把他扶起来，带到了隔壁的房间，让他躺在一张沙发上。就在我背着他的时候，他恢复了一半的知觉，而我却永远忘不了他投向我的眼神。他虚弱地瞧着我，好像我就是他的父亲。无论是什么东西使他昏厥过去——现场的气氛是十分紧张的——但这两次晕倒显然都是父杀子的幻觉所造成的。

那时候，弗洛伊德经常暗示我，把我看作他的继承者。这些暗示使我相当尴尬，因为我知道，我绝对不会像他所说的那样，恰切地坚持他的看法。另一方面，我的批评在他看来没什么分量，在这一点上我没有成功。但我对他又十分尊敬，因而不想强迫他理解我自己的看法。在我脑海里，实际上我对成为党派领袖毫无兴趣，也不想背上思想包袱。第一，这种事情不合我的天性；第二，我不想牺牲思想的独立性；第三，我很不欢迎如此的荣耀，因为这只会使我偏离开真正目的。我关心的是探索真理，而不是个人威望的问题。

1909年始于不来梅的美国之行持续了七个星期。我俩每天都聚在一起对彼此的梦境进行解析。那时候，我做了好多重要的梦，弗洛伊德却无法解释它们。我并不觉得这是什么丢脸的事，因为有时候最好的分析者恰巧也无法破解一个梦的谜底。人们都会经历这种失败，而我也绝不想因此就停止我们对梦的解析。相反，这种解析对我意义重大，而且我发现我们的关系也弥足珍贵。我把弗洛伊德看作自己的长辈，他更加成熟，更有经验，在这方面我感觉自己是个晚辈。但之后发生的一件事无疑对我们的关系产生了重创。

弗洛伊德做了一个梦——我认为不该将它公之于众。我竭尽所能加以阐释，不过我又补充了一句说，要是他能给我提供他私生活方面的细节，我还可以作出更多解释。听了我这句话，弗洛伊德古怪地瞧了我一眼——表情十分怀疑。然后，他说："我可不想拿我的权威来冒险！"这时，他便完全失去自己的权威了。这句话深深地烙进了我的脑海里，后来就可以预见我们的关系结束了。弗洛伊德已把权威置于真理之上了。

正如我所说过的，弗洛伊德也许能阐释我那时做的不连贯的梦，也许他根本不能。这是些含有集体性内容的梦，含有大量象征性材料。有一个梦对我来说特别重要，因为它第一次将我引入"集体潜意识"的观念上来，所以成了我的书《里比多的变化与象征》的序言。

这个梦是这样的。我在一个不认识的两层楼房里。它是"我的家"。我发现自己走上二楼，这里像是个客厅，摆放着洛可可风格精致老式家具。墙上悬挂着一些名贵的古画。我很奇怪这竟会是我的家，于是想道："真不错。"但我后来发现，自己不知道一楼是什么样子。于是便沿着楼梯走到了一楼。在这里，一切东西显得更加古老，因而我认识到一楼的事物一定可以追溯到15世纪或16世纪。所有的家具都是中世纪的，地板是红砖铺就的。四下十分昏暗。我从一个房间走到另一房间，心里想道："我要好好探索一下整个屋子。"我走到一道厚重的门前，用力地打开了它。在门的那边，我发现了一道通往地下室的石阶。我再次走下去，结果发现自己身处一个带有美丽拱顶，看起来极其古老的房间当中。在仔细察看四壁时，我发现在普通的大石块上面还有一层层的砖，砂浆里也有砖头的碎块。我一看到这个景象，我便知道这墙壁可以追溯至罗马时代。我的兴趣变得越来越浓厚。我便更加仔细地观察地板。它是用石板铺成的，我发现石板之间还有一个环。我拉动圆环，石板便抬了起来，我又看到了一道窄窄的石阶通往更深的地方。我又顺着石阶走了下去，最后走进了一个在岩石里开凿的矮洞。石洞的地面上覆盖着一层厚厚的尘土，尘土中散布着一些骨头和破碎的陶片，像是一种原始文化的遗骸。我发现了两个人的头盖骨，年代显然非常久远，有一半已经碎裂了。这时，我醒了过来。

在这个梦中，最使弗洛伊德感兴趣的就是那两个头盖骨。他来来回回地绕到头盖骨上并催促我找到与之相关的一种“愿望”。对这两个头盖骨我是怎么想的？这是谁的头盖骨？当然了，我十分清楚他的用意，那就是隐藏在梦中的死亡愿望。“他到底想从我这里知道些什么？”我心里想道。我想让谁死呢？我对任何类似的阐释极为反感。这个梦到底可能意味着什么，其实我的心里也有某个暗示。但那时我并不相信自己的判断，而想听听弗洛伊德的看法，想向他学习。因此，我屈服于他的意图，说道：“我的妻子和嫂子——”毕竟，我提出的名字要值得这个愿望啊！

我那时刚刚结婚，所以心里清楚得很，我根本没有这样的愿望。但我要是把自己对这个梦的解析告诉弗洛伊德，肯定会引起他的误解以及激烈的反对，我不想跟他吵架，但我也怕一旦把自己的见解告诉了他，我将会失去他这个朋友。另一方面，我也很想知道他能从我的回答中得出什么结论，如果我说某种迎合他理论的东西来骗骗他，他又将作何反应。于是我便对他撒了一次谎。

我很清楚，我的行为无可厚非，只不过是不得已而为之！要让他洞悉我的内心世界是不可能的，我们之间的鸿沟实在太大了。事实上，弗洛伊德对我的回答似乎松了一口气。从这件事上，我明白他在阐释某种梦的时候是无能为力的，便只好寻求教条的庇护。我意识到，应该由我自己来找寻梦的真正意义。

很明显，对我来说屋子所代表的是一种精神的形象——也就是说，是我那时的意识状态以及到现在为止的潜意识附加物。客厅代表的是意识，尽管其建筑风格古朴，但却有居住过的气氛。

地板代表的是潜意识的第一层，我走得越深，景象便变得越生疏、越黑暗。在那洞穴里，我发现了一种原始文化的遗骸，也就是我身上的原始人的世界，一时几乎无法接近并照亮这一世界。人的原始精神与动物灵魂的生命相近，就像史前的洞穴在有人类居住之前通常由野兽占有一样。

在这期间，我慢慢认识到，弗洛伊德和我对于理智的态度着实相去甚远。19世纪末，我是在历史氛围浓郁的巴塞尔长大的，由于读了些古代哲学家的著作，我掌握了某些心理学史的知识。每当我想到梦及潜意识的内容时，我就总免不了要作点历史性比较；上大学时我一直在使用库克那本老哲学词典。我对于18世纪和19世纪初期的作家特别熟悉。他们的世界便是形成二楼大厅气氛的那个世界。通过对比，我产生了这样的印象：弗洛伊德的知识始于毕希纳、莫勒斯·霍特、杜波依斯·莱蒙德和达尔文。

这个梦指出，我刚才所描写的意识状态有更深的外延：中世纪风格、无人居住的长长地板，还有那罗马人的地窖还有史前的洞穴。它们意味着意识的各个时代及阶段。

在做这个梦之前的好几天，很多问题一直回荡在我的脑海。这些问题是：弗洛伊德的心理学建立在什么前提之上？他的理论属于人类思想的哪一个范畴？他几乎排他的个人主义与一般的历史假设有何关系？我的梦正在为我解答。它所指明的显然是有关文化史的基础的问题——是意识的连续层次的历史。因此我的梦便构成了人类精神的一种结构图；它假定这种精神下面隐藏着某种完全无人格的本性。正如英国人所说的，它咔嗒响了一声，于是这个梦便变成了我的指导性形象，在不久的将来会得到证实，证实的程度则达到我一开始就无法质疑的地步。

这就是最初我对隐藏在个人精神之下的集体性和先验性的模糊概念。我最初将它看作早期功能方式的迹象。后来，随着经验不断增加，依据的知识也越来越可靠，我才认识到它们是本能的多种存在形式，也就是种种原型。

我一直无法同意弗洛伊德的看法，他说梦是一面“幕墙”，梦的含义隐藏在幕墙之后——这种含义虽然已经为意识所了解，但却可以说被意识恶意地扣留了。对于我来说，梦是天性的一部分，它根本不怀有欺骗人的意图，而是尽可能地表达某种东西，就像植物尽可能地生长，动物尽可能地觅食一样。生命的这些形式也没有企图欺骗我们的观察力，但是我们却有可能欺骗我们自己，因为我们的眼睛患了近视。也许是我们听错了，因为我们的两耳充耳不闻——但却不是我们的耳朵愿意欺骗我们。早在我与弗洛伊德见面以前，我就认为潜意识及直接解释潜意识的梦，都是自然过程，我们不能将其归咎于无端的说法，更不能归咎于巧妙的花招。我不明白到底有什么理由可以假定，意识的花招是可以外延到潜意识的自然过程。恰恰相反，日常经验告诉我，潜意识对意识的头脑的种种倾向，会给以强烈的抵制。

关于这座屋子的梦对我产生了一种古怪的作用：它重新激起了我对考古学的旧爱。在我返回苏黎世后，我便拿起一本有关巴比伦考古发掘品的书读了起来，此外还读了各种关于神话的著作。在阅读过程中，我无意中发现了弗里德里希·克鲁泽的《古代民族的象征主义与神话》——这点燃了我的激情！我像发了疯似的读了起来，并兴致勃勃地读完了堆积如山的神学资料，然后又读了诺斯替派的著作，最后自己却完全地迷惑了。我发现自己处在一种迷茫的状态之中，与我在诊所里的经历类似，当时我极力想弄清楚精神病患者的心理状态。我仿佛身处在一所想象中的疯人院里，开始像诊治我的病人那样治疗和分析克鲁泽著作中的所有半人马、山林仙女和男神和女神。就在我忙于其中的时候，我无意中发现了古代神话和原始人的心理有着密切的联系，而这使我开始深入研究起原始人的心理。

在这些研究期间，我无意中看到了一位陌生美国青年米勒小姐的幻想报道。这一材料登载在《心理学档案》（日内瓦版）上，作者是我所尊敬的、慈祥的朋友西奥多·弗卢努瓦。这些幻想所具有的神话特征立刻将我深深吸引。它们像催化剂一样对我大量储存但仍毫无条理的观点产生了作用。渐渐地，我的书《潜意识心理学》便从这些想法及我已经获得的神话知识中形成了。

就在我写这本书的时候，我又做了几个梦，梦境预示了我即将和弗洛伊德分道扬镳。最重要的一个梦的情景发生在瑞士和奥地利交界处的一个山区。那是黄昏将至，我看见了一位穿着奥地利帝国海关制服的老人。他有点驼背，从我身边走过时对我爱答不理。他一脸易怒的表情，忧愁烦恼。梦中还出现了其他人，其中有个人告诉我，说这个老人并不是活人，而是一个死去多年的海关官员的鬼魂。“他是仍然不愿死去的人之一。”这就是梦境的第一部分。

我开始对这个梦进行分析。跟“海关”联系起来，我立刻想到了“检查”这个词。联系到“边界”，我想到了一方面是意识和潜意识之间的界限，另一方面则是弗洛伊德的观点和我的观点的界限。边境上极为严格的海关检查在我看来暗喻着分析。在边境海关，手提包需要打开以检查有无违禁品。在这种检查的过程中，潜意识的假设便被揭示出来了。至于那位年老的海关官员，他的工作显然很少给他带来快乐和满足，因而他便对这个世界抱有一种厌烦的看法。对此，我认为年老的海关官员与弗洛伊德有着某些类似的地方。

这个时候，弗洛伊德对我来说已失去其不少的权威性。不过他对我来说依然是个更加优越的人，我把他看作一种父亲的形象，而在做这个梦的时候，我投射的这种形象依然存在。只要有这种投射发生，我们就不可能是客观的；我们便会一直处于判断有分歧的状态。一方面，我们有依赖性，而另一方面我们又有抵制性。在这个梦发生的时候，我依然对弗洛伊德作出了高度的评价，但与此同时我对他又持批评态度。这种分裂的态度是一种迹象，说明我还未意识到这种局面也未下过任何决心。这是所有形象投射共有的特征。这个梦促使我不得不弄清这种局势了。

在弗洛伊德个性的影响下，我便尽可能地把自己的判断搁置一边，也尽量压制自己对他的批评。这是与他合作的前提条件。我告诉自己："弗洛伊德可比你聪明多了，老练多了。当下，你必须听从他并向他学习。"然而在我的梦中，他竟然是奥地利王国里一位脾性焦躁的官员，一位已经死去但鬼魂仍在游荡的海关检查员，这不禁令我大吃一惊。难道这就是弗洛伊德暗示的，我想让他死去的愿望吗？但我却发现自己一切正常，根本不会抱有这种愿望，因为我确实希望不惜一切代价地来与弗洛伊德合作。坦白地说，如果说有私心杂念的话，也是想分享他丰富的经验而已。他的友谊对我意义重大，我实在不希望他死掉啊。但这个梦也有可能是一种集体意识的反映，是对我意识中赞扬钦佩他的一种补偿或矫正方法。因此，这个梦建议我对弗洛伊德采取一种更富批判性的态度。虽然梦里的最后一个句子在我看来暗喻了弗洛伊德有可能得到永生，但这个梦显然使我备感震惊。

这个梦并没有到在海关官员插曲的地方就结束了。过了一段时间，我又做了第二个梦，而且这个梦显得更为重要。我梦见自己处身在一个意大利城市，时值正午左右，在十二点到一点之间。炙热的阳光猛烈地照射在狭窄的街道上。这个城市依山而建，使我不禁想起巴塞尔的一个特别的地方：科伦堡。羊肠小路向下延伸到山谷区横穿博斯塔尔城，而街道有些部分则是一级级台阶。梦中有一道台阶向下通往巴弗塞普拉兹。这个城市就是巴塞尔，但它也是一个意大利城市，有点儿像贝加莫市。时值夏季，正午烈日当头，万物都暴晒在耀眼的阳光之下。一群人川流不息地向我涌来；我知道，商店马上要关门了，路人行色匆匆，赶着回家吃饭。在这人流中间，走来一位全身穿着盔甲的骑士。他走下台阶朝我走来。他头戴轻钢盔，眼睛处有缝隙，身穿链甲。链甲上罩有一件法衣，法衣的前后均织有一个大红十字。

你可以很容易地想象出我的感受：在一个现代城市，正值中午下班的高峰时刻，突然看见一个古代的十字军向我走来。使我觉得特别古怪的是，向四面八方走动的人群似乎都没注意到他。没有人掉过头来瞥他一眼或在后面盯着他看。他仿佛完全是个隐身人，除了我之外谁也看不见。我便问自己，这个幽灵到底意味些什么？然后好像有人在回答我的问题——但实际上在场没人说话："没错，这是一个准时出现的幽灵。这个骑士总是在十二点和一点之间经过这里，而且长期以来（我想有好几个世纪了吧）一直这样，所以大家也就习以为常了。"

骑士和海关官员是两个形成了鲜明对比的人物。海关官员是虚无的，是个"仍然不能算是彻底死了的人"——一个正在消逝的幽灵。另一方面，骑士却是生气勃勃的、完全真实的。这个梦的第二部分是极为神秘的，而在边界上的那个景象却是平凡的，本身也并没有给人留下深刻的印象；我只是后来反思它时才忽然有了这种感觉。

在做完这两个梦以后的一段时间里，我对骑士这个神秘的人物进行了很多思考。但我对这个梦冥想了很长时间，才获得了有关其含义的某种想法。甚至在梦里，我就已知道这个骑士属于12世纪。那是炼金术开始兴起的时期，也是寻找圣杯的时期。我自从十五岁时第一次读到圣杯故事的时候，它们对我来说就显得尤为重要。我隐约知道，在这些故事的后面仍然掩藏着巨大的秘密。因此，这个梦召唤出来的圣杯骑士世界、追寻圣杯的过程对我来说便显得相当自然了——因为从最深层的意义来说，这也就是我的天地，而这个天地与弗洛伊德的那个天地几乎没有任何关系。我的整个生命一直在寻找着某种仍然未知的东西，它可能会赋予生活的平庸以意义。

这对我来说是一种巨大的失望，因为喜欢探索的头脑，费尽千辛万苦，在心灵深处成功发现的东西，显然不过是人们极为熟悉和"极富人性的"种种局限。我在乡下，在农民身边长大，我无法从马厩中学到的，却从拉伯雷式的智慧及民间流传的、自由自在的幻想中发现了。乱伦和性变态对我来说并不是什么了不起的新发现，也无须任何特殊的解释。它们与犯罪行为一起构成了阴暗面的一部分，它通过清楚地向我展示人类存在的丑陋和毫无意义，破坏了我对生活的情趣。我一直想当然地认为，青菜只有长在粪堆里才会茂盛。实事求是地说，我并没有发现对这种知识的启发性的洞见。“只有那些城里人，才会对大自然和人的污点一无所知。”一想到这些丑陋的事情我就感到恶心与厌烦。

对大自然一无所知的人当然便患有神经病，因为他们难以适应现实。他们像小孩子一样天真，因此有必要告诉他们生活中的真实情况，比如说，让他们明白，他们与他人无异。如此的启发当然治不好精神病人，他们只有从平庸这个泥沼中爬出来，才有可能重新恢复健康。但他们却过于留恋自己先前的受压抑状态。当理论牢牢地控制住他们，只想提供一些合理的或是“有道理的”忠告，使他们抛弃如此天真的想法时，如果分析无法使他们意识到有什么不同或更好的情况，他们又怎么会跳出这种状态呢？这正是他们做不到的，而如果他们找不到立足的地方，又怎么能做得到呢？一种生活方式不可以简单地被放弃，除非它可以改换成另一种方式。正如经验表明的那样，世界上根本不存在一种完全理性的生活方式，尤其当一个人从本质上讲如同精神病人一样不可理喻的时候。

现在，我终于认识到为什么弗洛伊德的个人心理学激发了我如此热烈的兴趣。我急切地想知道有关他“合理解决方案”的真实情况，而且为了获得答案，我作好了重大牺牲的准备。

现在，我觉得自己正在追寻这一目标。弗洛伊德本人也是一个精神病人，这病无疑是能诊断出来的，而且有着十分令人烦恼的症状，我在美国之行的时候便已发现了。当然，他曾教导过我说每个人都多少有点精神病的症状，因此我们必须试着容忍。但是我对这并不满足，相反，我还想知道一个人怎样才能不得精神病，很明显，如果连导师也无法应付自己的精神病，那么无论弗洛伊德还是他的弟子都无法理解精神分析的理论与实践到底是意味着什么。因此，当弗洛伊德宣布他试图把理论与方法结合起来，并使他们变成某种教条时，我便再也无法与他合作了；因此，除了放弃，我别无选择。

当我正在写那本有关性欲的书，并马上完成“献祭”这一章时，我便事先知道，这本书的出版问世将会葬送我与弗洛伊德的友谊。因为我打算在这一章中写到我对乱伦的观点，写到性欲观念的决定性变革，以及其他许多我与弗洛伊德相左的看法。在我看来，只有在极其罕见的情况下，乱伦才意味着个人的精神错乱。通常来说，乱伦具有高度宗教性的一面。因此，乱伦的题材在几乎所有的宇宙起源和众多神话故事中都起着决定性作用。但是弗洛伊德却坚持对它进行字面上的阐释，而不能掌握作为一种象征的乱伦在精神方面的意义。我知道，在这个主题上，他绝不会接受我的任何观点。

我和妻子谈及此事，并告诉了她我的担忧。她试图消除我的疑虑，因为她觉得弗洛伊德会宽宏大量，不会提出什么异议，虽然他不太可能接受我的观点。我本人也坚信他不会那样做。一连两个月，我都难以下笔写作，一直受到内心冲突的折磨。我应该隐藏自己的想法呢，还是去冒失去一位重要朋友的风险呢？最后，我决心继续写下去——而这的确使我失去了与弗洛伊德的友谊。

与弗洛伊德决裂之后，我所有的朋友熟识纷纷离我而去。他们宣布我的书为一派胡言，说我是个神秘主义者，事情就这么定性了。只有克林与梅达受到了我的影响。不过我早就预料到自己会被孤立，也不对我所谓的朋友的反应抱任何幻想了。这一点事先我就充分地考虑过。我知道，所有事情都要冒些风险，而且我也要立场坚定地表达自己的信念。我认识到，“献祭”那一章意味着我要牺牲自己，甘当祭品。由于洞察到这一点，我又能够重新写作了，尽管我知道我的想法会不为众人所理解。

回想起来，我敢说只有我合乎逻辑地继续求索弗洛伊德最感兴趣的两个问题：“古代遗迹”问题与性欲问题。把我想象成一个看不到性欲价值的人，这着实是一种普遍的错误。其实相反，虽然性欲并不是精神完整性的唯一表达方式，但却是一种本质的表达。在我的心理学中，性欲起着重大的作用。但是我主要关心的是越过性欲本身的意义和它生物学上的功能，去探究精神方面的内容及神秘的含义，从而得以解释弗洛伊德所如此着迷但又未能把握住的东西。我把在这方面的想法写进了《移情心理学》和《神秘的结合》中。作为神秘精神的表达，性欲的地位举足轻重。这一精神就是“上帝的另一面”，即上帝形象的阴暗面。自从我开始探究炼金术的世界以来，神秘精神的疑问便一直在我身上挥之不去。从根本上来说，由于早期与弗洛伊德进行了一次谈话，这一兴趣又活跃了起来；当时我觉得他被性欲现象深深地打动，这使我迷惑不解。

弗洛伊德的最大成就大概包括认真对待精神病人，并深入他们个人的怪癖心理之中。他有勇气让病例说话，并通过这种方式深入病人真实的心理。比如说，他用病人的眼光来看待世界，从而可以比以往任何时候都更加深刻地理解精神病。在这方面，他勇敢，不受偏见的搅扰，并成功地纠正了大量偏见。他像《旧约》中的一位先知，推翻了虚假的神灵，撕碎了掩盖种种欺骗与虚伪的面纱，无情地揭露了当代精神的腐朽。这一事业遭到了人们的冷落，但他却没有踌躇畏缩。他发现了一条通往潜意识的大道，从而有力地推动了我们文明的进程。他将梦评价为有关潜意识进程的最重要信息源，从而把一种丢失了的、看起来无法挽回的工具重新交回人类的手中。他从经验上论证了潜意识精神的存在，而迄今为止，这种精神只是作为一种哲学假设存在着，特别是只存在于C.G.卡鲁斯和爱德华·冯·哈特曼的哲学之中。

可以说，尽管现代人面对潜意识的观念已经超过了半个世纪，但是当代的文化意识仍未把潜意识的观念及其包含的全部意义吸收到其一般的哲学之中。将精神生活有两极性的基本洞见吸收消化仍然是未来的一项任务。

第六章　正视潜意识

与弗洛伊德分道扬镳之后，有一段时间我内心里产生了一种不安定的感觉。可以毫不夸张地说这是一种失去方向的状态。我感觉完全悬在了半空中，因为我一直都没有找到自己的立足点。最重要的是，我觉得有必要对病人采取一种新的态度。我决定暂时不把任何理论性前提强加在他们身上，而是等待发现他们的内心会说些什么。我的目的是要事物顺其自然。结果，病人便自动地向我汇报他们的梦境和幻象，而我则只问问“与此相关的事有什么发生在您身上？”或“您为什么这么看？”“您的这种想法是从哪里来的？”及“您对此怎么看？”之类的问题，于是对梦的解析好像从病人的回答和联想中就自然而然地得出了。我避免一切理论的观点，只是帮助病人自发地理解梦的意象，并不应用什么法则和理论。

不久，我便认识到，采取这种方式作为释梦的基础是正确的，因为这便是梦试图达到的目的。我们必须从这些事实出发。自然，这一方法导致了大量的、多方面的问题，因此我们便越发迫切地需要一种标准——几乎可以这样说，就是需要某种初始的方向。

大约就在此时，我体验到了一个异常清醒的时刻，清晰地回顾了自己一直以来走过的路。我想道："现在您已掌握着打开神话学大门的钥匙了，您可以自由地打开潜意识精神的所有大门了。"但在这时候，有个东西却向我低声细语："为什么要把所有大门都打开呢？"于是，一个问题突然间涌上心头：我到底取得了什么成就呢？我解释了古人的种种神话，还写了一本书，关于英雄以及人们永远生活其中的神话。但是如今，人们又生活在怎样的神话当中呢？答案可能是：基督教的神话。"你也生活在其中吗？"我问自己。说句老实话，答案是否定的。对我来说，根本不存在以何为生的问题。"那么我们就不再有任何神话了？""是的，我们显然不再有任何神话。""但是，你的神话——你生活在其中的神话——又是什么呢？"在这一点上，我同自己的对话开始变得不那么舒服了，于是我没再想下去。我已经走进了死胡同。

然后，在1912年圣诞节前后，我做了一个梦。梦中，我身处一间富丽堂皇的意大利凉廊中，凉廊用柱子支撑，地板和栏杆都是大理石做的。我正坐在一把文艺复兴时期的金色椅子上，面前摆着一张桌子，美得无与伦比。桌子是用绿色石头做的，像是绿宝石。我就坐在那儿，朝外面的远方望去，因为这凉廊建在一座城堡的塔楼之上。我的孩子们也围桌而坐。

突然之间，一只白鸟落了下来，是只小海鸥或是只鸽子。它优雅地伏在桌子上歇息，我示意孩子们坐着别动，以免吓跑了这只漂亮的白鸟。转瞬间，这只鸽子变成了一个小姑娘，大约八岁，梳一头金发。她跟孩子们一起跑开了，在这城堡的柱廊间玩了起来。

我陷入了深思，琢磨着我刚刚体验到的是什么意思。这个小姑娘回来了，温柔地用双臂搂住了我的脖子，然后突然间就消失了。她重新变回了鸽子却用人声向我娓娓道来："只有在晚上的前几小时里我才能变成一个人，因为雄鸽子这时正忙着埋葬那死去的十二只鸽子。"说着她便飞向了蔚蓝的天空，而我也在这时醒了过来。

我变得非常激动。一只雄鸽子与十二个死人有什么关系呢？联想到那绿宝石色的桌子，塔布拉·斯玛拉格丁娜的故事便浮现在我的脑海，我想起了炼金术传说里中爱马仕·托利司梅吉思托司那张绿宝石做的桌子。据说他死后留下了一张桌子，炼金术的基本教义便用希腊文刻在了这张桌子上。

我还想到了耶稣的十二个门徒，一年中的十二个月，黄道带的十二个星宫等。但我却揭不开这个谜的谜底。最后我只好放弃了这种努力。但是我敢肯定，这个梦暗示了潜意识的一种异常活跃的状态。但是我却没能掌握一门技术，来探究我内心活动的过程，因而我能做的只有等待，一如既往地生活，并密切注意自己产生的各种幻觉。

有一个幻觉总是反反复复地出现：某种东西死了，但他却活着。比如说，尸体放进了焚化炉，但随后却发现它仍然是活人。这些幻觉进入脑海中并同时转变成梦的形式。

我身处一个靠近阿尔，像是阿尔斯冈的地区。在那里有一排雕刻精美的大理石石棺，可追溯到梅罗文加王朝时代。在梦中，我正从城中出来，看见前方有一条由长排坟墓构成的相似巷道。它们是一些带着石板的基座，死者就摆在石板上。这使我想到了教堂里埋葬用的古老墓穴，身穿盔甲的骑士们伸展着四肢躺在那里。在我的梦里，死者就这样躺着，它们身着古代服饰，双手紧握，不同的是他们并不是用石头凿出来的，而是以某种怪异的方式变成了木乃伊。我一动不动地站在第一座坟墓前望着那位死者，他生活在18世纪30年代。我很感兴趣地望着他的服饰，这时他却突然活动起来，活了过来。他松开了紧握的双手，但只是因为我望着他，他才这样做的。我感到非常不快，于是便走开了，又来到另一个尸体旁边。这具尸体属于18世纪。在他身上，一模一样的事情发生了：当我望着他的时候，他活了过来并动了动自己的双手。于是，我沿着这一整排的尸体走了过去，一直走到12世纪的尸体旁边——那是一具穿着锁子甲的十字军尸体，双手紧握地躺在那里。他的形体像是用木头雕刻成的，我看了他好长一段时间，心想他肯定是死了吧。没想到突然间，我看见他左手的一只手指轻轻地动了起来。

当然，我起初持有弗洛伊德的观点，认为古代经验的种种痕迹存在于潜意识当中。但是如此的梦境以及我对潜意识的切身体验都告诉我，这样的内容并非是死去的、过时的形式，而是属于我们有生命的存在。我的研究已证实了这一假设，并在之后的几年里。

然而，这些梦无法帮助我克服失去方向的感觉。相反，我却好像生活在持续的内心压力之下。这种感觉时不时地变得异常强烈，以致我怀疑自己是否有某种精神障碍。因此，我曾两次彻彻底底地回顾了一生的所有细节，尤其注重童年时的记忆；因为我觉得，在过去的生活中可能有某种我搞不懂的东西，而这很有可能是导致我精神障碍的原因。但这种回顾除了重新承认自己的无知外，并没有产生任何效果。这时我对自己说道："既然我什么也不知道，那我就干点儿自己想干的事儿。"因此，我便有意识地让自己服从于潜意识的种种冲动。

第一件浮上表面的事也许是我十岁、十一岁时的童年记忆。那时候，我特别喜欢玩积木。我仍然清楚地记得自己如何用积木搭建小房子和小城堡，用瓶子装饰门窗和拱顶。没过多久我就用一般的石头建房，用泥作砂浆。这些建筑使我心醉神迷了很长一段时间。令我诧异的是，伴随这一记忆而来的还有大量的情感。"哈哈，"我自言自语道，"这些东西还有生命力呢。那个小男孩的形象就在眼前，他还具有我所缺乏的创造性的生命。不过我怎样才能找到一条捷径，通向这种创造力呢？"因为作为成年人而言，我看起来根本不可能搭建一座桥梁，跨越现在的我和十一岁时的我，跨越两者之间如此巨大的鸿沟。然而如果我想要与孩童时期重新建立联系的话，我只能回到那个时期，过上孩子的生活，玩着幼稚的游戏，除此之外，别无选择。这一时刻是我命运的转折点，只是经过思想上无穷无尽的抵抗，带着一种屈从的感情，我才最后作了让步。因为认识到除了玩幼稚的游戏之外真的无计可施，这实在是一种既痛苦又丢脸的体验。

尽管这样，我还是开始收集适用的石子，它们有些是从湖边捡来的，有些则是从湖里捞起来的。然后我便开始建造各式各样的建筑物，例如，别墅、城堡、整个村庄等。它们中间仍然少一座教堂，于是我建造了一个正方形的建筑物，在其顶部有一个六角形圆顶。一座教堂还要有个祭坛，但在建造时我却有些迟疑。

就在我冥思苦想如何才能完成任务时，有一天，我又像往常一样沿着湖边散步并在岸上的砾石中捡石子。突然间，我看见了一颗红色的石子，是块四个面儿的菱形石，高约一英寸半。它原本是块碎石，由于湖水的冲刷而被打磨成了现在的模样——一件纯属偶然的产物。我恍然大悟：这就是那祭坛！我把它放在圆顶的正下方，就在此时，我又回想起童年梦境里位于地下室的男性生殖器。这联想给了我一种满足感。

只要天气情况允许，我就在每天午饭之后继续进行建造游戏。一吃完饭，我就马上玩了起来，一直玩到有病人来就诊，要是傍晚治疗工作结束得早，我就又回去建房子。在这一活动的整个期间，我的思想变得十分清晰，也能够把握住隐隐约约出现在我脑中的种种幻觉了。

我自然会想，自己正在干的事情有什么意义呢？于是我便自问道：“说实在的，你现在干了些什么呢？你正在建造一个小城镇，你好像是在举行祭礼！”虽然我没有回答这个问题，但我内心十分笃定，我正走在发现自己神话的路上，因为建筑游戏仅仅是个开端，它释放出了一股股的幻觉，后来我把它们仔细地记录了下来。

这种事情对我来说具有连贯性，在我的晚年生活中，每当我想穿越一堵阻挡前路的墙，我便会画一幅画或雕刻一块石头。后来证明，所有类似的体验，对于难以深入想法和工作来说，像是一种“入门礼”。今年和去年我所写的全部作品，例如《未发现的自我》《飞碟：一个现代的神话》和《心理学看良知》等，都是从妻子去世后我做的石雕中获得的启发。生命将尽、死亡以及死亡给我的领悟，猛烈地使我与本我分离开来。我费了很大的劲才重新站稳脚跟，而与石头的接触帮了我不少忙。

临近1913年秋天的时候，我感到身上的压力仿佛正在外移，好像空气里有什么东西似的。周围的气氛在我看来确实比先前沉闷了不少。就像压迫感并不仅仅产生于心理状态，而是产生于具体的现实，并且在我身上这种感觉越发强烈。

10月份，当我孤独地行进在旅途中时，一种势不可当的幻觉突然将我俘虏，我看见了一场大洪水，淹没了北海和阿尔卑斯山北部及地势低洼地带的所有土地。当汹涌的洪水奔向瑞士时，我看到连绵的山脉变得越来越高，以保护我们的国家。我意识到，一场可怕的大灾难正在上演。我看见了滔天的黄色巨浪、漂浮水中的文明残片、成千上万具淹死的尸体。随后，一片汪洋变成了血海。这一幻觉持续了大概有一小时。我感到既迷惑又恶心，同时又为自己的无能为力感到惭愧。

两个星期过去了，在同样的情况下，这一幻觉再次浮现眼前，那场面甚至比上次更加生动形象，血海也显得更加突出。于是我内心的一个声音说话了："好好瞧一瞧，这景象完全真实并将继续下去。对此你不必怀疑。"那年冬天，有人问我对未来的世界政治局势作何看法。我答道，我并没有考虑过这一问题，但是我看见了血流成河的景象。

我问自己，这些幻觉是否指明了要爆发一场革命，但是实际上，我却无法想象会有这种事。于是我得出结论，这只与我本人有关，我确定自己正在面临精神病的威胁。我根本没想到会发生战争。

此后不久，即在1914年春末夏初，我一连三次做了同样的一个梦，那时正值仲夏，一股北极的寒流南下袭来，冰封了大地。比如，我看见整个洛林地区及其运河全都冻得死死的，人们四散而逃，整个地区一片荒芜。寒霜冻死了所有活着的绿色植物。这个梦是在1914年4月和5月做的，最后做这个梦的时间是6月。

在第三次梦中，令人生畏的严寒再次从天而降，然而与以往的情况不同，这个梦有一个出乎意料的结局。严寒中出现了一棵只长叶不结果的树（我想这是我的生命之树），在寒霜的作用下，树叶变成了甘甜的葡萄，而葡萄丰富的汁水还有治愈疾病的功效。我摘下一串葡萄，送给一大群等待着的人。

1914年7月末，英国医学协会邀请我出席在亚伯丁举行的学术大会，并作题为"潜意识在精神病理学上的重要性"的学术报告。我作好了要出事的准备，因为这样的幻觉和梦境都是命中注定的。我那时的精神状态欠佳，感到种种恐惧正对我穷追不舍，我竟得在这样的时刻就潜意识的重要性作学术报告，那仿佛就是命运的召唤！

在8月1日这天，世界大战爆发了。现在我的任务明确了：我要竭力了解发生了什么事，我还要搞清楚自己的体验与人类普遍的体验到底巧合到了什么程度。因此，我的第一个职责便是探究自己的心灵深处。我把建筑游戏期间浮现在脑海的种种幻觉记了下来，从此开始了探究过程。比起任何其他事来说，这是首先要做的工作。

川流不息的各种幻觉纷纷涌现，我尽力让自己保持头脑清醒，并想方设法去理解这些怪异的事情。我束手无策地站在一个陌生的世界面前，那里的一切都显得既复杂又难以理解。我正生活在一种持续紧张的状态中，我经常感到，硕大的石块正翻滚着向我砸来。雷鸣闪电接踵而至。我必须要有野兽的力量才能经受得起这些狂风暴雨。暴风雨也曾击倒过其他人——包括尼采、荷尔德林还有许许多多的人。但是我身上却有股恶魔般的力量，因此，从一开始，我就必须要弄清楚，我经历的所有幻觉到底意味着什么，这一点是毫无疑问的。当我经受潜意识的猛烈冲击时，我仍坚定不移地相信，我正在服从一种更高的意志，这种感觉一直支撑着我，直到我完成了这一任务。

我常常精神紧绷，因此我只好做些瑜伽锻炼来控制自己的情绪。但由于我的目的是想知道我身上到底发生了什么事，因此我一直练习瑜伽，直到足以平复心境，继续开展我对潜意识的工作为止。我一旦感觉自己平静了下来，便放弃了对情感的束缚，并开始让种种意象和内心的声音开口说话。而印度人练瑜伽却恰恰相反，是为了完全忘却大量的心灵内容和意象。

当我能够把各种感情转化为意象的时候——也就是说，发现了掩藏在情感背后的意象后——我内心便会平和安宁下来。如果我刻意将意象隐藏在情感中的话，我很有可能被他们撕得粉碎。我只有一次机会将他们逐一分离开来；但在这种情形下，我将彻彻底底地变成一个精神病人，最终被他们毁灭。我的一个实验结论是：找到潜藏在情感后面的特定意象，对治疗是极为有利的。

我尽可能地把自己的幻觉记录下来，并认真地分析导致这些幻觉产生的精神条件。但我只能通过笨拙的语言做到这一点：起初，我经常用“夸张的语言”阐述我观察到的事物，因为这与原型的风格相呼应。原型的表达辞藻华丽而空洞无物。这种风格使我感到尴尬，它刺激着我的神经，就像有人在灰泥墙面上向下刮指甲，或像在石板上磨刀一样。但是既然我并不知道正在发生什么事情，我除了用潜意识本身所选定的风格记录下一切之外，没有别的选择。有时候，我仿佛在用自己的耳朵听它说话，用自己的嘴巴感知它的存在，用自己的舌头编写词语一样；我时不时地便会听见自己在大声嘟囔。在意识的局限下，万物都沸腾活跃了起来。

从一开始起，我就把自愿正视潜意识设想为一种科学实验，这一实验是我本人进行的，而且我对它的结果饶有兴趣。今天，我同样可以心安理得地说，这是一场在我身上进行的实验。对我来说，其中最大的一个困难就是应对我负面的感受。那时我正自愿地服从于自己难以真正赞同的情感，而我时常会觉得，自己当时记下的幻觉都是些胡言乱语，而且我对它们极为反感。因为只要我不明白它们的含义，它们便成为崇高与荒谬的邪恶混合体。我费了好大的劲才忍受住它们，但是我却受到了命运的挑战。直到自己拼尽了全力，才从迷宫里走了出来。

为了抓住“暗地里”活跃在我身上的幻觉，我知道我必须让自己深入其中。对此，我不仅极其反感，还呈现出了一种明显的恐惧。因为我担心失去对自己的控制，从而变成幻觉的牺牲品——而作为一个精神病专家来说，这到底意味着什么，我是最清楚不过的了。然而经过漫长的犹豫之后，我终于明白，除了深入幻觉之中，没有其他的选择。如果我不去冒这个险，他们的权力便会凌驾在我之上。因为我坚信，医生自己都不敢做的事，更无法希望病人去做。这便是我试图冒险的有力动机。有帮手帮他们的借口是站不住脚的，因为我很清楚，这个所谓的帮手——也就是我自己——帮不了他们，除非他根据自己的直接体验，掌握他们的幻觉材料；而且目前，这个帮手所拥有的一切只不过是价值令人怀疑的理论偏见罢了。我不但为了自己，还为了自己的病人献身于一项危险的事业，正是这一想法帮我度过了好几个关键的阶段。

正值1913年基督降临之时——准确地说是12月12日——我下定决心采取决定性一步。这时我正坐在桌子旁边，反复思考着自己的恐惧。然后，我让自己从椅子上摔了下来。突然之间，地面仿佛真的在我脚下裂开了，于是我便落入了黑暗的深渊。我的心中不禁产生了一种恐惧感。在并不太深的地方，我的脚猛地一下踩到了一堆软绵绵、黏糊糊的东西。我大大地舒了口气，虽然自己还完全处于黑暗之中。过了一会儿，我的眼睛慢慢地习惯了这种如深沉暮色般的黑暗。我的面前出现了一个阴森森的洞穴入口，洞里面站着一个侏儒，皮肤呈皮革色，就跟木乃伊似的。我从他身边挤了过去，由狭窄的入口走进了洞内，然后蹚过没膝的冰水来到洞穴的另一边，在一块突出的岩石上面，我发现了一颗闪闪发光的红色水晶石。我两手抓住石头把它搬了起来，一个空穴出现在眼前。起初我什么也分辨不清，然而没过多久，空穴当中开始流水。一具尸体从水中流了过去，这是个年轻人，满头金发，还有一处伤口。跟着尸体漂来的是一只巨大无比的黑色圣甲虫，然后从深水中冉冉升起一轮朝阳。阳光照得我头晕目眩，于是我想把石头放回洞口，但此时一股液体却满溢出来。竟然是血水。一大股浓稠血水喷涌而出，我感到一阵阵的恶心。我感觉，这血似乎无穷无尽地继续喷涌，时间长得令人难以忍受。最后，血水终于停止了喷涌，而这幻觉也跟着消失了。

我被这一幻觉惊吓得不知所措。我当然意识到，这是一个有关英雄与太阳的神话，是一出死亡与复活的戏剧，而埃及圣甲虫则象征着重生。在幻觉的结尾，本来应该是新一天的黎明，但代之而来的却是令人无法忍受的喷血——在我看来这是一种完全反常的现象。然后我开始回想那年秋天产生过的所有血的幻觉，于是便放弃了进一步理解的一切尝试。

六天之后（1913年12月18日），我做了一个梦。我梦见自己与一个皮肤棕黑、不具名的圣人身处一座人迹罕至、风景优美的石山上。此时黎明未至，但东方的天空已经发白，群星忽隐忽现。随后，我听到了齐格弗里德的号角声在群山中回荡，于是我知道我们必须要杀了他。我们拿起了来复枪，在一条狭窄的岩石小道埋伏起来。

齐格弗里德出现在山峰之巅，沐浴着朝阳的第一道金光。他驾着一辆用死人骨头制成的战车，猛冲下陡峭的山坡。在他拐弯的时候，我们朝他开枪，于是他便中枪倒地而死。

毁灭了如此伟大又如此之美的一件东西，我内心充满了厌恶和懊悔，于是拔腿就跑，生怕这一谋杀被人发现。但此时突然下起了倾盆大雨，我知道这将冲掉死者的一切痕迹。我已经摆脱了被发现的危险，生活仍然继续，但一种难以忍受的罪恶感挥之不去。

从梦中醒来之后，我在心里反复琢磨着这一幻象，但却始终未得其意。因此我想再次入睡，但心中的一个声音却对我说："你一定得弄清楚这个梦，必须马上行动！"内心的紧迫感越发强烈，直到可怕时刻的来临，我听到这个声音在说："你要是搞不清楚这个梦，你就必须开枪自尽！"恰巧在我这晚上用的桌子抽屉里就放着一把上了膛的左轮手枪，这可把我吓坏了。然后我再次陷入了深思，突然间，梦的意义浮现脑际。"这不正是在世界上演的问题吗？"我想，齐格弗里德代表德国人渴望获得的东西，也就是英勇地、随心所欲地把自己的意志强加到别人身上。"有志者事竟成啊！"我也早想这么干了。但现在已经不可能了。这个梦表明了英雄齐格弗里德所代表的态度，但它再也不适用于我了，因此这种态度必将被消灭。

在这件事以后，我感受到了无法抗拒的怜悯之情，就像我自己被枪杀了一样：这是我隐秘地把自己等同于齐格弗里德的迹象，以及一个人被迫牺牲理想和意识态度时所感受到的悲伤。我们要抛弃这种同一性和英雄理想主义，因为有些事情比自我的意志更加崇高，面对它们，一个人必须恭顺服从。

到目前为止，这些想法已经足够了，于是我再次进入了梦乡。

那个身材矮小、皮肤棕黑的圣人一直伴随着我，实际上是他主动提议杀人，他便是那原始影子的体现。那场雨表明，意识和潜意识之间的紧张关系已经解决了。虽然当时除了这几点暗示外，我无法了解这个梦的更多的含义，但我身上却释放出了一股股新的力量，帮助我得出了有关潜意识试验的结论。

为了紧紧把握住这些幻觉，我常常想象自己走在一段陡峭的下坡路上。我甚至还作了多次尝试，想查个水落石出。比如说，第一次尝试达到了约一千英尺的深度，第二次我却发现自己处于宇宙深渊的边缘。就像踏上通往月球的旅程，又像是落入了空空如也的空间。最初出现了一个火山口的意象，我感觉自己仿佛身处一片死人的国土。在一块陡峭的岩石附近，我看见了两个人，一个是白胡子老头，另一个则是年轻漂亮的姑娘。我鼓足勇气走上前去，专心致志地听他们对我讲述，好像他们是活人似的。老人解释说他就是以利亚，这使我大吃一惊。但更令我瞠目结舌的是那个盲人姑娘，因为她竟然自称是萨洛米！多么奇怪的夫妻啊，萨洛米和以利亚。但是以利亚向我保证，他和萨洛米永永远远是夫妻，这完全使我惊愕了……与他们生活在一起的是一条黑蛇，它明显展示出一副喜欢我的样子。我紧紧靠近以利亚，因为他看起来像是三者当中最理智的人，也是智力最清晰的人。对于萨洛米，我仍心存疑虑。以利亚与我长谈一番，然而我却不理解他的话。

我很自然地提醒自己，父亲曾经就是一个牧师，以便竭力为出现在我幻觉中的两个《圣经》人物寻找一种说得过去的解释。但这根本不是什么解释，因为那老人到底意味着什么？萨洛米又意味着什么？他们两人为什么会在一起？直到多年以后，当我比现在更加博学的时候，老人和年轻姑娘之间的联系才显得完全自然。

在这样的梦境里，人们频频遇见由年轻姑娘陪伴的老者，而这种夫妇的例子可以在许多神话故事中找到。因而按照诺斯替教派的传统，西蒙·马格斯会随身带着一个从妓院里挑来的姑娘。这个姑娘的名字叫海伦，而人们认为她就是特洛伊战争中海伦的化身。克林索与昆德丽、老子与舞女等都属于这一类。

我曾经提到过，我的幻觉中除了以利亚和萨洛米之外还有第三个形象：那条黑蛇。在各种神话中，蛇往往代表着英雄。神话中数不胜数的故事都证明了两者间的相似性。比如说，英雄具有蛇一样的眼睛，或者说英雄死后变成了一条蛇，被敬为蛇，再或者英雄的母亲是蛇，等等。因此，在我的幻觉中：蛇的出现暗示着一个英雄神话。

萨洛米则是一个女性的形象。她眼瞎是因为她不明白事物的含义。以利亚则是智慧年长的先知形象，他代表了智力和知识的因素，而萨洛米所代表的则是性欲的要素。我们可以说这两个形象是逻各斯（理性）与厄洛斯（性爱）的体现。但这样的定义未免过于理念化。暂时让这两个形象以本来的面貌出现在我面前，也就是以事件和经验的原貌出现，对我来说反而更有意义。

这一幻觉出现后不久，另一个形象又从潜意识中跑了出来。他由以利亚的形象发展而来，我称他为腓利门。腓利门是个异教徒，他带了一种含有诺斯替教派色彩的埃及—希腊气氛。他的形象最初出现在我下面这个梦里。

梦中出现了一片像大海那般蔚蓝的天空，天上飘浮着的不是云彩，而是扁平的棕色土块。土块好像正在散裂开似的，于是透过这些土块，湛蓝的海水便清晰可见。但这湛蓝的海水其实是蔚蓝的天空。突然间，一个带着翅膀的人从右方翱翔过。能看出来这是一位长着牛角的老者。他拿着穿成一串的四把钥匙，紧紧握着其中一把，好像要打开一把锁似的。他长着翠鸟般的羽翼，颜色也跟翠鸟的一样。

我不太明白这梦中的意象，于是把它画了下来以便深深地印在脑海中。当我正埋头画画的那几天，我竟然在自家靠湖边的花园里发现了一只死了的翠鸟！我惊愕不已，因为翠鸟在苏黎世一代极为罕见，在此之前我也从未发现过一只死了的翠鸟。这只翠鸟死了没多久——至多只有两三天——而且身上也未见什么外伤。

我幻觉中出现的腓利门及其他形象使我恍然顿悟：心灵中存在的事物并不是我创造的，而是他们创造了自我并拥有了生命。腓利门代表了一种并非我自己的力量。我在幻觉中与他交谈，而他却说一些我意识不到的东西，因为我清楚地观察到，说话的是他而不是我。他说，我对待思想就像他们是由我创造的一样。但在他看来，思想却像森林里的动物，或像房间里的人们，或像天空中的鸟儿，他接着说："如果您看到了房间里的人们，您便不会认为是您创造了他们，或认为您应该为他们负责。"正是他，教会了我精神上的客观性，即精神的现实性。通过他，我自己与我思考对象之间的区别变得清晰了。他以一种客观的方式面对我，于是我明白了，自己身上有着某种东西会说些我不知道也不想说的事，说些甚至反对我的东西。

从心理学的角度说，腓利门代表了更高级的洞察力。对我来说他是个神秘的形象。有时候他显得很真实，像个活生生的人。我与他在花园里漫步，对我来说他就是印度人所说的古鲁（印度教等宗教的宗师或领袖）。

每当一种新化身的轮廓出现时，我便觉得这几乎是一种个人的失败。它意味着："这是直到现在你还不懂的另一种东西！"恐惧爬上了眉梢，这样一连串的形象可能会是无穷无尽的，而我也可能在无知的无底深渊迷失自己。我的自我感到贬了值——尽管我在世俗事物上的成功可能会打消我的疑虑。在我的黑暗里（"把我们头脑里可怕的黑暗清除掉。"——《曙光乍现》），我多么希望能有一个真实的、活着的古鲁，希望有某个人掌握了更广博的知识，更高超的能力，好帮助我理清想象力自觉创造的东西。腓利门承担了这一任务，在这方面，不管我愿不愿意，我必须得承认他是我的招魂师。而且实际上，他向我传达了许多具有启发性的观点。

十五年后，一位有很高修养的印度老者前来看望我，他是甘地的朋友，而我们就印度的教育谈了起来——特别谈论了有关宗教导师和门徒之间的关系。我迟疑地问他，能否透露一点他宗教导师的人品和性格，对此他以一种实事求是的口吻回答道："可以，没问题，他就是商羯罗查尔雅。"

"您难道指的是评论《吠陀经》的那个死了好几百年的人？"我问道。

"没错，我指的就是他。"他回复了我的惊讶。

"那您指的是一种精神？"我问道。

"当然是他的精神。"他表示同意。

这时候，我想到了腓利门。

"还有幽灵宗教导师呢，"他接着说道，"大多数都是活着的，但总有些人让鬼魂当导师。"

这一消息既启发了我，又消除了我的疑虑。所以很显然，我并没有完全脱离尘世，而只是体验到了另一种东西，它只能发生在付出相似努力的人身上。

后来，出现了另一个我称之为"灵魂"的形象，腓利门因此变得有相对性了。在古埃及，"国王的灵魂"就是他尘世的形态，也就是具体化的灵魂。在我的幻觉里，灵魂来自下方，来自大地，像是从深井中冒出来的。我把他的形象画了下来，通过他尘世的形态表现他，将他画成了一幅隐上雕像，底座是石头，而上半部分由青铜制成。在画面的上方出现了一只翠鸟的翅膀，翅膀和灵魂的头之间飘浮着一团发光的星云。灵魂带有一种恶魔般的表情——也可以说是麦菲斯特的表情。他用一只手握着一座彩色宝塔或一个圣骨匣般的东西，另一只手则拿着一支铁笔，在圣骨匣上刻画着。他正说道：“就是我把众神埋在了金子和宝石之中。”

腓利门的一只脚瘸了，但他却是个有翅膀的精灵，而灵魂所代表的则是一种地魔或是金属之魔。腓利门是精神方面的，或者说是“含义”。另一方面，灵魂却像希腊炼金术中的安斯罗帕瑞恩一样是个自然之灵——而在那时，我对炼金术仍然不太熟悉。是灵魂使这一切变得真实，但他也会使平静的精神即“含义”变得模糊不清，或用美这一“永恒的映像”取而代之。

久而久之，通过对炼丹术的研究，我便可以把这两个形象结合在一起了。

在我写下这些幻觉的时候，我再次问自己：“我到底正在干些什么呢？可以肯定，这与科学毫不相关，那它又是什么呢？”这时，我心里的一个声音说道：“它是艺术。”这使我大吃一惊。我从来没有想过，我正在写的东西会与艺术有关。然后我便想道：“也许我的潜意识正在形成一个并非是我的人格，但它又坚持要通过表达展现出来。”我敢肯定，这声音来自一个女人。我认得出，这是一个女病人的声音，是个才华横溢的精神病患者，曾经热烈地移情于我。她已然变成我心中一个有生命的形象了。

显然，我在研究的并不是科学。那么除了艺术之外它还可能是什么呢？科学和艺术仿佛成了世界上仅有的选择。这便是一个女人的思维方式。

我着重强调地对这个声音说道，我的幻觉与艺术无关，然后我的内心却感到了一种强烈的反感。可是再没有声音传来，于是我又继续记录。接着又出现了第二次袭击，又出现了那断然的声音："那就是艺术。"这一次，我紧紧抓住她对她说："不，这不是艺术！恰恰相反，它是自然。"然后我便准备与她展开争论。可是争论并没有出现，我便想："我心里的女人"并没有我具有的语言中枢。于是我建议她使用我的语言中枢。她这样做了，并滔滔不绝地说了起来。

一个女人竟在我的心中搅扰我，这引起了我极大的兴趣。我认定她是原始意义上的"灵魂"，我还开始沉思为什么要赋予灵魂"女性意向"的名字。为什么把它设想成女性的呢？后来我才渐渐明白，内心中的女性形象在男性的潜意识中是扮演着一种典型的或是原型性的角色，因此我便称她为"女性意向"。在女性潜意识中对应的形象，我称之为"男性意向"。

起初，女性意向的消极方面给我留下了最深刻的印象。我有点被她震慑住了，那感觉就像房间里出现了一个看不见的人一样。随后，我突发奇想：写下所有分析材料实际上就是在给女性意象写信，也就是有意识的自我以不同的观点给另一部分的我写信。我获得的是性质非同寻常又出乎意料的评论。我像是个分析鬼魂和女人的病人！每天晚上，我非常自觉地写着，因为我觉得，如果我不写，我就没办法让女性意向明白我的种种幻觉了。同样，我把它们写出来，女性意象就不会趁机把他们编织成阴谋了。然而想和做之间却存在着天壤之别。为了尽可能忠实于我自己的意愿，我遵循了一句古希腊格言“只有给予，才能索取”，把一切仔仔细细地记了下来。

在我正写着的时候，古怪的现象便过来分散我的注意力，这种情况时有发生。慢慢地，我才学会了区分我自己和这种干扰。当情感上庸俗和乏味的东西涌上心头时，我便会告诉自己：“没错，我曾经如此思考，如此感受，但我现在可以不用这种方式思考和感受了。我不必永远接受自己的平庸，因为丢这种脸实在没有必要。”

最重要的是使这些潜意识的内容人格化，从而使自己与它们区分开来，同时又使它们与潜意识产生关系。这是剥夺它们权利的技巧。将它们人格化并不太难，因为它们总是拥有一定程度的自主性，一种自身独立的身份。它们这种自主性最不令人舒服的地方就是叫人迁就它。然而，潜意识以这种方式来表现自己，却给了我们控制它的最佳手段。

我认为女性意向所说的话充满了诡诈。如果将潜意识的幻觉比作艺术，那它们只带有视觉感知而不会使人信服，就像我在观看电影一样。我会觉得对它们不负道德责任。这时，女性意向可能很容易地诱使我相信，我是一个受误解的艺术家，而我所谓的艺术天分就赋予了我忽视现实的权利。如果我听从了它的诱导，她很有可能在某天对我说：“您是不是想象自己忙于研究的无稽之谈实际上就是艺术？其实根本不是。”因此，女性意向，即潜意识喉舌的这种暗讽，就能把一个人彻底毁掉。归根结底，意识终归是决定性因素，它可以理解潜意识的表现形式并对其表明某种立场。

但女性意向也有积极的一面。正是她将潜意识的种种意象传达给了有意识的思想，这也是我特别看重她的地方。几十年来，每当我的情绪受到打扰或某种东西积聚在潜意识中时，我便总是向女性意向请教。这时，我便会问她："你现在在干什么？你看见了什么？请告诉我，我很想知道。"在某种不情愿和抗拒之后，她便会定期产生一种意象。意象一出现，不安和压迫的感觉随即消失得无影无踪。在这些情感上的全部能量转化成对这意象的好奇与着迷。我与女性意向谈论她传达给我的意象，因为我必须要像对待梦境一样倾尽所能理解它们。

时至今日，我不必再同女性意向对话了，因为这样的情感已经消失了。但如果这些情感确实存在，我依然会以同样的方式处理它们。今天，我直接地意识到了女性意向的想法，因为我已经学会接受并理解潜意识的内容。我知道面对这些内心意象时，自己应该如何行动。我可以从梦境中直接读出它们的含义，因此就不需要一个媒介来传达了。

起初，我把这些幻觉写进了"黑皮书"中，后来又把它们转移到"红皮书"里，还画了些插图（大多是关于曼陀罗的）作为装饰。在"红皮书"里，我试图从审美的角度阐述我的幻觉，但一直没能完成。我意识到自己仍未找到恰切的语言，只能把它转化成某种别的东西。因此我便及时地放弃了这种审美的倾向，而是先经历一个严格的理解过程。我知道，许多幻觉都需要脚下坚实的土地，所以我首先就要完全回到现实中去。对我来说，现实意味着科学的理解。我必须从潜意识赋予我的洞见中得出具体的结论——而这一任务将成为我终生的事业。

我这个精神病医生，在我几乎每一步的实验中，碰到的都是同样的精神性材料，而它们又是精神病人发现的，关于精神病方面的，这当然很是讽刺。这是相当困扰精神病人的潜意识意象，然而它又是神话想象的本体，自我们的理性时代之后就已经消失殆尽了。尽管这种想象力无处不在，但却是人类所惧怕和禁忌的，因此踏上这条通往潜意识深处的、变幻莫测的道路，甚至就像开始了一个危险的实验或一场未知的冒险。人们认为这是一条错误之路，误会之路和模棱两可之路。我想起了歌德的一句话："现在让我鼓起勇气，打开人类脚步从未畏缩不前的大门。"《浮士德》的第二部也远不只是一部文学作品。它是《金链》里所提到的一种连接，从哲学上的炼金术和诺斯替教派开始到尼采的《查拉图斯特拉如是说》一直存在。尽管鲜为人知、含糊不清又充满危险，它却是驶向世界另一端的发现之旅。

特别是当我正在研究幻觉的时候，我非常需要在"这个世界"找到一个支撑点，而我的家庭和职业工作，可以说就是这个支撑点。在现实世界里过着正常的生活，并以此抗衡怪异的内心世界，这对我来说何其重要。我的家庭和职业一直是我可以随时回归的大本营。它们使我坚信，我是一个真实存在的普通人。潜意识的内容原本可以把我逼得失去理智。但是我有家庭，有一个妻子和五个孩子，我家住在库斯纳克特市西斯特拉斯228号。我还掌握知识：我获得了一所瑞士大学颁发的医科学位证书，我必须要帮助自己的病人——这些实实在在的东西对我提出了种种要求，而且一而再再而三地向我证实，我确确实实存在着，我并不像尼采那样是一张白纸，在精神的旋风中到处翻飞。尼采失去了立足的根基，因为除了思想中的内心世界，他一无所有——应该说，他的内心世界偶然地控制了他，甚至比他控制内心世界的力量还要强大。他被连根拔起，在大地的上空飘荡，因此他不得不以浮夸和虚构的方法行事。但对我来说，这种虚构则是可怕的根源，因为说到底，我的目的就是今生今世。无论我如何沉醉、如何扬扬得意，我向来知道，自己正在体验的一切终究会指向我的现实生活。我决意要履行生活的职责，充实生活的意义。我的口号是：就在现实生活中证明自己的本领吧！（这里就是罗陀斯，就在这里跳跃吧！）

因此，我的家庭和职业一直是带给我愉悦的现实，而且保证了我正常的存在。

渐渐地，一种内心变化的轮廓开始在我身上显现。

1916年，我突然有一种冲动，想赋予某种东西以具体的形态。内心强迫自己系统地阐述表达，有可能是腓利门所说的话。这就产生出了《对死者的七次布道词》和其中所用的特殊语言。

布道词的头几句就显出一种惶恐不安，但我却不知道它要表达的是什么意思或者“他们”想从我这里得到些什么。我的周围充斥着一种不祥的气氛。我有一种奇怪的感觉，好像空气里充满了鬼魂。随后，我的屋子也像闹鬼了一样。我的大女儿看见一个白衣人穿过了房间。我的二女儿跟她姐姐不一样，说夜里睡觉时被子有两次都给无缘无故地扯掉了。就在同一天晚上，我九岁的儿子做了一个焦虑不安的梦。第二天早上，他就吵着向妈妈要蜡笔，平常从来不画画的他，此时却用蜡笔画出了昨晚的梦境，并起名为“渔夫之画”。画的中央流淌着一条河，河岸边站着一个手握钓竿的渔夫。他的头顶处有一根烟囱，只见火苗跳跃，烟气袅袅。渔夫已经钓到了一条鱼。而就在此时，魔鬼正从河流另一边的高空中飞来，一把偷走了鱼，还受到渔夫一顿咒骂。然而渔夫抬头一看，却发现上空盘旋着一位天使，对他说：“不准你动魔鬼一根毫毛，他抓走的只不过是一条恶鱼！”这便是儿子画的画，画画的当天正是星期六。

大约在星期天下午五点钟，大门上的铃铛丁零丁零响个不停，就跟发了疯似的。这是一个阳光灿烂的夏日，两个女佣都在厨房里忙活，从厨房可以看到大门外那空旷的场地。大家立刻起身去看看谁来了，但一个人影也没看到。我当时正坐在门铃旁边，不但听到了铃响，还看到了它在微微颤动。我们只好面面相觑，气氛沉闷极了，我是说真的！然后我便意识到，肯定发生了什么事。整个屋子塞得满满当当，好像一下子进来了一群人，全都让鬼魂挤满了。它们密密麻麻地一直挤到门口，空气沉闷得都让人喘不过气来。我自己也是浑身上下颤抖个不停，心里纳闷：“上帝呀，这到底是怎么回事啊？”然后，它们异口同声地喊道：“我们是从耶路撒冷回来的，在那里找不到我们想要的东西。”这便是《对死者的七次布道词》开头的话。

然后，我便下笔如有神，才过了三个晚上，这篇文章便写成了。只要我一拿起笔来，这群鬼就立刻烟消云散了。房间安静下来，空气也清新了。闹鬼的事至此结束了。

我们应该以其本来的面目，或者说看起来应该有的面目来看待这一体验。毫无疑问，它与我当时的思想状态有关，而这种思想状态，非常有利于解释灵学现象。它是一个潜意识的星群，我认为其怪异的气氛就是原型的内在引导力量。“它到处走动，它是在空中飞舞！”当然，理智总喜欢妄称自己能通过物理和科学知识进行解释，或者干脆把这整个事件一笔勾销，说它违反了科学法则。但是，如果从不违反法则，那么这个世界该有多么枯燥乏味啊！

就在这次经历前不久，我记录下了灵魂飞跃肉体的幻觉。这是一个意义重大的事件：灵魂，即女性意向，确立起了与潜意识的关系。从某种意义上讲，这也是与所有死者之间的关系，因为潜意识相当于死者的神话世界，对应着先人的世界。因此，若是有人产生了灵魂消失的幻觉，这就意味着灵魂退居于潜意识之中或者说撤退到了死者的王国。在那里，灵魂产生了一种神秘的活力，使先人的痕迹也就是集体性的内容呈现可见的形式。它像是一种媒介，使死者有机会自我显现。因此在我的灵魂消失后不久，“死者的灵魂”便出现在我面前，也就有了《对死者的七次布道词》这篇文章。这就是所谓“丢魂”的例子——原始人也会经常遇到这一现象。

从那时起，死者作为尚未回答、尚未解决和尚未救赎的声音，显得越发清楚了；既然命中需要我回答的问题和需要我满足的要求并非来自外部世界，因此它们必须来自内心的世界。与死者的对话形成了一种预言，需要我向世人传达潜意识的概念：一种有序的格局以及对潜意识基本内容的解释。

今天，当我回顾一切的时候，当我思考幻觉研究对自己产生何种影响的时候，那情形仿佛一种信息势不可当地降临到我身上一样。这些意象中的事物不仅关系到我自己，还关系到其他许多人。正是在那时，我不再只属于我自己了，也无权再属于我自己了。从那时候起，我的生命开始属于芸芸众生。当时的科学里并没有我所关心的或正在找寻的知识。我本人还需经历原始的体验，还需尽力把体验结出的种子，种在现实的土壤里；否则他们仍然是未经证实的主观假设。正在这时，我才将自己献身于为精神服务之中。我对它爱恨交加，但它却是我生命中最大的一笔财宝。我把自己托付给精神，而这便成了我能够忍受自我存在，充分享受生活的唯一方式。

可以说，我从未切断过自己与那些初期经验的联系。我所有的作品，我的一切创造性活动，都来自始于1912年（大约50年前）的初识幻觉与梦境。我晚年生活所取得的一切成就都包含在它们之中，虽然最初的形式只是情感与意象。

我的科学知识是使我得以摆脱那种混乱状态的唯一手段。否则，这些材料便会使我陷入荆棘丛中难以脱身，或像原始森林里的匍匐植物一样将我活活勒死。我谨小慎微地去尝试理解每个单独的意象，我的精神库存中的每一项，并在可能的情况下将它们科学地分类，但最重要的还是在现实生活中理解它们。这正是我们通常忽略的地方。我们允许意象出现，可能还会对它们惊讶不已，但是只能到此为止。我们无须费心地理解它们，更不用从中得出伦理结论了。这种戛然而止的做法会对潜意识产生消极的影响。

只要对意象稍加理解便可浅尝辄止的想法同样也是一个严重的错误。对意象的洞察必须转化成一种伦理责任。否则，自己将会成为权力原则的牺牲品，招致种种危险的后果，不仅对他人来说，对洞察者本人而言甚至都是毁灭性的。潜意识的意象使人肩负了重大的责任：不理解意象的含义或者逃避伦理职责都会使他自己和他的生活四分五裂，痛苦不堪。

在我全神贯注地研究潜意识意象的那段时间，我决定辞掉大学的教职，作为无俸讲师，我已在那里执教八年了（自1905年开始）。我对于潜意识的体验和实验已使我的智力活动停滞不前。写完了《潜意识心理学》之后，我发现自己完全丧失了阅读科学书籍的能力。这种情况一直持续三年之久。我感觉自己再也无法赶上知识界的发展速度了，再也无法谈论令我心醉神迷的事情了。把潜意识的材料公之于世，却差点使我成了哑巴。我既不能理解其中的原因，也无法赋予潜意识材料具体的形式。在大学授课时，我有些暴露自己，认为自己首先要找到一个耳目一新的方向，才能继续把课讲下去。如果我的智力状况就已经是疑云重重，那么继续教授年轻学生着实会误人子弟。

因此我觉得自己正在面临着一个艰难的抉择。要么就继续我的教学生涯，继续走在这条坦途之上；要么就遵循内心人格的法则，听从一种更加理性的安排，朝着我那古怪的任务，朝着我对潜意识所做的实验奋力前行。但是，直到我作出这一抉择之前，我都不能出现在公众面前。

因此，我便有意识地、故意地放弃了我的教学生涯。因为我觉得自己身上即将发生某件伟大的事情，而且我对此事深信不疑，感到它从永恒性的角度而言更为重要。我知道它会充实我的生活，我将不惜任何代价来实现这一目标。

说到底，能不能当上教授又有什么关系呢？当然了，不得不放弃这一教职确实令我有些困扰；在很多方面，我无法将自己局限于通常为人理解的材料上，对此我感到遗憾。有时我突然会有反抗命运的举动。不过这种情绪都是转瞬即逝的，也不算什么。相反，另一件事情却很重要，如果我们能够留意内心人格的渴望和诉求，这种痛楚便会消失得无影无踪。我已经反反复复地体验过这种感觉，而不仅仅是在放弃教学生涯时才体验到的。的确，当我还是个小孩的时候，就已经有过几次这样的体验了。年轻的时候，我的脾气相当暴躁；但每当这种强烈的情感达到高潮时，它便会突然转向，然后随之而来的便是一种宇宙般的宁静。在这种时候，我便觉得已经远离尘世，而刚刚还令我激动不已的东西，仿佛已经属于遥远的过去了。

我决定放弃教学生涯，并参与到无人（包括我自己）能够理解的事物中。这样的做法使我落入了一种极端孤独的状态。我踱来踱去，左思右想，却找不到一个可以与之交谈的人，因为他们只会产生误解。我发现，意象的内外部世界存在着一条难以逾越的鸿沟，其方式令人最为痛心。我仍然看不到现在已经理解的两个世界之间的互动。我看到的只是“内”、“外”之间所存在着的不可调和的矛盾。

然而，从一开始我就明白，只要我能成功地证明精神体验的内容真实存在，这种真实性不仅仅针对我的个人体验，而且适用于集体性的体验，我就能找到自己与外部世界及与人们的接触点。然而，这个工作是要付出巨大努力的。后来在科学工作上，我试图证明这一点，并倾尽所能为亲朋好友介绍一种看待事物的新方法。我知道自己必须要成功，否则便会陷入绝对孤立的境地。

直到第一次世界大战快结束时，我才逐渐开始走出黑暗。有两件事加速了这一进程。第一件事，是有一个女人执意相信我的幻觉具有艺术价值，我与她断绝了关系；第二件事，也是主要的一件事，发生在1918至1919年之间，那时我开始理解曼陀罗的绘画了。写完《对死者的七次布道词》之后，我画了第一幅曼陀罗的画。当然，我那时并不理解它的含义。

在1918—1919年间，我作为英军战区战俘监管上校驻扎在厄堡。在那里，我每天早上都在笔记本上画一幅小小的圆形图，也就是一个曼陀罗，它似乎相当于我那时候的内心状态。在这些图画的帮助下，我能够每天观察自己的精神变化。比如说，有一天，我收到了那位唯美主义夫人的来信，她在信中依然固执地认为，我潜意识中产生的幻觉具有艺术价值，所以应该被当作艺术。这封信把我惹急了。它一点也不愚蠢，因而具有危险的说服力。说到底，现代的艺术家寻求在潜意识当中进行艺术创作。掩藏在这一论点后面的功利主义与妄自尊大激起了我的怀疑，也就是说，我不敢确信自己正在产生的幻觉确实是自发的和自然的，而根本不是我随心所欲编造出来的。我还远没有克服意识里的偏执和狂妄。因为意识更愿意相信，任何一个在中途产生的高尚灵感都归因于个人的高尚，而自卑的反应只是出于偶然，甚至源自陌生的来源。由于自身感到了这种刺激和失调，第二天我便画出了一幅有所改变的曼陀罗：边缘处有一部分断开了，破坏了图画的对称性。

后来，我才渐渐地发现什么才是真正的曼陀罗：“成形、变形、永恒心灵的永恒创造。”而这便是自性，也就是人格的完整性，如果一切顺利的话，自性便是协调的，但自性却无法容忍自欺欺人。

我所画的曼陀罗图是关于自性状况的密码，它们每天都以崭新的方式呈现在我面前。在这些密码里，我看到自性——也就是我的整体存在——在活跃地工作着。可以肯定地说，起初我只能隐隐约约地理解它们；但它们对我来说却显得极为重要，因此我便像保存昂贵珍珠一样保存着它们。我明显地感到，它们是某种至关重要的东西，随着时间的推移，我通过它们获得了一个有关自性的、活生生的观念。我觉得，自性就像是和我一样的单体，而且还是我的世界。曼陀罗所代表的就是这个单体，并相当于精神的微观世界性。

我已经记不清这个时期到底画了多少幅曼陀罗了。应该有很多很多吧。在我画着它们的时候，有一个问题不断浮现脑海：这样一个过程正在走向何方？它的目的在哪里？根据我的经验，我知道这时候自己不能擅自选择一个在我看来显得没有价值的目标。实际情况已经向我证明，我必须放弃自我处于更高地位的想法。我本来还想坚持，但最终还是突然地放弃了。我本想继续对神话进行科学分析，这项工作在《变化和象征》中就已经开始了。这仍然是我的目标——但是我绝不能再考虑它了！此时我正被迫经历潜意识这一过程。我必须让自己夹杂在这股洪流中不断前进，根本不知道它要把我引向何方。然而当我开始画曼陀罗时，我终于明白了，我走过的所有道路，我采取的所有步骤，这一切的一切都在回到一点，也就是说回到了中心点。我逐渐地明白过来，曼陀罗就是中心。它代表了所有的道路，是通向中心，通向个性化的道路。

在1918—1920年间，我开始明白，精神发展的目标就是自性。没有直线性的演变，只有自性曲折的发展。均衡性最多也只是在开始的时候才会存在。随后，一切便朝向这个中心点发展。这一顿悟使我稳定下来，慢慢地，我又重新获得了内心的平和。我知道，在找到表达自性的曼陀罗之后，我便获得了代表终极性的东西。也许某人会知道得更多，但那个人却不是我。

几年之后（1927年），一个梦境使我证实了自己关于这个中心及自性的想法。我可以用一幅名为《永恒之窗》的曼陀罗的画来表达它的本质。这幅画后来在《金花的秘密》中得以重现。一年之后，我又画了第二张曼陀罗，画中央呈现了一座金色的城堡。完成后我问自己："为什么这幅画有如此浓厚的中国味？"无论形式还是选色，它都给我留下了深刻的印象。虽然外观上没有什么中国画的特征，但我依然觉得很有中国味，这便是它带给我的感受。此后不久，我碰巧收到了理查德·威廉寄来的一封信，信中附有一篇题为“金花的秘密”的道教炼金术条约草稿，他还请我就此写一篇评论文章。我立刻如饥似渴地把这草稿读完，我做梦也没想到，文中证实了我关于曼陀罗和中心曲折性的观点。这成为打破我孤立状态的第一件事。我逐渐地认识到了一种认同，我终于可以与某事某人建立联系了。

回想起这一巧合，这一“同步性”时，我不禁在这幅我认为很有中国味的画下面写道：“此画作于1928年，展现了一座戒备森严的金色城堡。此时，身居法兰克福的理查德·威廉寄于我一篇中文文章，论述了黄色古堡即长生不老之源。”

这就是我之前提到过的那个梦：我发现自己身处一个肮脏灰暗的城市。那时正值阴雨连连的黑暗冬夜。这个城市就是利物浦。伴随着几个——也就是六七个——瑞士人，我穿过了好几条黑黢黢的街道。我感觉我们正从港口走来，而真正的城市实际上却在悬崖之上。于是我们爬上了悬崖。这个地方使我想起了巴塞尔，巴塞尔的市场在正下方，你可以经过托藤嘉申（“死者之巷”）一路上行通往上方的高地，然后再穿越彼得广场和彼得大教堂。我们到达这片高地后，发现有一个由昏暗街灯照明的大广场，这是众多街道汇聚之地。城市的各个街区呈辐射状环绕广场分布。广场中央是一个圆形水池，水池的中心则是一座小岛。在雨、雾、烟和昏暗黑夜的共同作用下，周围的一切变得朦朦胧胧，但小岛却被阳光照耀得灿烂夺目。岛上只生长着一株木兰，树上开满了红硕的花朵。这棵树仿佛就矗立在阳光之中，同时还是光源。友人们开始评论这恶劣的天气，显然没注意到这棵树。他们谈起了住在利物浦的另一位瑞士人，对他定居于此感到吃惊不已。繁花盛开的树之美和阳光灿烂的小岛令我心醉神迷，我想：“我很清楚他为何在此定居。”然后我便醒了过来。

对于梦中的一个细节，我还得添上一点补充性的评论：城市单独的街区绕中心点辐射布局。这个点形成了一个开放性的小方块，更大更亮的街灯为其招兵，俨然构成了小岛的小小复制品。我猜那“另一个瑞士人”就居住在其中一个二级中心点附近。

这个梦表达了我此时的心境。时至今日，灰黄的雨衣和上面闪烁的水光依然浮现眼前。一切都那么忧郁，不是黑色的就是灰蒙蒙的——正如我当时所思所感。但是我却产生了一种超脱尘世之美的幻觉，这便是我得以生存的原因。利物浦是“生命之池”。“利物”一词在古人看来，是“生命之根”的意思——是它“创造了生命”。

随梦境而来的还有一种命中注定的感觉。我知道，在梦中已经揭示出了目标。人无法走出这个中心。它便是目标，它便是一切的源头。这个梦使我明白，自性就是方向与意义的原则和原型。其治疗作用便在其中。对我来说，这一顿悟暗示了通往中心进而实现目标的方法，也产生了关于我个人神话的第一个细微迹象。

做过这个梦以后，我就不再画曼陀罗了。此梦描绘了意识发展全过程的高潮。它使我心满意足，因为它描绘了我心境的整幅图景。我已确信，自己正忙于一件重要的事情，不过我仍然对它缺乏了解，我的同事中也没人清楚。此梦给了我清晰的思路，使我得以客观地看待我生命中的事物。

如果没有这一幻觉，我很可能就失去了方向，被迫放弃自己的事业。但是梦境已经帮我清楚地解释了其中的含义。当我与弗洛伊德分道扬镳时，我就知道自己正在陷入那未知的世界。说到底，我对弗洛伊德学说以外的世界，还是一无所知；但我还是朝黑暗迈出了决定性的一步。我的选择，以及梦境的出现，不免让人觉得是一种天意。

我花了整整四十五年，在科学工作的框架中，提炼当时所经历所记录的事情。作为一个年轻人，我的目标就是要在科学上有所成就。但是随后，我触碰到了这股岩浆流，于是它的热量和火焰重塑了我的生活。这就是促使我进行研究的基本事物，而我的作品或多或少算是一种成功的尝试，将这一炽亮的物体融入当代世界的图景之中。

追寻内心意向的岁月是我人生中最重要的时光——所有根本性的事物都在那些时日得到了确定。一切都是从那时开始的，后来的细节只不过是补充详述了一些从潜意识中喷薄而出，起初还淹没了我的材料。这，便是可供终生研究的“原始素材”。

第七章　著述

当我进入后半生的时候，就已经开始面对潜意识的种种内容了。对潜意识的研究是一场持久战，经历了大约二十年的时间，我才在某种程度上理解了自己的幻想。

首先，我必须证明内心体验的历史原型。也就是说，我要问问自己："我所特定的原型是否在历史上出现过？"如果我找不到此类证据，就不可能将我的观点付诸实际。因此，接触炼金术对我产生了决定性的影响，因为它给我提供了迄今为止仍然缺乏的历史基础。

从本质上而言，分析心理学是一门自然科学。但是比起任何其他科学，它更容易受到观察者个人偏见的误导。因此，心理学家要想排除最肤浅的错误（至少是判断上的），他就必须尽可能依赖历史和文学上类似的人物。在1918—1926年间，我认真地研究了诺斯替教派的作家，因为他们也面对过原始的潜意识世界，也探讨过潜意识的内容，以及明显受到直觉世界玷污的种种意象。由于资料缺乏，很难说他们如何理解这些意象。此外，这些资料大部分来自他们的反对者：基督教神父。我觉得，他们极不可能对这些意象产生心理概念，但是就我面临的问题来说，诺斯替教派离我过于遥远，使我难以与他们建立任何联系。据我所知，有希望将诺斯替教派与现实联系在一起的传统已经切断了。而且长期以来，人们也已经证实，找不到连接诺斯替主义——或新柏拉图派——与当今世界的桥梁。但当我开始了解炼金术以后，我才意识到，原来正是它代表了与诺斯替教派的历史性联系，于是过去和现在之间便有了一种延续性。炼金术是基于中世纪的自然哲学，它是一座桥梁，一方面通往过去，一方面又通往未来，通往现代潜意识心理学。

搭建这座桥梁的人便是弗洛伊德，他随之引入的还有古典诺斯替教的性欲主题和邪恶的家长式权威。诺斯替教派的耶和华主题与造物之神主题再次现身弗洛伊德的神话之中，这部神话介绍了早期神父以及衍生而来的阴暗超我。在弗洛伊德的神话里，他变成了一个魔鬼，创造了满是失望、幻觉和痛苦的世界。炼金术士密切关注着物质的奥秘，对物欲的倾向早已从中流露了出来。就弗洛伊德而言，物欲的倾向掩盖了诺斯替教派另一个本质方面：一个送给人类混合器皿（精神转化的器皿）的、权位更高的神的原始形象。混合器皿是一种女性原则，在弗洛伊德的家长式世界里没有立足之地。顺便提一下，持有这种偏见的不止弗洛伊德一人。在天主教思想的王国里，圣母玛利亚与基督的新妇直到最近才被接进了神圣的闺房（洞房），这一举动经过了千百年的犹豫后得以实现。因此这种做法至少已经得到了部分承认。但是在新教和犹太教的范畴里，父权却一如既往地居于统治地位。而在哲学意义上的炼金术里，女性原则发挥着与男性原则同等重要的作用。

我发现炼金术之前做了一连串的梦，梦中反复出现同样的主题。我的房子旁边伫立着另一所房子，即一间厢房或一座附属建筑物，这让我感到意外。每次做梦，我都充满疑惑：为什么这座房子一直坐落在那里，我却对它一无所知。最后我做了一个梦，梦见自己走进了这间厢房。我发现里面有一间美妙的图书室，大约可追溯到16世纪或17世纪。对开本猪皮封面的大部头图书沿靠墙摆放着。其中有几本装饰奇特的铜版画，而插图则包含了我从未见过的奇异的符号。当时我并不明白它们有何所指，直到很久以后我才认出它们是炼金术符号。在梦里，我只意识到这些符号以及整个图书室所散发的魅力。原来这里收藏了中世纪的古版书和16世纪的印刷品。

那未知的厢房便代表了我人格的一部分，以及自我的一个方面；它代表属于我的某种东西，而我还未意识到。厢房，特别是那间图书室，意指炼金术，对此我一无所知，但很快我就会开始研究。大概过了十五年，我的图书室已经塞得满满当当，与梦中的那个十分相像。

1926年前后，我做了一个非常重要的梦，它预示着我与炼金术士的相遇。当时我正在战火纷飞的南蒂罗尔。身处意大利战场的我，正和一个矮个子农民赶着的马车从前线返回。炮弹在我们四周爆炸，我知道必须尽快赶路，因为这里的情况十分危险。

我们需要跨过一座桥，接着穿过一条隧道，而隧道拱顶的某些部分已被炮弹炸毁。当我们来到隧道另一边时，面前竟呈现出一道阳光明媚的风景；我认出，这是维罗纳附近的一个地区。而维罗纳市正雄踞于我们的下方，在灿烂的阳光下熠熠生辉。我感觉如释重负，继续驾车前行，进入了蓊蓊郁郁、生机勃勃的伦巴第平原。小路延伸至春意盎然的可爱乡村；映入眼帘的是稻田、油橄榄树和葡萄园。然后，在路的斜对角处，我发现了一座豪华恢宏的大庄园，很像某个北意大利公爵的宫殿。这是一座典型的庄园，带有许多附属建筑物。这条路穿过一座大宅院，又从宫殿旁经过，仿佛置身于卢浮宫一般。那个小个子的马车夫和我驶入第一道门，而透过远处的第二道门，我们又看到了那阳光灿烂的风景。我环顾四周：右边是庄园的幕墙，左边是仆人的住所、马厩、谷仓和其他附属建筑物，一直伸展了很长一段路。

正当我们到达院子中央，停在大门口前面时，一件意想不到的事发生了：只闻叮当一声闷响，庭院的两道门突然紧紧地关上了。农民跳下马车喊叫："现在可好，我们被关在17世纪了。"我无奈地想道："唉，可不！但又能怎么办呢？说不定我们要在这儿关上好几年呢。"这时候，我的心中涌现了一个自我安慰的想法："从今天起，不管几年之后，总有一天我会再次走出去的。"

从梦中醒来，我在一大堆有关世界历史、宗教史和哲学史的学术著作里搜寻，可是没有找到任何能够解释这个梦的资料。直到很久以后，我才认识到，它指的是炼金术，因为炼金术在17世纪正值鼎盛时期。不过说来奇怪，我已完全忘记了赫伯特·西尔比勒写过什么有关炼金术的著作。那时候，他的书已经出版，但我却认为炼金术是一种愚蠢的歪门邪道，这感觉就像我很欣赏西伯瑞神秘的观点或建设性的观点一样。那时候，我与西伯瑞有书信来往，还告诉过他我对他的作品有很高的评价。西伯瑞悲剧性的死亡表明，他只发现了问题，却没有对其进行深入的研究。他利用了主要的后期材料，而我却对它束手无策。炼金术的后期文本荒诞怪异；只有了解如何阐释它们，才能认识其中暗含的宝藏。

读了《金花》之后，我才开始渐渐体会到炼金术的本质，而这部中国炼金术的样书则是理查德·威廉在1928年寄给我的。我的心中激起了一种欲望，迫不及待地想从更深层次了解有关炼金术的文本。我委托一个慕尼黑的书商，要是有任何关于炼金术的书到了他手里，便立即通知我。不久之后，我收到第一本书《炼金术卷二》（1593），这是一本全面翔实的拉丁文炼金术论文集，其中有几篇堪称“经典之作”。

这本书几乎一动不动地躺了将近两年。我只是偶尔才翻看一下里面的插图，每次都不禁想道：“天哪，都在胡言乱语些什么！简直无法理解！”但是它却不断地激起我的兴趣，于是我下定决心，更加深入透彻地将它研究一番。第二年冬天研究工作开始了，不久我便发现它引人深思，令人兴奋。我敢肯定，这些文本仍然全是胡言乱语，但有些篇章却对我意义重大，偶尔还能发现几句读得懂的句子。最后我终于认识到，原来炼金术士是用象征符号来表达思想的——这些象征可是我的老朋友了。“太好了，这真是太棒了，”我心里想道，“我现在必须学会破译他们。”到了现在，我完完全全地沉浸其中，只要一有时间，我就埋头钻研这些文本。一天晚上，我正在进行研究时，突然回想起深陷17世纪的那个梦境。现在，我终于理解了它的含义。“原来如此！现在，我必须从头开始研究炼金术了。”

我在炼金术思想发展的迷宫中探寻前进，由于没有任何头绪与线索，过了很长时间找到了自己的路。在阅读16世纪的《哲人的玫瑰园》时，我注意到一些奇怪的措辞和表达方式经常反复出现，例如“溶解与凝结”“血管”“石头”“原始物质”“水银”等。我发现，为了表达某种特定的含义，有些词汇经常反复出现。但我却不清楚所谓的特定到底指什么。因此，我决定开始编纂一本关键词词典，加上可以相互参考的注释。随着时间的推移，我积累了好几千条关键词组与词汇，也抄下了满满几本摘录。我沿着文献学的方向进行研究，好像正试图解开未知语言的谜团一样。渐渐地，炼金术的表达方式便其义自见了。这项工作，我全神贯注地干了十几年。

我很快发现，分析心理学以一种最为奇特的方式与炼金术契合。在某种意义上，炼金术士的体验便是我的体验，炼金术士的世界便是我的世界。我偶然间发现了潜意识心理学历史上的对等物，这无疑是个重大的发现。与炼金术进行比较的可能性，以及追溯到诺斯替教派的、持续不断的知识链，都为我的心理学提供了实证。当我聚精会神研读这些古老文本的时候，各种幻觉形象、在实践中积累的经验材料和种种结论都各归其位了。我现在开始理解，这些精神性的内容，从历史的角度来讲，到底是什么意思了。早在研究神话的时候，我便开始了解精神性内容的典型特征，如今我的理解更加深入了。原始意象及原型本质在我的调查研究里占据着中心地位；我很清楚，没有历史，就没有心理学，当然也不会有潜意识心理学。可以肯定的是，意识心理学满足于从个人生活中获取的材料，但只要想解释一种神经症，我们就需要一份既往病史，因为比意识中的知识，它更加深入地反映病情。而在疗治过程中，需要作出非常规决定的时候，梦境便会出现，而进行梦的解析，则需要比个人记忆更丰富的知识。

我认为自己对炼金术的研究暗示着我与歌德的内在联系。歌德的秘密在于：几个世纪以来一直持续的原型性变化过程牢牢地支配着他。他认为“浮士德”是一个“重要的作品”或“神圣的作品”，将它称之为自己的“主要事业”，而他的一生都在这部戏剧的范围内上演。因此，在他身上存在并活跃着的便是一种充满生命力的本质，是一种超人的过程，是原型世界的伟大梦想。

我自己也萦绕在同样的梦境之中。从十一岁时起，我就开始从事单一的事业：我的“主要工作”。我的生命渗透着一种观念和一个目标渗入人格的秘密当中。正是它使我的生命得以完整。一切都可以依据这个中心点得到解释，而我的所有著作都涉及这一主题。

我真正的科学研究始于1903年进行的联想试验。我认为这是我在自然科学领域的第一次科学研究。在《词语联想研究》之后我又写了两篇精神病学方面的论文：《早发性痴呆心理》和《精神病的内容》，它们的起因我在前面已经讨论过了。1912年，我出版了自己的新书《性欲的变化和象征》，而我与弗洛伊德的友谊也走到了尽头。从那时候起，我就要独闯天涯了。

我对自己的潜意识意象产生了极大关注。这一时期从1913年持续到1917年；此后，幻觉的滚滚洪流开始逐渐退去了。在这些幻觉尚未完全消失，而我也不再迷途魔山之中时，我才能以客观的态度看待整个体验，并开始深入思考。我问自己的第一个问题是："人们怎样对待潜意识？"我的答案是《自我与潜意识之间的关系》这篇文章。1916年，我在巴黎曾就以上主题举办了一场讲座；虽然讲座的内容直到十二年后才以德文出版，但表达的形式却更加丰富了。在讲座中，我描述了潜意识的某些经典内容，并说明：意识思想对潜意识抱有的态度，绝非麻木不仁。

与此同时，我还忙于《心理类型》一书的准备工作，此书于1921年首次出版。最开始的创作目的，就是要界定自己不同于弗洛伊德的和阿德勒的观点。在试图解决以上问题的过程中，我遇到了心理类型的问题；因为一个人的心理类型从一开始就决定并限制了他判断的方式。因此，这本书想要探讨个人与世界的关系，与他人的关系以及与事物的关系。书中讨论了意识的方方面面，即意识思想对于世界可能采取的种种态度，因此，从临床角度上来说它便构成了一种意识心理学。我将大量文学作品的素材运用到了这本书里。斯皮特勒的作品在其中更是占据了特殊地位，特别是他的《普罗米修斯与厄庇墨透斯》。但是我也讨论席勒、尼采以及古代和中世纪的知识史。我甚至冒昧地给斯皮特勒寄去了一本《心理类型》。他没有答复我，但不久后他却举办了一场讲座，在讲座中他斩钉截铁地宣布，《普罗米修斯与厄庇墨透斯》一书根本不“代表”什么，就像他很可能会唱“春天来了，啦啦，啦，啦啦”一样。

这本有关心理类型的书使我洞察到，个体作出的每一判断都受到其人格类型的制约，而且每一种观点都必定具有相对性。这便产生了统一性（统一性必须补偿多样性）的问题，于是它直接把我引入了中国“道”家观念。我已经讲过，我的内心发展与理查德·威廉寄给我的道教文本之间产生过相互作用。1929年，我和他合著了《金花的秘密》一书。直到我的思想和研究到达了关键时刻，也就是接触到“自我”这个概念的时候，我才再次找到了重返世界的路。我开始举办讲座，游历四方。各种各样的论文和讲演稿成为衡量我数年以来内心探索的砝码。这其中还包含了读者和病人向我提问的答案。

自从《变化和象征》问世后，里比多理论变成了令我深度关切的课题。我把里比多设想为一种具有体能的精神类似物，因此他或多或少是一种定量概念，我们不应以定性术语来界定里比多。我的想法是摆脱时下流行的、具体化的里比多理论——换句话说，我不希望再次提及饥饿、侵略和性欲等本能，而是把所有这些现象看作精神能量的表现方式。

在物理学中，我们也谈论能量及其各种表现方式，例如电、光、热等。在心理中的情形也恰恰如此。同样，我们主要研究能量，也就是说，研究强度，以及或大或小的数量。这种能量会以各种伪装的形式出现。假如把里比多设想为能量，我们便能采取综合和统一的观点。不论它是性欲、权欲、食欲或是别的什么欲望，如何为里比多的本质定性，已经退居幕后了。我希望为心理学作出贡献，提出某种彻底而完整的看法，就像能量学理论为物理学作出的贡献一样。这正是我在论文《论精神能量》（1928）里追寻的东西。例如，我把人类的动机看作能量变化过程的各种表现形式，因此也就类似于热与光这样的力。就像现代物理学家不只从热能中提炼各种形式的力一样，心理学家也应该警惕，不应把一切本能都归因于性欲概念。这便是弗洛伊德最初的错误，随后他将其更正为“自我本能”这一假设。再后来，他又提出了“超我”的学说，并且赋予了它一种至高无上的地位。

在《自我与潜意识之间的关系》里，我只谈到了自己对潜意识的关注以及这种关注的本质，但对于潜意识本身，我却没有作过多论述。当我研究自己的幻觉时，才发现潜意识会经历变化或引起变化。而直到熟悉了炼金术以后，我才认识到潜意识是一个“过程”，而自我的关系使精神变化或发展成潜意识的内容。在个例当中，梦和幻觉能够解读这一转变。在集体生活中，转变主要存在于不同的宗教体制及其不断变化的象征当中。通过研究集体转变过程、了解炼金术的象征意义，我得出了荣格心理学的中心概念：个性化的过程。

我的工作很快开始接触到一个人的世界观，接触到心理学和宗教之间的种种关系，这些都是基本的方面。在《心理学与宗教》（1938）一书中，我首次对这些问题进行了细致的研究，接着，在这本书的直接产品《自大狂》（1942）中，我也讨论过这些问题。《自大狂》的第二篇文章《作为一种精神现象的自大狂》从世界观的角度来看显得特别重要。帕拉塞尔苏斯的作品包含了大量独创的观点，其中清晰地阐述了炼金术士提出的各种问题，尽管这些问题带有后期和巴洛克时期的色彩。通过帕拉塞尔苏斯的作品，我最终得以讨论与宗教和心理学有关的炼金术本质了——或者换句话说，我可以讨论作为一种宗教哲学的炼金术的本质了。我在《心理学与炼金术》（1944）中就是这样实践的。于是，我终于落地了，落到了埋有我1913—1917年种种体验的地面上了；因为那是我曾经历的过程，对应了书中论述的炼金术的变化过程。

我的头脑中自然而然地盘旋着一个问题，即潜意识的象征与基督教及其他宗教有什么关系？我不但为基督教的信息传播提供了可能性，还将它视为对西方人意义非凡的一件事。然而，我们要以新的目光看待它，要按照当代精神带来的种种变化对待它。否则，它便会与时代脱节，而且不再对人的整体性起作用。我一直致力于在自己的文章中表达这一观点。我曾对三位一体的教义以及弥撒文本作过心理学的阐释——我将这两者与帕诺波利斯的佐西莫斯所描述的幻象进行比较，佐西莫斯是3世纪时的炼金术士和诺斯替派教徒。我试图构建分析心理学与基督教之间的关系，我的尝试终于指向了基督这个心理形象。早在1944年，我就在《心理学与炼金术》中论证了基督形象与哲人之石（炼金术士的关键概念）之间存在对应关系。

1939年，针对伊格内修斯·罗耀拉的《精神修炼》，我举办了一场研讨会。那时，我还忙着研究《心理学与炼金术》。一天晚上，我从梦中醒来，沐浴在明亮的月光下，看见床尾有一个钉在十字架上的基督形象。样子虽然没有真人那么大，但却相当逼真，而且我还发现他的身体是用翠绿色的金子做成的。这一景象虽然美妙非凡，但我还是被它深深地震撼住了。这样的幻象对我来说已经司空见惯了，因为我经常在似睡非睡、似醒非醒的状态下看到极为生动的意象。

我向来对基督的灵魂思索颇多，他是来自《精神修炼》的冥想之一。这一幻象的出现似乎为我指明了某种在沉思中被忽略了的东西：基督与炼金术士的“非凡之金”和“翠绿之金”类似。当我认识到这一幻象指的就是炼金术的关键象征时，当我认识到我从本质上已经对基督产生炼金术幻象时，我已经感到释然了。

那翠绿之金是炼丹术士在人类和无机自然物当中看到的具有生命力的本质。它表现了生命精神、人的灵魂以及宏观世界之子，也使整个宇宙充满了生机。这一精神把自己倾注于万物之中，甚至还进入无机物里，出现在金属与石块中。我的这一幻象便是基督的形象和宏观世界之子的结合。如果不是受到翠绿之金的震慑，我可能试图假设，某种本质性的东西正从我那“基督教的”观点中消失——换句话说，我传统的基督形象或多或少存在缺陷，而我依然得跟上基督教发展的步伐。然而，对金属的强调告诉我，毫不掩饰基督的炼金术概念是一种肉体死去但精神犹存的物质。

在《永恒之塔》中，我再次对基督的问题进行了研究。我关注的不再是各种历史相似物，而是基督的形象与心理学的关系。我也不再认为基督是一个失去了所有外在特征的人物形象。相反，我希望能够展示他所代表的、延续了千百年的，宗教内容的发展过程。占星术如何预测基督降临？基督时代的时代精神如何诠释基督？在两千年基督文明发展过程中人们如何看待基督？这些问题对我来说同样重要。而几百年间聚集在他周围的一切奇妙光辉，也是我想要描绘的。

正当我深入研究以上所有问题的时候，历史人物——作为凡人的耶稣——的问题也随之出现了。这一问题意义重大，因为他所在时代的集体智慧——也可以说是群集而成的“人类”的原始形象——已经凝聚在他这个名不见经传的犹太预言者身上了。人类的古老观念，一方面植根于犹太人的传统中，另一方面植根于埃及荷鲁斯神话中；在基督教纪元开启之时就为人所接受，因为它是时代精神的一部分。它主要关心的是“人子”，即上帝之子，他站在神化了的奥古斯都大帝的对立面，而后者是整个世界的主宰。这一观点与起初的犹太教弥赛亚问题纠缠到一起，并使后者成为一个世界性问题。

有人认为耶稣，一个木匠的儿子，能够传播福音成为救世主，纯属是偶然现象，然而以上观点却是一个严重的误解。耶稣一定具有异常非凡的天赋，才能如此完整地表述、呈现他那个时代人们普遍而潜意识的期望。除他之外，没有任何一个人能够承载、传递这样的信息，只有耶稣自己才可能做到这一点。

在那些时代里，罗马帝国无处不在，压倒一切的权力（以恺撒大帝为代表），创造了一个世界。在这个世界中，权力剥夺了无数个体，乃至所有民族的文化独立与精神自主。今天，个体和文化面临着同样的威胁，即被大众吞噬。因此，在许多地方出现了渴望基督再现的浪潮，甚至出现了不切实际的谣言，表达人们希望获得赎救的愿望。然而它所采取的形式，却无法与过去的任何事物相提并论，只是“技术时代”的一个典型产物罢了。这就是遍布于全世界的“飞碟”现象（不明飞行物体）。

我想要充分论述我的心理学与炼金术相对应，或者炼金术与我的心理学相对应，所以我想看看炼金术士的著作中论述了哪些心理疗法方面的特殊问题，顺便研究一下宗教的问题。临床心理疗法所涉及的主要问题就是“移情”。在这方面，我与弗洛伊德观点完全一致。我同样能够证明，炼金术中也含有某种东西与移情相对应——那就是“结合”的概念，西伯瑞已经注意到“结合”的重要性。而这种对应性也能在我的作品《心理学与炼金术》一书中找到证据。两年之后，也就是1946年，我在《移情心理》中对上述问题进行了深入研究，并最终促成了《神秘的结合》一书。

“结合”的出现，预示着并伴随着梦境。无论是个人还是科学方面，凡是我关注的问题，都会如此。在其中一个梦境里，“结合”的问题及基督的问题都凝聚成了一个明显的意象。

我又梦到自己的住所有一座我从未见过的附属建筑物。我决心一探究竟，最终走了进去。我来到一扇硕大的双重门之前。打开门，我发现自己身处一个实验室模样的房间里。窗户前面摆着一张桌子，桌上堆满了玻璃容器以及动物学实验室所需的相关用具。这是我父亲的工作室，但他却不在里面。沿墙竖立的书架上摆着几百个瓶子，里面装着你能想象得出的所有鱼类。我惊呆了：原来父亲正在从事鱼类学研究！

正当我站在实验室里四下观望的时候，我发现一面窗帘时不时地鼓起来，好像有强风吹过似的。突然之间，一个名叫汉斯的年轻乡下人出现了。我叫他去看看窗帘后面是否有一扇敞开的窗户。他走了过去，一去就是很长时间。当他回来时，我看到他的脸上呈现出一副惊恐的神色。他只说：“没错，有东西在里面，它就在那里出没！”

然后，我走了进去，发现一道门通向我母亲的房间。里面空无一人，气氛有点神秘。这个房间很大，天花板上吊着两排衣柜（五个衣柜为一排），衣柜离地面大约两英尺高。它们看起来就像花园里的小亭子，每个大约有六平方英尺，都装有两张床。我知道，现实中早已去世的母亲重回人间时就住在这里，她摆上这些床，方便来访的灵魂睡觉。它们是出双入对的鬼魂夫妻。它们在那里过夜，甚至连白天也在那里休息。

母亲房间的对面有一扇门。我打开门，进入了一个大厅；它使我想起了一所大饭店的前厅。大厅里配有安乐椅、小桌子，四周是柱子，墙上悬挂着奢侈挂件。一个铜管乐队正在响亮地演奏着；我在后面都已经听到了音乐声，但却不知道从哪里传来的。大厅里除了铜管乐队在大声吹奏舞曲和进行曲，看不到一个人影。

饭店大厅的铜管乐队意味着招摇的寻欢作乐和市侩气息。谁也想不到，在这喧嚣的大门后面会是另一个世界，与尘世恰好位于同一幢建筑里。梦中大厅的意象可以说是对我这个老实人的讽刺，抑或是对世俗享乐的讽刺。但这只是表象；表象后面却隐藏着某种截然不同的东西：鱼类实验室和为鬼魂悬挂的亭子。而我们无法在喧嚣的管乐中调查研究这些东西。它们是令人恐怖的地方，笼罩着神秘的寂静。身在其中，我感到这里就是黑夜的栖身之处，而大厅则代表着白天的世界和白日的肤浅。

这个梦中最重要的意象是“鬼魂招待室”和鱼类实验室。前者以某种滑稽的方式表现了“结合”；后者则暗示了我对耶稣基督的成见（我认为耶稣是鱼）。它们都是使我连续研究了十几年的课题。

值得注意的是，对鱼类的研究成了我父亲的任务。在这个梦里，他是基督徒的灵魂守护者，而根据古人的观点，它们都是用彼得的网抓到的鱼。同样引人注目的是，在这同一个梦里，我母亲却成了死者灵魂的保护者。这样一来，我的父母看起来都背负着“治疗灵魂”的重任，而实际上，这一重任却落在了我的身上。我父母还担负着一件尚未完成的事；也就是说，这件事仍然潜伏在潜意识当中，因此只有等到将来才能解决。有人提醒我，说我还未解决“哲学上”炼金术的主要问题，也就是“结合”的问题，因此也就尚未回答基督徒的灵魂向我提出的问题。此外，关于圣杯传说的主要工作，也就是我妻子毕生的事业，同样尚待完成。回想起来，当我在《永恒之塔》中论述鱼类象征的时候，我脑海里经常会浮现出追寻圣杯的情景和渔夫之王的形象。要不是不愿意闯进妻子的研究领域，我肯定会把圣杯的传说纳入炼金术的研究当中。

在我的记忆里，父亲受了安福塔斯式的伤，是一个伤口无法愈合的“渔王”——这种伤也叫作基督的苦难，而炼金术士正是为了治愈苦难才去寻找灵丹妙药。我小时候得了一种病，像帕西法尔一样说不出话来。能做的只有暗示。事实上，我父亲本人对兽形基督象征从不感兴趣。然而直到去世之前，他却一直生活在基督预见并承诺过的痛苦里，而且从来没有意识到这都是效法基督的结果。他认为自己的病痛是个人的苦难，而非普遍意义上基督徒所受的苦难，所以应当听从医生的建议加以治疗。《加拉太书》第二章第20节提到：“现在活着的不再是我，乃是基督在我里面活着”，这段经文从未完全地渗透到父亲的思想当中，因为一想到宗教问题，他就会不寒而栗。他只满足于信仰，而信仰又击碎了他内心深信不疑的东西。这往往就是理性牺牲的回报。《马太福音》第九章第11节提到：“这话不是人人都能领受的，唯独赐给谁，谁才能领受。因为有生来是阉人，也有被人阉的，并有为天国的缘故自阉的。这话谁能领受，就可以领受。”盲目地领受从来不能解决问题，充其量导致停滞不前，并要下一代付出沉重的代价。

众神的兽形属性特征表明，它们不仅延伸到超人的领域，还进入低于人类的国度里。动物就是他们的影子，大自然将其与神圣的影像联系起来。“基督之鱼”表明，效法基督的人本身就是鱼——也就是需要得到动物式照顾的潜意识灵魂。鱼类实验室等同于基督教会的“心灵治疗”。正如受伤者弄伤自己一样，医治者也能治愈自己。值得注意的是，梦中起到决定性作用的行动是在意识之外的世界，即潜意识的世界里，在死者之间做出的。

因此，在我生命的那个阶段，我仍然没有意识到我的任务的本质方面，对以上梦境也难以给出令人满意的解析。我只能感觉它的意义。因此，在写出《答约伯书》之前，我仍需克服极大的、来自内心的反抗。

《答约伯书》的内在根源可以在《永恒之塔》里找到。在《永恒之塔》里，我论述了基督教徒的心理活动，而约伯则是基督的某种征兆。正是经受苦难的观点将基督和约伯联系起来。基督和约伯都是替上帝受苦的奴仆。就基督而言，世界上的罪是一切苦难的根源，因而基督徒的苦难是普遍存在的。那么一个不可回避的问题产生了：谁应该为这些罪负责？归根结底，是上帝创造了世界和世上的罪，因此，他变成了基督，为人类的命运受苦。

《永恒之塔》多次提到这一神圣形象的正反两面。我列举了“上帝的愤怒”、敬畏上帝的戒律以及“让我们免于试探”的恳求。上帝自相矛盾的形象在《约伯书》中起到了关键的作用。在某种意义上，约伯希望上帝会站到他身边来反对上帝；

从中我们可以看出，上帝处于一种悲剧性的矛盾当中。这便是《答约伯书》的主要内容。

除了内在根源，还有一些外在力量促成了《答约伯书》的写作。公众和病人们提出的许多问题让我感觉到，在面对现代人的宗教问题时，我必须更加鲜明地表明自己的立场。多年以来，我一直犹豫不决，因为我非常清楚自己将掀起一场巨大的风暴。但是到了最后，我完全被这个紧迫而困难的问题控制住了，不得不加以解答。于是我开始解答问题，就像它们自己呈现在我的面前一样。换句话说，这是一种充满感情的体验方式。我故意选择了这种方式，避免给人留下宣扬某种永恒真理的印象。《答约伯书》想要表达的只不过是一己之见，希望并期待引起其受众的思考。因此，我根本没想阐述一种形而上的真理。然而神学家们却指责我已经那样做了。神学思想家们太习惯与永恒真理打交道了，以至于对其他真理一无所知。当物理学家说原子是这样那样的结构时，当他们画出原子结构图时，他并没有试图表达任何类似永恒真理的东西。但是神学家们并不懂自然科学，尤其不懂心理思维。分析心理学的材料，即其主要事实，构成了“陈述”，常常以相同的形式出现在不同的地点和时代。

分析心理学所有分支中出现的约伯的问题，在梦境中也有所预示。我凭吊去世良久的父亲之时，这个梦也开始了。父亲住在乡下——具体的地方我并不清楚。我看见了一幢18世纪样式的房子，里面有很多房间，外面有高大的附属建筑物。后来我了解到，这幢房子原本是一家毗邻矿泉疗养院的旅店，而且看来众多达官显贵、皇亲国戚也曾造访于此。另外，他们之中有好几人已经去世，棺材存放在这幢房子的地下室里。我父亲是这里的看守，守护着这些棺材。

我很快发现，父亲不仅仅是个看守，还是位名正言顺的著名学者——在他的一生中可从来没有这等事。我在书房中见到了父亲，不过说来也奇怪，有个年纪与我相仿的医生，还有他的儿子（两人都是心理医生），竟然也在现场。不知道是因为我提了个问题，还是因为父亲自己想解释什么，只见他从书架上取下了一部沉甸甸的对开本《圣经》，很像我图书室里那本梅里安《圣经》。父亲握着的这本《圣经》是用闪亮的鲨鱼皮包装的。他打开《旧约》部分——我猜他翻到了《摩西五经》的地方——然后开始阐释某一章节。他讲得非常快，涉及的知识又很广博，我有点跟不上他。只注意到谈话间流露出他广博而庞杂的知识，虽然我能懵懵懂懂多少领悟这些知识的重要性，但却无法适当地评价或掌握。我发现那个医生一点也不懂，而他的儿子开始大笑起来。他们觉得我父亲自不量力，只不过是老头子在瞎唠叨，但是我却非常清楚，父亲的阐释不是由于病态的激动，何况他根本没说什么愚蠢的话。相反，他的论点博学智慧，只是因为我们愚蠢，才无法领会。他探讨的是一些举足轻重，又令他心醉神迷的事。这就是为什么他讲话铿锵有力，脑海中涌现深刻的观点。他在我们三个傻瓜面前侃侃而谈，使我感到既愤怒又惋惜。

那两位精神病医生代表了一种目光短浅的医学观点，当然，它也影响到了做医生的我。他们代表着我的阴影——这个阴影的两个翻版，即父与子。

然后，情景发生了改变。我和父亲来到了这幢房子前面，面对着明显摆放了木材的棚屋。我们听到了巨大的砰砰声，好像有人把大块大块的木板扔了下来，或是随意乱扔似的。我感觉，至少有两个工人在那里忙活，但父亲却暗示我，棚屋其实正在闹鬼。显然是某种鬼怪在制造喧闹的声音。

后来，我们进入这栋房子，看到屋内非常厚实的墙面。我们沿着一截狭窄的楼梯爬到了二楼。一种奇怪的景象呈现在我们眼前：那是一间跟法塔赫布尔·西克里苏丹阿克巴的会议厅一模一样的大厅。这是一间高高的圆形房间，沿着墙壁有一个回形走廊，走廊上有四座桥通往一个盆形的中心。盆形中心坐落于一根巨大圆柱上面，形成了苏丹的圆形座椅。他便从这一高位对谋士和哲学家们讲话，而这些人在回廊中沿墙而坐。整个画面变成了一幅巨大的曼陀罗，恰好与真正的会议厅交相呼应。

在这个梦境中，我突然间发现房屋的中央有一段陡峭的楼梯，向上直达墙的尽头——此处已经不再与真实对应。楼梯的顶端有一扇小门，父亲向我说道："现在我要带你进入最至高无上的存在。"说着他立刻跪倒在地磕了一个头。我也像他一样跪了下来，心情异常激动。由于某种原因，我的额头无法完全接触地板——大概还差一毫米。不过我至少模仿他的姿势去做了。突然之间我发现——也许父亲早已告诉我——上面的门通向了一个孤零零的房间，那是大卫王的将军乌利亚的住所；为了自己的妻子拔示巴，大卫王竟命令兵士在敌人面前抛弃了乌利亚，可耻地出卖了他。

对于这个梦境，我必须作几点解释。开始时的情景描述了我留给“父亲”的潜意识任务是如何完成的。父亲显然对《圣经》着了迷——或许是《创世纪》？——并急于和他人交流自己的顿悟。鲨鱼皮表示《圣经》是一种潜意识的内容，因为鱼不会说话也没有意识。我那可怜的父亲并没能成功地将二者的寓意传达出来，因为有些听众无法理解，而有些不仅愚蠢还满怀恶意。

经历过这次失败以后，我们横穿街道来到了“另一边”，也就是鬼魂出没的地方。鬼怪现象经常发生在青少年身上；也就是说，我还不成熟，意识还非常不清楚。梦中印度的环境表明的是“另一边”。当我在印度的时候，议会厅的曼陀罗结构确实给我留下了难以磨灭的印象，我觉得它代表了与中心相关的内容。这个中心正是阿克巴大帝的宝座。像大卫王一样，他统治着一个次大陆，是“统治世界的君主”。但是作为无辜的牺牲者，被弃敌军的忠诚大将乌利亚却位于大卫之上。乌利亚是基督的预兆，而神拣选的基督却被抛弃了。“我的神，我的神，为什么离弃我？”而最重要的是，大卫把乌利亚的妻子“据为己有”。直到后来，我才明白乌利亚这个典故的寓意：我不得不公开讲出《旧约》中上帝形象的矛盾而作为惩罚，死神将夺取我妻子的生命。

这就是隐藏在潜意识里，等待着我的事情。我必须向命运屈服，必须完完全全将头叩在地板上，如此以来便完完全全谦恭屈服了。但是某些事情却阻止了我，令我与目标差之毫厘。

我身上的一个声音在说："一切都很好，但却不够完美。"我身上的某种东西发起了挑战，决心不做一条沉默的鱼；如果自由之人身上缺少了这种东西，《约伯书》就不会在基督诞生前的几百年前写成。人的思想总会有些保守，即使面对神的旨意时也是如此。不然的话，人又怎会有自由呢？如果这种自由不能给上帝以威胁的话，它又有什么用呢？

因此，乌利亚生活在一个高于阿克巴的地方。正如梦中所说，他甚至是"至高无上的存在"，这种说法原本只适用于上帝，除非我们是在谈论拜占庭精神。这里，我不禁想起了佛祖以及它与众神的关系。对于虔诚的亚洲信徒来说，如来佛是万物之中至高无上的、绝对的神明。正因为如此，人们一直怀疑小乘佛教为无神论，这实则相当错误。依靠众神的力量，人类才能洞察造物主。在本质性方面，人类甚至被授予了消灭"万物"的权力，即消灭人对世界的意识。今天，人类已经可以利用放射性物质来消灭地球上所有的高等生物了。佛祖已经暗示过世界灭亡的观念：通过大彻大悟，轮回的链条，即不必然导致生老病死的因果关系链条，便可以被打断，于是存在的幻觉便终结了。叔本华对意志的否定似乎预示着不远未来的问题。这个梦揭示了长期存在于人类当中的思想和预兆，即生灵以微小而具有决定性的因素胜过了造物主的观念。

经过了这次梦中世界的长途跋涉之后，我必须再次回到自己的作品上来。在《永恒之塔》中，我开始接触到一系列问题，需要分别加以解决。我曾试图解释基督的出现如何与一个新永世的起源，即鱼类的时代相对应。基督的一生与客观的天文学现象（春分进入双鱼宫处）之间存在着同步性。因此基督就是“鱼”（就像在他之前的汉谟拉比是“羊”一样），并作为新永世的统治者出现。这引发了我在论文《同步性：一种非因果关系的联结原则》中讨论的同步性问题。

《永恒之塔》中关于基督的问题最后将我引入另一个问题当中：人类学现象（用心理学表达就是本我）如何在个体体验中表达。在《来自意识的根源》（1954）一书里，我尝试着回答这个问题。在这里，我关心的是意识和潜意识之间的互相作用、从潜意识到意识的发展过程以及更伟大的人格，即内心中的人对个体生活所产生的影响。

这一研究使《神秘的结合》更加完善，在这本书里，我再次提到了移情的问题，但主要还是按照我原本的想法，将炼金术的全部内容视为一种炼金术心理学或深度心理学的炼金术基础。在《神秘的结合》里，我的心理学至少得到了一种现实的地位并建立在了现实的基础上。如此一来，我的任务完成了，我的工作结束了，而且我的心理学现在也站稳脚跟了。我一接触到深层的东西，就受到了科学理解的限制，受到了超验的限制，受到了原型本身特性的限制，对于这种特性，我们无法再作进一步的科学陈述。

在这里我对研究工作的综述当然只是一个简单的总结。我确实应该说得更加详细或者更加简洁才对。这是一种即兴创作，就像现在我诉说的一切。它是瞬间产生的灵感。懂得我工作的人可能会从中获益，其他人也许不得不进入我的观点当中才能有所了解。我的事业，也就是我的科学工作，构成了我的一生，两个相依相存，不可分离。工作表达了我的内在发展；因为投身于潜意识内容的研究构成了人类并改造了人类。我的作品可以看作我人生旅途中的各个站点。

我的所有作品可以看作内心派下的任务，其本源是一件命中注定的强迫性冲动。我所写的都是内心汹涌澎湃的事情。我允许感动我的灵魂坦率地表达。对于我的著作，我从来不指望他人对我的作品有任何强烈的反应，任何有力的共鸣。它们代表一种对我们时代的补偿，而我也是不得已才说些无人愿听的话。因此，特别是在最初的时候，我常常感到极度绝望孤独。我知道自己所说的话不会受人欢迎，因为我们这个时代的人很难接受对意识世界的反对意见。今天我可以说，我获得了人们赋予我的，远远超乎我想象的巨大成功，这着实令我感到惊讶。我觉得，自己做到了有可能做到的一切工作。毫无疑问，我一生的工作原本会更加长久，原本会干得更加出色，但也有很多事情是我力所不及的。

第八章　塔楼

渐渐地，通过创作科学作品，我为幻觉及潜意识的内容打下了夯实的基础。但对我来说，文字和纸张还远远不够，我还需要其他东西。我要坚定不移地表达内心深处的思想和业已掌握的知识。换句话说，我要坚定不移地承认自己的信念。这便是“塔楼”——我在波林根为自己建造的房屋——的起源。

一开始，我就决定把塔楼建在近水的地方。我一直被苏黎世湖上游的美景所吸引，自己也感到很奇妙。于是到了1922年，我买下了波林根的某块土地。它坐落在圣梅恩拉德地区，是一处老教堂地产，以前隶属于圣高尔修道院。

起初，我并没有打算把它建成一座传统意义上的房屋，而只是一种原始的独层住宅。房屋采用圆形结构，中央内置火炉，沿四壁摆放几张床铺。在我的脑海中，它或多或少已然变成了一间非洲小屋，火炉是用石头环绕搭建的，炉火在其中静静燃烧。而全家人的整个生活都围绕着这个中心转动。原始的小屋把整体性的观念具体化了，在家族式的整体中，连各种家禽家畜都参与其中。但即便在修建的最初阶段，我就已经改变了计划，因为我觉得它实在是太原始了。我意识到，应该把它建成一幢正规的二层小楼，而不只是一座趴在地面的低矮小屋。于是，在1923年，第一座圆形住宅建了起来，竣工的时候，它已经变成了宜居的塔楼了。

从建成之日起，我便从塔楼身上感到了一种休养生息的强烈感情。对我来说，它代表着一种母性的温暖。但我渐渐认识到，它并不能表达我需要表达的一切，好像还是少了些什么。于是，四年之后，也就是1927年，我添加了一个由塔式附属建筑物构成的中央结构。

转眼间，四年又过去了，一种缺憾之感再次油然而生。在我看来，这座塔楼仍然显得过于原始，于是在1931年，我又对塔形的附属建筑进行了扩建。在这里面，要有一间独属于我的房间。其实心中早已浮现印度式的房屋，里面通常都有一个供居住者退隐的地方，哪怕可能只是用窗帘隔开的房屋一角。他们可以在其中冥想一刻钟或半小时，或者练习练习瑜伽。在印度，这样一个隐居的地方是必不可少的，因为印度人的生活相当拥挤。

在退隐的房间里，我备感舒适自如。我随时佩戴钥匙，没有我的允许，谁也不准进入。过去的几年间，我在墙上画了很多画，表达了我所有的想法，使我抽出时间进入隐居，使我摆脱现在，进入永恒。因此，塔楼的二楼成了一个精神专注的地方。

1935年，我心中燃起了一个愿望，我想要一块围栏围起来的土地。我需要一个更大的空间，永远朝向天空与大自然。于是，第三个四年度过之后，我添加了一处庭院和一个湖畔边的凉亭，这二者构成了第四种成分，与房屋的三位一体隔离开来。这样，四位一体的情况便出现了，四个不同的部分构成了这座塔楼，而且还是在十二年的过程中建成的。

妻子1955年去世后，我的内心产生了一种责任，那便是成为真正的自己。用波林根塔楼的语言来说就是，我突然认识到，那个蜷缩得如此之低，隐藏得如此隐蔽的房屋中央，就是我自己！我再也不能把自己藏匿于“母性”和“精神性”的塔楼后面了。于是，就在同一年，我在塔楼的中央又添了一层，用来代表我自己，或者说是我的自我人格。以前我根本不可能这样做；因为我会把它看作以自我为中心的自我放纵。现在，它却意味着暮年所达到的意识的延伸。正因为有了这一层，整个塔楼才变得完整了。第一层塔楼是在我母亲去世后两个月，也就是1923年开工的。这两个日期有特殊的意义，因为我们将会目睹，塔楼与死者相关。

我始终觉得塔楼在某方面是个可以催人成熟的地方——一个母体的子宫或一个母亲的形象，在里面我可以成为过去的我、现在的我和将来的我。它使我感到自己仿佛在石缝中重生。因此，它是个性化过程的具体体现，一种比青铜更恒久的纪念品。当然在建造期间，我从来没有考虑过这些事情。我总是按照当时的具体需要，把房子建成各个部分。也可以说，我是在一种梦境中将它建造起来的。只是后来，我才看出所有的部分完美地结合在一起，造就了一种富有意义的形态：一种精神完整性的象征。

在波林根，我身处自己真正的生活之中，我最为深切地成为了原本的自我。在这里，我好像就是“母亲年长的儿子”。正如炼丹术明智指出的那样，因为我从小就已经体验到的“老人”“古人”的概念，其实是第二人格，它一直存在并将永远存在下去。他超越时间而存在，是母性潜意识的儿子。在我的幻觉中，他以腓利门的形式出现，而在波林根，他又恢复了生命。

我时常感觉自己像是融入了周围的风景与物体当中，感觉自己生活在每一棵树木里，生活在汹涌的波浪里，生活在云朵里，生活在来来去去的动物里，生活在不断交替的四季里。十多年来，塔楼里的一切都成长为自己的样式，一切事物也与我有着千丝万缕的关联。这里的一切都有他们的历史，我也不例外；这里就是为世界与精神的蛮荒之地，为这个无限的王国所预留的空间。

塔楼里没有电，我亲自照看壁炉和火炉，夜幕降临，我点上几盏老灯。塔楼也没有自来水，我便亲手从井里抽水上来。我还要劈柴做饭。这些简朴的生活方式使人变得简单，而简单是多么困难的一件事啊！

在波林根，我的四周万籁俱静。在这里，我能“与大自然和谐共处”。此时，思想便会浮上表面，追溯到千百年前，预期至遥远的未来。在这里，创造的痛苦减轻了，创造变得越来越像玩耍了。

1950年，我用石头做了一块纪念碑，以表达塔楼对我的意义。说起石头的来历，还真是个奇怪的故事。我需要一些石头用来建造所谓的花园围墙，于是就从离波林根不远的采石场订购了石料。石匠把所有尺寸告诉了采石场主人，后者又用笔记本记录下来，那时我正好站在旁边。他们用船将石头运来，卸到了岸上，结果却发现，墙角石的尺寸全搞错了；本来应该是一块三角石，没想到送来的却是一块方石，比订购的大了整整一个立方，有二十英寸那么厚。石匠火冒三丈，让运石头的人马上把它运回去。

但是我一看到这石，便说：“且慢，它正合我意，非它不可！”因为我一眼便看出，这块石头太适合我了，我想用它做点什么，但还没拿定主意。

我首先想到的是炼金术士阿诺德斯·德·威拉诺瓦（1313年去世）写的一首拉丁文小诗。我用凿子把它刻在石头上面。翻译过来就是：

卑微丑石，

一文不值！

愚者轻之，

智者爱之。

这首诗所指就是炼金术士梦寐以求的石头，即天青石，这样的石头自然受人鄙视和排斥。

很快又出现了另一件事。在石头正面的天然纹理中，我发现了一个小圆圈，它像只眼睛一样望着我。我从石头中把它凿了出来，并在中间刻出一个小小的侏儒。它代表着瞳仁，也就是你自己，你在别人的眼中看到的自己；好像迦比尔或阿斯克里庇阿斯的泰雷斯福鲁斯。古代的雕像将他塑造成身披兜帽斗篷、手持提灯的人。同时，他又是一个指路者。我把雕刻时想到的几句碑文也刻在上面。碑文是用拉丁文写的，翻译过来就是：

在孩童的王国里，时间像孩童一样，正玩着纸牌游戏。他就是泰雷斯福鲁斯，在宇宙的黑暗地带到处游荡，像一颗星星，在深邃的黑夜中闪闪发光。

他指出了通往太阳之门、通向梦想国度的大道。

在雕刻石头的时候，这些话语便一个接一个地浮现在我的脑海。

在石头的第三面，也就是面向湖的那一面，我让它用拉丁文题词开口说话。所说的或多或少是些炼金术方面的语录，译文如下：

我是个孤儿，茕茕孑立，四海为家。我独来独往，但却与自己相反。我既是青年，又是老年。我不知道自己的生父生母，因为我曾像鱼一样从深海捞起，或像颗来自天堂的白色石头。我漫步于树林和山脉之中，但却又藏在人类灵魂的最深处。对众生来说，我终将死去，然而我又进不到永世的轮回中。

最后，在阿诺德·冯·威兰诺瓦那首诗的下方，我刻上了几行拉丁文："为纪念他七十五岁诞辰，C.G.荣格于1950年制作并放置石头于此，以表感谢。"

石头放好之后，我看了又看，满心好奇，心想在雕刻动机的背后究竟隐藏着什么呢?

这块石头位于塔楼的外面，好像能够解释上面的问题。它展现了塔楼居住者的心境，只是这种心境不为他人理解罢了。你知道我想在这石头的背面凿些什么吗?"梅林的呼喊！"因为它表达的意境使我想起了梅林死后在森林里的生活情境。正如民间传说的一样，人们仍然可以听到他的呼喊，但人们却无法理解或解释个中含义。

梅林代表了中世纪潜意识的一种尝试，即创造一个与帕西法尔对等的人物。帕西法尔是基督徒英雄，魔鬼与纯洁处女之子梅林，则是帕西法尔阴险的弟兄。12世纪，当这个传说产生的时候，人们仍然没有任何前提去了解他的固有含义。因此流放成为他的结局，后来也就有了"梅林的呼喊"，然而在他死后，森林里依然传来呼喊声。呼喊无人理解，暗示着他仍然以无法赎救的形式活着。他的故事还未完结，他仍然四处游荡。可以说，梅林的秘密由炼金术士口口相传，主要是通过墨丘利瑞斯流传下来的。因此，在我的潜意识心理学中，再次提起了梅林，直到今天，梅林的传说仍然是个谜！这是因为大多数人认为，简直无法与潜意识密切生活在一起。一次又一次的尝试过后，我才发现这对于人们来说有多么困难。

1923年到1924年冬天，我正在波林根，塔楼的第一层即将竣工。我记得当时地面上没有积雪，也许是到了初春的缘故吧。我独处了大概有一个星期，或许更长时间。一种难以言喻的孤寂感笼罩心头。

令我记忆犹新的是，一天傍晚我正坐在壁炉前，用火烧了一大壶水准备洗漱。水开始沸腾，水壶也呜呜地唱起了歌。听起来像很多声音发出的和声，或是管弦乐器发出的声响，甚至就像整个管弦乐队的演奏一样。它就像多声部的音乐，要是在现实中，我肯定受不了。但在这种情况下，它却显得格外有趣。就像塔楼里有一支管弦乐队，塔楼外还有一支一样。一会儿这个声音占了上风，一会儿另一个声音又压倒过来，如此往复，仿佛相互回应，相得益彰。

我静坐而听，心醉神迷。我聆听着这场音乐会，聆听着自然的旋律，足足一个多小时。这是悦耳的轻音乐，但也包含了大自然所有的嘈杂声。这一点也没错，因为大自然不仅和谐，而且还充满了可怕的矛盾和混乱。水壶奏出的音乐也是如此：声音大量涌动，颇有水声和风声的特色，真是奇妙无比，难以形容。

1924年冬末春初的一个静谧夜晚，我又独自一人待在波林根，突然间被一阵绕塔而行的轻微脚步声惊醒了。远处响起了音乐声，声音越来越近，接着便听到了谈笑声。我心想：“谁会在此徘徊呢？这一切意味着什么呢？沿湖只有一条小径，而且极少有人在上面行走啊！”一想到这些事情，我完全清醒了过来，赶忙走到了窗户旁边。我把百叶窗打开后，一切归于寂静。看不见一个人，也听不到一点儿声音，一丁点东西都没有，就连风都没有。

“这可怪了。”我敢肯定，脚步声和谈笑声的确存在。但很显然，我刚才只是做个梦而已。我重新躺到床上，仔细琢磨自己到底是怎么上当的，或者有什么东西引起这样一个奇怪的梦。想着想着，我又进入了梦乡，不料同样的梦马上又开始了：我又听到了脚步声、谈笑声和音乐声。与此同时，我还看见了几百个黑衣人，很可能是穿着安息日服装的农家孩子。他们从山上走下来，如潮水般从两侧涌到塔楼附近，使劲地踏着脚，大声笑着，唱着，拉着手风琴。我十分气愤，心想：“实在太过分了！我本以为是一场梦，可现在却变成真的了！”就在这时，我醒了过来。我再次从床上跳起来，拉开百叶窗，打开窗户，结果发现一切又跟之前的情景一模一样：死一般寂静的月夜。“这到底是怎么回事啊，简直就是闹鬼了！”

我自然会问，一个如此逼真却又使我惊醒的梦，这到底意味着什么？通常只有我们看见了鬼魂才会经历这种情形。保持清醒就能察觉真实情况。因此，这个梦意味着一种等同于真实的境况，里面创造了某种清醒着的状态。在这种与众不同的梦里，潜意识似乎倾向于为做梦人传达一种关于真实的深刻印象，通过反复不断出现得以加强。人们认为这种真实一方面来源于身体的感觉，另一方面则来自原型性的人物。

那天晚上，一切都那么真真切切，至少看起来如此，我几乎无法区分出这两种真实了。从这个梦本身我也看不出什么究竟。农家孩子排着长队奏乐意味着什么？在我看来，他们是出于好奇，想看一眼这座塔楼才从家里出来的。

从那以后，我再也没有体验过或梦见，也记不得是否听说过类似的事情了。直到很久以后，在偶然翻阅17世纪伦瓦德·塞萨特写的卢塞恩编年史时，我才找到了解释。他讲述了下面的故事：皮拉图斯山的高山牧场向来以鬼魂出没而臭名昭著，据说沃旦直到今天仍在施行魔法。在爬山期间的一天夜里，一队人奏着乐唱着歌，从两边拥向塞萨特，将其吵醒，那情形就跟我在塔楼经历的一模一样。

第二天早上，塞萨特向一同过夜的牧羊人询问，这到底意味着什么。牧羊人有一个现成的解释：这些人一定是去世了的乡亲们，用瑞士方言说就是受祝福的乡亲，由亡灵组成的沃旦大军。他说，这些人习惯到处走动来显耀自己。

这可能暗示着一种孤寂的现象，外表的空虚和寂静通过一群人的形象加以补偿。因此它便与隐士的幻象归于一类，因为隐士的幻象同样也是补偿性的。然而这种故事建立在何种现实的基础上，我们知道吗？也可能我对孤独过于敏感了吧，才能觉察到一大队“死去的乡亲们”从我身边经过。

心理补偿这一解释，从未使我完全满意。如果说这是一种幻觉，我又觉得像是回避了问题的实质。我觉得有必要将这种情形认定为真真正正的存在，特别是当我无意中看到了17世纪的那个记载之后。

看来这很可能是一种同时发生的现象。这些现象表明，预兆和幻象通常对应着某种外在的真实性。而正如我发现的一样，现实中确实存在着与我的体验相类似的真实事件。中世纪时，年轻人的确举行过这种集会。他们是些雇佣兵，通常在春天的时候集合，从瑞士中部行军到洛迦诺，在米努西奥市的卡萨帝铁地区会合，然后一起继续行至米兰。他们在意大利当过兵，曾为外国王子作战。因此，我的幻象很可能是一次这样的集合，每年春天来临的时候，这些年轻人便欢歌起舞，与自己的故土告别。

1923年，我们开始在波林根修建房屋的时候，我的大女儿走过来查看现场，随后竟然尖叫起来：“您怎么能把房子建在这儿呢？这里到处都是死尸啊！”我很自然地想道：“简直胡说八道，哪儿会有这种事！”但四年之后，建造附属建筑物的时候，我们确实挖到了一具骷髅。它埋在地下七英尺的地方。肘部还嵌入了一颗旧式来复枪子弹。种种迹象表明，这具尸体显然是在高度腐烂之后才被扔进坟墓的。它来自1799年在林特河淹死的几十名法国士兵之一，后来才被冲到湖泊上游的岸上。当时奥地利士兵炸毁了法国人正在猛攻的格里诺桥，那些法国士兵就是这样掉进河里淹死的。墓挖开后，我给这些骷髅拍了照片并在照片上写下了发现的日期——1927年8月22日。现在，这张照片还保存在塔楼里。

我在自己的地产上举办了一场正规的葬礼，在这位法国士兵的墓前鸣枪三声，之后又为他立了块写有墓志铭的墓碑。我女儿已觉察到有死者的鬼魂出没。她通灵的能力是从我外祖母那里继承过来的。

在1955和1956年冬天，我把家谱里列祖列宗的名字都刻在了三块石板上并把它们安放到塔楼的院子里。我在天花板上画出我自己，我的妻子及女婿的纹章图案。荣格家族原本用凤凰作纹章，这种鸟显然与“年轻”“青春”和“复兴”相关。我祖父改变了家族纹章的成分，大概是因为他对父亲抱有一种反抗的精神。他是一名虔诚的互济会会员，又是互济会瑞士分会的领导人。这跟他改变图章的含义有很大关系。我提到的这点本身是无足轻重的，因为它属于我的思想及生活的历史性节点。

为了保留祖父作的改动，我纹章上面的涂层已经没有凤凰图案了。取而代之的是这样一个图案：右边是一个蓝十字，左边是一串蓝葡萄，一条带有金星的蓝带将两者分开。这样的纹章象征着互济会或玫瑰十字会。就像十字架和玫瑰花代表玫瑰十字会的两个对立物（“十字架对玫瑰”），也就是基督教徒和酒神这两种成分一样，十字架和葡萄则是天堂精神与地狱精神的象征。起联结作用的象征形象就是那金星，即哲人之金。

玫瑰十字会起源于炼金术哲学。迈克尔·迈耶（1568—1622）是其创立者之一。这位著名炼丹术士，和相对来说名气不大但更为重要的杰拉德斯·多尼尔斯（16世纪末）是同时代人，前者更为年轻，而后者的论文遍布于1602年那本《炼丹术大全》第一卷里。两人都住在法兰克福，此地似乎一直是当时炼丹术哲学的中心。不管怎样，作为鲁道夫二世的巴拉丁伯爵和宫廷医生，迈克尔·迈耶在当地也算是个名人了。那时候，作为医生兼法官的卡尔·荣格博士（死于1645年）住在美因茨附近，除此之外，我们对他一无所知，因为家谱到我的高曾祖父就断了，而高曾祖父是生活在18世纪初的人。这人就是西格蒙德·荣格，如今的美因茨市民。家谱中断，是因为美因茨市档案馆在西班牙王位继承战争的包围战中烧毁了。据保守猜想，这位学识渊博的卡尔·荣格博士对炼金术士的著作十分熟悉，因为当时的药理学仍然深受帕拉切尔苏斯的影响。多尼尔斯是一位直言不讳的帕拉切尔苏斯信徒，曾经针对帕拉切尔苏斯的论文《长久的生命》写过一部长篇评论集。比起所有其他炼金术士而言，他主要涉及的是个性化的过程。考虑到我毕生工作的大部分时间一直围绕着对立物问题进行研究，特别是对立物在炼金术上的象征意义，因此理论都没有引起我的兴趣。

当我雕刻那几块石板的时候，我意识到了自己命中注定要与祖先发生种种联系。我强烈地感觉到，自己受到了许多事情和问题的影响，它们是我的父辈、祖父辈和祖祖辈辈没能完成也无法作答的。好像家族中存在着一种没有人格的命运，它由父母传给子孙。我一直觉得，我必须要回答命运临到我祖辈身上但却一直没有回答的问题，或者我必须完成，也许继续去做先前时代遗留下来的事情。我难以确定这些问题是更具个人性还是更具一般性。不过在我看来，应该是更具一般性。一个一般性的问题，如果不这样认识，看起来就总像是个人问题，因而在个体情况下，这个集体性问题会使人感觉个人精神王国里的某些事情失去了秩序。个人的领域的确受到了干扰，但是这种干扰却不一定占据主导地位，它们可以是附属性的，结果使社会氛围发生了难以忍受的变化。因此，这种干扰产生的原因并不一定得在个人环境中去寻找；相反，应该到集体性环境中去找寻。迄今为止，心理疗法对这件事情的考虑还是非常欠缺。

像任何具有某种内省力的人一样，我早就理所当然地认为，我人格上的分裂纯属我的私事，并应由我自己负责。可以肯定地说，浮士德已经使这个问题在某些程度上简单化了，他坦言："天哪，我的心胸里居住着两个灵魂！"但它却丝毫没有关注产生这种分裂的原因。在某种意义上，他的这种洞察力却似乎是直接指向我的。在我第一次读到《浮士德》的那些日子里，我远远没有猜到，在很大程度上，歌德这一奇怪的英雄神话是一种集体性体验，而且它还预见了德国人的命运。因此，我便感到自己已经卷入其中，而当浮士德由于狂妄自大和自我膨胀而导致腓利门和博西斯惨遭杀害的时候，我备感内疚，仿佛自己在过去曾帮别人谋杀了那两位长者。这种奇怪的想法使我震惊，因而我认为自己有责任赎罪并防止这种悲剧再度发生。

早年听到的一点儿古怪的消息进一步印证了我错误的结论。我听说人们散布谣言，说我爷爷荣格是歌德的私生子。这个令人讨厌的故事给我留下了一个印象：它马上证实了也似乎解释了我对《浮士德》所产生的古怪反应。实事求是地说，我并不相信轮回转世，但我对于印度人叫作命运这一观念却好像与生俱来的熟悉。在那个时候，我根本不知道有潜意识的存在，因此，对于我的反应，我便无法找到任何心理学的解释。我也不知道——甚至时至今日，我知道的一点也不比别人多——未来已经事先潜意识地准备好了，因此，有洞察力的人便可以猜出来。所以当恺撒·威廉一世在凡尔赛加冕登基的消息传来时，雅各布·布克哈特便惊呼道：“德国的末日到了！”瓦格纳的原型已经在敲着门，而随着这种原型而来的还有尼采那酒神的体验——这种体验，归因于狂喜之神沃旦更加合适。威廉时代的狂妄自大使欧洲各国相互疏离并酝酿着1914年的灾难。

在我青年时（约1890年），我不知不觉地陷入这个时代的精神中，一时找不到使自己解脱的办法。《浮士德》拨动了我的心弦并以某种方式深深地打动了我，而我只能认为这种方式是属于我个人的。最重要的是，它唤醒了我心中善与恶、精神与物质、光明与黑暗这两两对立的问题。浮士德这位愚蠢的哲学家遇到了他存在的黑暗一面，也就是他邪恶的阴影靡菲斯特；靡菲斯特尽管有着消极的性情，但却代表着与那徘徊在自杀边缘死板的学者相对立的真正人生精神。我自己的内心矛盾便以戏剧化的形式出现在这里了；歌德实际上为我自己的矛盾和解决办法写出了基本的提纲和样式。浮士德与靡菲斯特的分裂人格在我身上结合成了一个单独的人，而那个人就是我。换言之，我直接受到了震动并认识到这是我命中注定的事。因此，这出戏中所有的紧要关头都深深地影响了我；我会非常强烈地同意某一点，又会在另一点上加以反对。没有什么解决方法会使我漠不关心。后来，我有意识地把自己的工作与浮士德所忽略的事情联系起来：尊重人的永恒的权利，尊重“古人”，并承认文化和知识史具有连续性。

我们的灵魂与我们的肉体是由单独的元素构成的，而这些元素全都展现在我们祖祖辈辈的身上。个人精神中的“新”

只是远古成分变化无穷的重组而已。身体和灵魂因而具有更显著的历史特征，在刚开始存在的新生事物里找不到任何合适的位置。也就是说，构成我们祖先的各种成分只部分存在于这些事物之上。就像我们现代的精神伪装的那样，我们还远远没有告别中世纪，告别典型的古代，告别原始性。然而，我们已投入前进的洪流之中，被席卷着冲向未来，这股洪流的势头越猛烈，我们就越发脱离了根基。然而一旦与过去断绝，那么过去通常就会湮灭，于是这种前进运动就会永不停息。但是，正是由于失去了与过去的联系，正是由于抛弃了“根”，才造成了人们对文明的种种“不满”，造成了这样的慌乱匆忙——我们更多地不是生活在现在，生活在整个进化背景都无法追赶的现在，我们反而更多地生活在未来，以及未来黄金时代虚幻的许诺里。由于日益高涨的缺乏感、不满感和躁动感的驱使，我们便匆忙地拥向新鲜事物之中。我们不再靠我们所拥有的事物而生活，而是靠承诺来生活，我们不再生活在现今的光明里，而是生活在未来的黑暗里；我们期待着未来终能带来辉煌的日出。我们拒绝承认，一切更美好的东西都是以某种更邪恶的东西为代价而换来；我们拒绝承认，对自由更强烈的希望因国家频繁施加奴役而破灭，更不要说那些最辉煌的科学发现加之于我们的恐怖危险了。我们越不了解父辈和祖先所寻求的东西，我们就越不了解我们自己，这样我们就倾尽所能去帮助夺取个体的根基和他具有指导意义的本性，从而促使个人变成众人的一个微粒，只由尼采所谓的万有引力精神所控制。

由历史进步促成的改革，即通过新方法或新技巧来造成的改革，最初当然使人印象深刻，但从长远来说，却都是令人怀疑的，并且在任何情况下都是代价高昂的。总的来说，这些改革根本不会增加人们的幸福感和满足感。在大多数情况下，它们像生活中的高速通信一样，是存在的糖衣炮弹，因为令人烦恼的是，这种高速通信加速了生活的节奏，而留给我们的却是前所未有的更少的时间了。正像古时候大师们的老生常谈，“只有魔鬼才会匆匆忙忙”。

另一方面，由倒退促成的改革一般来说付出的代价更少，持续的时间也更长。因为他们倒退回过去更简单的，尝试并试验过的道路上去，并很少利用报纸、广播、电视及所有假设能够节省时间的新发明。

在这本书里，我用大篇笔墨描写了自己对于这个世界的主观看法，然而，这种看法并非是合理思维的产物。相反，它却是一种幻觉，就像一个人故意半闭着眼，半捂着耳朵去观察聆听存在的形式和声音。要是我们的印象过于清晰，我们就会局限于当前的时时刻刻，因而根本无法理解我们祖先的心灵是如何去聆听，去理解现在——换句话说，就是我们的潜意识正在如何对他作出回应。因此，祖先的成分是否在我们的生活中获得了一种基本的满足感，或者祖先的成分是否遭到了排斥，我们便对此一无所知。内心的平静与满足在很大程度上取决于一件事，那就是个体身上与生俱来的历史家系能否与目前短暂的情况相协调。

住在波林根的塔楼里，就像一个人同时生活在很多个世纪一样。我死后，塔楼依然矗立在那里；而在地点和风格上，它却指向远古的事物。它身上很少有东西暗示着现在。要是一个16世纪的人搬进这座房子，恐怕只有煤油灯和火柴才是新鲜的物件；不然他就会轻而易举地如数家珍了。没有什么东西会惊扰亡灵，既没有电灯也没有电话。此外，我祖祖辈辈的灵魂也能忍受塔楼的气氛，因为我为他们解答了他们生命中所遗留的问题。我倾尽所能获得了粗略的答案，我甚至还把它们画在了墙上。那情形仿佛是一个延续了几个世纪，沉默不语的大家族正在塔楼里聚族而居。在这里，我以自己的第二人格生活着，将生活看成一种周而复始往复循环的轮回。

第九章 旅行

北非

1920年年初，一个朋友告诉我说他要前往突尼斯出差，问我是否愿意陪他一起去。我立即答应了他。我们3月份出发，首先是到了阿尔及尔，然后沿海岸线行进，抵达突尼斯市，又从突尼斯来到苏萨；在那儿，我的朋友因事去了其他地方。

我终于到了梦寐以求的地方，一个非欧洲国家：这里不讲欧洲语言，普及的不是基督教观念，居住着不同的种族，一种不同的历史传统和哲学思想在人们的脸上烙下了印记。我常常想从外部观察一下欧洲人，观察一下被一种陌生的环境反映到他身上的形象。的确，我不懂阿拉伯语，为此我深感遗憾；但是，为了弥补这一点，我就更加精力集中地观察本地人和他们的行为。我在一家阿拉伯咖啡馆常常一坐就是几小时，听着只字不懂的各种谈话。不过，我仔细研究过本地人的手势，尤其是他们的表情；我观察他们和欧洲人说话时手势的细微变化，因而学会了用不同的眼光看待事物，看待离开自己原有环境的白种人。

欧洲人眼中东方人的文静和冷漠，在我看来是一种面具，在这张面具的后面，我觉察到了某种我所不能解释的不安和躁动。奇怪的是，我一踏上摩尔人的土地，就发觉被一种无法理解的印象困扰着：我一直想着，这儿的土地闻起来很奇怪。这是一股血腥味，这儿的泥土似乎都浸染着鲜血。我突然想到，这片狭长的土地已经承受过三种文明的冲击：迦太基文明、罗马文明以及基督教文明。技术时代对伊斯兰教徒会产生什么作用，还要拭目以待。

离开苏萨以后，我南下到了斯法克斯，又从那里挺进撒哈拉大沙漠，前往绿洲城市托泽尔。城市坐落在一片低矮的高地之上，处于高原的边缘；在高原脚下，稍带碱性的温泉大量涌出，通过成千条小水渠浇灌着绿洲。高耸入云的枣椰树在头上形成绿茵茵的拱顶，拱顶下面生长的桃树、杏树和无花果树枝繁叶茂，果树下是一片郁郁葱葱的紫花苜蓿。几只翠鸟像珍珠似的在树丛中飞来飞去。在较为清凉的绿荫中，穿着白色衣服的人影徜徉漫步，其中有很多饱含深情的热恋伴侣，紧紧地互相拥抱，显然那是同性之间的友情。我觉得突然间回到了古希腊时期：在古希腊，这种倾向同时构成了男人社会和以其为基础的城邦。显然，在这里，男人只同男人说话，女人只同女人说话。能见到的女人很少，她们都像修女一样，戴着厚重的面纱。我见过几个不戴面纱的女人。翻译告诉我，她们是妓女。大街上，一眼望去都是男人和儿童。

我的翻译证实了我的印象，在这里同性恋盛行，人们认为这是理所应当的。有的同性恋还向我示爱。这个单纯的人一定没有注意到，有一种思想像闪电一般划过我的脑海，突然启发了我的观点。我感觉自己被突然丢到好几个世纪以前更加天真烂漫的青少年世界，那些少年凭借着少的可怜的《古兰经》知识，正在逐渐摆脱他们朦胧意识的原有状态，他们自古以来一直生活在这种状态之中，并开始意识到他们的自我存在，以防御来自北方的威胁。

当我正沉浸于这种梦境，想象着这种静止古老的存在时，我突然想到了我的怀表，它象征了欧洲加速了的时间。无疑，这是悬挂在这些毫无戒备的灵魂头上的一团黑云。霎时间，我觉得他们看起来全像是狩猎的对象：这些猎物看不见猎人，但是隐约感到不安，嗅到了猎人的气息，而“猎人”就是时间这个上帝，他把依然最接近永恒的时间击成碎片，形成了日、小时、分钟和秒。

从托泽尔，我来到了奈夫塔绿洲。清晨日出后不久，我和翻译就启程了。我们的坐骑是腿脚灵敏的大骡子，骑着它我们走得很快。走近绿洲时，一个孤独的骑者，穿着一身白色的衣服，朝我们走来。他神态傲慢地骑过，并没有向我们致意；他骑着黑色的骡子，挽具绑着银条，布满银钉。他形象高雅，给人留下了深刻的印象。这个人肯定没有怀表，更别提手表了；

显然，他不自觉地保持着一贯的风格。他没有欧洲人身上带着的傻气。事实上，欧洲人都深信自己已经不是很久以前的自己了，但又不知道自己变成了什么人。他的表提醒他，从“中世纪”以来，时间和它的同义词“进步”已经爬到他身上来，而且无法挽回地从他身上撷取了一些因素。他继续轻装上阵，速度稳步加快，走向模糊不清的目标。他以胜利的假象，如轮船、铁路、飞机和火箭来补偿失重的感觉与相应的“不完备感”，而这一切假象却剥夺了他的延续感，把他推进了速度和爆发性加速度的现实中去。

我们越是深入撒哈拉沙漠，感觉时间变得越慢，甚至有倒退的危险。闪闪发光的热浪缓缓上升，更大大地加重了我的梦幻境界。我们走到第一批棕榈树下，来到绿洲上的民居时，我觉得这里的一切都和原来的一模一样，和它向来的样式别无二致。

第二天清晨，旅店门外陌生的喧闹声把我吵醒。店前有个宽阔的广场，昨天晚上还空空如也，现在却挤满了人、骆驼、骡子和毛驴。骆驼们音调起伏地哀嚎着，表达着它们长期的愤懑，而驴子则粗腔横调地吼叫着，互相竞争。人们都兴奋不已，到处走动，指手画脚地叫喊。他们看起来既野蛮又机警。翻译解释说，人们正在庆祝一个盛大的节日。几个沙漠部落连夜赶来，要为修士干两天农活。修士是穷人的救济官，在绿洲里拥有许多田地。人们到这儿来准备辟田挖渠。

在广场另一端，突然扬起一团灰尘；一面绿旗展开，鼓声齐鸣。几百个面容狂野、提着篮子，扛着又短又宽锄头的人列队而行，打头的是一个仪态庄严的白胡子老人。他展现出一种独特的、自然的尊严，看起来已有百岁高龄。他就是修士，坐骑是一头白骡。男人们击打小鼓围着他跳舞。这是充满野性的兴奋、嘶哑的叫喊、弥漫着尘土和热气的场面。大队人马狂热而坚定地蜂拥而过，进军绿洲，就像奔赴战场。

我尾随着队列，谨慎地保持了一段距离，翻译没有鼓励我靠得更近，直到我们来到"工作"地点。在这里，兴奋的气氛越发浓烈；人们打着鼓，狂野地呼喊着，工地像一个受到搅扰的蚂蚁窝；一切都正在马不停蹄地进行着。男人们踏着鼓点搬运装满泥土的篮子；另一批人速度飞快地开凿地面，挖沟筑堰。穿过这兴奋狂野喧闹的场面，修士骑着白骡缓缓走过，显然是以长者庄严、温和、疲惫的手势教导众人。他一出现，那匆忙、叫喊和节奏就立即强化，在这样的背景下，修士平静的形象自然显得异常出众。到了傍晚，人群显然已经筋疲力尽，很快倒在骆驼身边，进入深沉的梦乡。夜里，在狗群例行的浩大合唱之后，一切才完全归于沉寂。直到初升的太阳闪耀第一道光芒，报号人呼喊起来（那声音总是深深地刺激着我），人们才起来去做早祷。

这个场面给了我一些启示：这些人摆脱了自己的情感，受到了触动，并将他们的肉体置于某些感情当中。他们的意识指导他们在空间的方位，传输来自外界的印象，而意识本身也受到了内部冲动与情感的刺激。但是，意识并不用来思考，自我几乎是没有自主权的。这种情况与欧洲人的区别不大。但是，我们毕竟还是更为复杂一些的。无论如何，欧洲人具有一定程度的意志和明确的意图。我们所缺乏的是生活的强度。

我并不希望陷入这种原始景象的魔力之中，但是我的精神依然受到了感染。在外部则表现为传染性肠炎，幸亏有本地的大米汤和甘汞医治，并没过几天就好了。

我心里积郁了很多想法，因此最后又回到了突尼斯市。我们出发前往马赛的前夜，我做了一个梦，我觉得这个梦总结了全部的感受。这是理所应当的，因为我习惯了同时生活在两个平面之中，一个是意识，它力图理解却又无法理解；另一个是潜意识，它想要表达某种事物，但表达的却不如梦境清晰。

我梦见我到了一个阿拉伯城市，就像在大部分这种城市中一样，城里有一个城堡。城市坐落于广阔的平原上，有四个城门的正方形城墙四面环绕。

城中的城堡周围环绕着一条宽广的护城河（实际上，在阿拉伯国家情况并非如此）。我站在通往暗色马蹄形大门的木桥前面，发现门已敞开。我也很想从里面打量一下这座城堡，便踏上了桥。大约走了一半，有一位英俊潇洒、皮肤黝黑的阿拉伯贵族迎面向我走来，颇有皇家风采。我知道，这位披着白色连帽斗篷的青年是住在城堡中的王子。一走到我面前，他便来袭击我，想要把我打倒。我们格斗起来，在搏斗中，我们撞坏了扶手，扶手坍塌，我们俩都掉入护城河水里。他使劲地把我的头按在水底，想要淹死我。“不行，”我想，“这也太过分了。”于是我把他的头按到了水下。我虽然这样做，但心里却非常仰慕他；但是，我不想让他把我杀死。我也无意要杀他，我只想让他昏过去，没法再打下去了。

此时梦境发生了变化。我和他坐在城堡中心的一大间拱顶八角房中。房间通体都是白色的，十分朴素、美丽。沿着浅色大理石墙摆放着低矮的长沙发椅，我面前地板上放着一本打开的书，奶白色的羊皮纸上用精湛的书法写着华丽的黑色字母。那字不是阿拉伯字母，我看倒像是西土耳其斯坦的维吾尔语；我熟悉维吾尔语，因为我曾见过吐鲁番摩尼教的经文残片。我不知道这些字母表达了什么内容，但是我觉得这是“我的书”，是我写的。刚才和我搏斗过的青年王子坐在我右面地板上。我跟他解释说，既然我打败了他，他就必须读这本书。但是他拒不接受。我把胳膊放在他的肩膀上，以一种父亲般的善意和耐心逼迫他读这本书。我知道这是绝对必要的，最后他屈服了。

在这个梦中，阿拉伯青年是那个从我们身旁骑行却不打招呼的傲慢阿拉伯人的替身。作为城堡的居民，他是自我的化身，或是自我的信使或密使。因为他走出来的城堡是一个完美的曼陀罗：一座城堡，周围环绕着有四个大门的长方形围墙。他企图杀死我这件事，仿效了雅各与天使搏斗的动机；用《圣经》的语言来说，他像是上帝的天使，神的使者，因为他不认识人，所以要把人杀死。

实际上，天使应该居住在我的身上。但是，他只懂得天使的真理，而对于人则一无所知。因此，他初见我时将我当成敌人，但是，我没有让步，而是反抗了他。在梦的第二部分，我是城堡的主人，他坐在我的脚下，不得不读书学习来理解我的思想，或者说，学习理解人。

显然，我与阿拉伯文化的邂逅给我留下了难以磨灭的印象。这些性情中人不善于反思但却更接近生活，他们的情感特征对我们身上的历史积淀产生了极具启发性的影响，我们刚刚克服了这些历史积淀，就把它抛在脑后，或者我们认为我们已经克服了。这好似童年的天堂，我们想象自己是从天堂里走出来的，但是，这个天堂，经不起轻轻一碰，就把新的挫败施加在我们身上。确实，我们对进步的崇拜迫使我们陷入一种危险当中：我们越是急于逃避过去，越可能产生不切实际的之于未来的梦想。

另一方面，童年的一种特性是，由于天真和无意识，它能比成年勾勒出更为完整的自我形象，纯粹个性中完整的人的形象。因此，一个儿童或者原始人的眼光会在成年人、文明人心中唤起某种渴望，这种渴望与个性中某些未得到满足的欲望和需求的部分有联系，而这些欲望和需求，为了适应人格面具，已经从完整的形象中删除了。

在游历非洲，寻找欧洲人环境之外的精神观察站的过程中，我下意识地想要找到我那一部分人格，它在欧洲人的影响和压力下已经变成了无形的人格。这一部分人格与我本人处在潜意识的对立之中，我的确企图将其抑制下去。为了遵从它的特性，它想夺走我的意识（强行把我按入水中）以便可以杀死我；但是，我的目的是通过自知力，使它变得有意识，这样我们就可以找到一个共同的暂时协定。阿拉伯人微黑的脸色标志着他是一个“阴影”，但不是个人的阴影，而是种族的阴影，与我的人格面具没有联系，而是与我的人格整体，也就是，自我有联系。作为城堡的主人，他必须被看作自我的一种阴影。占主导地位的理性主义的欧洲人发现许多人性的东西都跟自己很生疏，他引以为豪，却没有意识到，这种理性是以牺牲他的生命力为代价的，而他的人格的原始部分却因此被贬斥成一种或多或少的地下存在。

这个梦揭示了我与北非的邂逅对我产生了何等的影响。首先，危险就是，我的欧洲人意识会遭受到潜意识精神的突然袭击。就意识而言，我一点儿也没有注意到这种情况；相反，我不由自主地感觉到了一种优越感，因为我无时无刻不在想着我那欧洲人的特质。这是不可避免的：我欧洲人的身份，是我对那些与我性格迥异的人产生了某种观点，而且完全把我和他们区分开来。但是我对于自身潜意识力量的存在毫无准备，这些力量坚定地站在这些陌生人一边，因而产生了一种强烈的冲突。我做的梦就以蓄意谋杀的象征表达了这个冲突。

直到几年之后我来到热带非洲时，才认识到这种干扰的真正性质。事实上，这是“骨头变黑”的最初迹象，这种精神上的危险威胁着那些在非洲背井离乡的欧洲人，其程度还未被充分认识到。“哪里有危险，哪里就有拯救办法”，在这类情况下，荷尔德林的这些话常常浮现在脑海。这种拯救就是我们在警告性梦的帮助之下把潜意识的强烈要求提高到意识层面的能力。这些梦表明，我们身上有某种东西，非但不消极地屈服于潜意识的影响，相反还急迫地冲向前去迎接这种影响，认同阴影。正如童年的回忆可能突然以一种十分活跃的情绪控制住意识一样（我们感觉完全被运送到了原有的情景之中），因此，这种看起来陌生又完全不同的阿拉伯环境，唤醒了我们对史前往昔的原始意象的回忆。这种回忆，我们显然已经完全遗忘，但却又众所周知。我们一直在回忆被文明赶超了的生命潜力，但是这种潜力在某些地方依然存在。如果我们想要天真地使它复活，那就无异于倒退回野蛮时代。因此，我们宁愿忘记它。但是，如果它又以一种冲突的形式出现在我们面前，我们就必须将它储存在我们的意识之中，并且相互测验这两种可能性，也就是：我们现在的生活和我们已经遗忘的生活。因为，凡是显然已经失去的东西，如果没有充分的理由，是不会重现的。在现有的精神结构中，一切都不会以单纯的机械方式发生，任何事物都要适应整体的构造，与整体相关。也就是说，它是完全有目的的、有意义的。但是由于意识没有整体的观点，因此通常不能理解这种意义。所以，我们只能暂时满足于注意到了这种现象，并希望在将来，或者在进一步的研究中揭示出冲突（这是一种与自我阴影产生的冲突）的意义。无论如何，当时我丝毫没有发现这种原始意象感受的性质，于历史上类似情况也知之甚少。不过，虽然当时我没有理解这个梦的全部意义，它却一直回荡在我的记忆中，同时我也翘首以盼，希望有机会重访非洲。这个愿望直到五年之后才得以实现。

美国：印第安人村庄

（未发表手稿片段）

为了使用批判的杠杆，我们总需要一个外部的支点，心理学里尤为如此，因为由于资料的性质，我们在心理学上所受到主观因素的影响比在任何其他学科中都要多。比如，如果我们从来没有机会从外界观察我们的民族，我们又何以意识到自己的民族特点呢？从外部观察意味着从另外一个民族的立场进行观察。为此，我们必须充分获取有关外国集体精神的知识，在这一过程中，我们会遇到构成民族偏见和民族特质的种种不协调因素。凡是使我们迁怒于他人的一切，都会促使我们了解自己。只有当我以一个瑞士人的角度，感受到英国给我带来的不适，我才算了解英国。只有当我以一个欧洲人的角度，感受到难以与世界相适应，我才了解了欧洲，了解了我们最重大的问题。通过我和许多美国人的交往，通过我在美国的逗留旅行，我对欧洲人的性格有了不计其数的洞见；我一直认为，对于一个欧洲人来说，最有用的，就是从摩天大楼的楼顶上远眺欧洲。当我第一次从撒哈拉沙漠注视欧洲的壮观景象时，发现撒哈拉沙漠身处文明之中，这种文明与我们的关系和古罗马时期与现代的关系或多或少是相类似的；我渐渐意识到，即使在美国，我仍然受到白种人文化意识的感染，难以自拔。于是我产生了一种愿望，那就是通过融入一种水平更低的文化来进一步进行历史比较。

在第二次游历美国期间，我和一群美国朋友访问了新墨西哥州的印第安人，即筑城印第安人村社。“城市”一词用在这里显然太大了。实际上，他们建造的都是小村庄而已；但是，他们层层堆起的拥挤房屋，正如他们的语言和整个风俗一样，暗示着“城市”的含义。在那里，我第一次有幸和一个非欧洲人，也就是说和非白人谈话。他是印第安人村社的首领，人很聪明，有四五十岁。他的名字叫奥奇维·比昂诺（意为“山湖”）。跟他谈起话来，比跟一个欧洲人谈话还要畅快。当然，他沉湎于自己世界里，正如一个欧洲人沉湎于自己的世界里一样；但是，欧洲人的世界是一个什么样的世界！在和欧洲人谈话，就像人们经常要在沙洲中奔跑一样，那是一种早已熟悉、却从未理解的事物；而与这个印第安人谈话时，航船却自由地驶向深邃陌生的海域当中。与此同时，我们从不知道哪种情况乐趣更多：发现新海岸，还是发现通向几乎遗忘的古老知识的新途径。

比昂诺说：“你看，白人看起来多么残忍。他们的嘴唇薄，鼻子尖，满脸皱纹，面部扭曲。他们的眼睛直直地瞪着，总是在寻找着什么。他们在寻找什么呢？白人们总想要新东西；他们总是焦躁不安。我们不明白他们需要什么。我们不理解他们。我们认为他们都是疯子。”

我问他为什么认为白人都是疯子。

“他们说他们用脑袋思考。”他回答道。

“那是当然的了。你用什么思考呢？”我好奇地问他。

“我们用这里。”他指着心脏说。

我陷入了长长的冥想之中。我觉得有生以来，有人第一次为我描绘出了真正白人的肖像。似乎到现在为止，我见到的只是伤感的、经过美化的彩色图片。这个印第安人击中了我们的弱点，揭示了我们视而不见的真实。我觉得在我体内有某种莫名又熟谙的东西，像无形的雾气一样缓缓升起。从这团迷雾当中，一个一个的形象分离出来：先是粉碎高卢城的罗马军团，还有尤利乌斯·恺撒、西庇阿·阿弗利卡努斯和庞培的精心雕刻的形象。在北海，在白尼罗河河岸，我都看见了罗马的雄鹰。接着，我看到了圣奥古斯丁把基督教的信条插在罗马长矛上传送给不列颠人，我看到了查理大帝迫使异教徒皈依的壮举；我还看到了十字军烧杀抢掠的人马。我恍然大悟，意识到了十字军古老浪漫故事的空洞。接着便是哥伦布、科尔特斯和其他的征服者，他们带着火、剑、酷刑和基督教义，来到这些甚至平静地梦想着太阳神和天父的遥远村社里来。我也看到太平洋岛屿上被烈酒、梅毒和猩红热屠杀的人们，这些传染病却都隐藏在传教士强迫他们穿戴的衣服当中。

够了。我们从自己的角度所谓的开发殖民地啦、向异教布道啦、传播文明啦等，还有另一副面目，那就是以残忍的目光搜寻远处猎物的掠食者面目，只配海盗和强盗所有的面目。所有雄鹰和猛兽形象都装饰着我们武器的外衣，在我看来，从心理上恰切地代表了我们的真正本性。

比昂诺向我谈的其他事情深深地刻在我的心中。这些事情，在我看来，与我们交谈的特殊气氛相当融洽地联系在一起，如果不去提及，这篇叙事就不完整。我们谈话地点在主楼五层的屋顶上。谈话期间，时不时地可以在屋顶上看见其他印第安人的形体，他们裹着羊毛毯，望着每天升入晴空的太阳，陷入了沉思。我们周围是一座座用风干砖盖的低矮正方形房屋，由独特的梯子连接地面与屋顶，或者从一个屋顶到更高的屋顶（在以前的危险时期，入口常常开在屋顶）。我们眼前是一直延伸到地平线，连绵起伏的陶斯高原(约海拔七千英尺)，地平线上有几座圆锥形的山峰（古代火山），有一万两千多英尺高。我们身后有一条清澈见底的小溪潺潺流过房屋，对岸坐落着一个村社，房屋都是由红色风干砖建成的，房屋层层堆起，通往村落中心，非常奇怪地预示了中心为摩天楼的美国大都市的布局景观。逆流而上行走约半小时，就会发现一座雄伟的大山拔地而起，但这大山没有名字。相传山顶云雾缭绕的日子，人们就会在那个方向消失，去完成神秘的仪礼。

村社的印第安人寡言少语，他们一提及自己的宗教，更是守口如瓶。保守宗教仪式的秘密是他们的行事方针，秘密保守得如此之好，使我放弃了直接提问的希望。在此之前，我还从没有遇到过如此神秘的氛围；文明民族的宗教已全部知晓，其圣礼也早已不是什么秘密。但是，弥漫着全部教友都熟悉的秘密气氛，白人无法知晓。这个奇怪的情景使我领略了艾留西斯的气氛，那座古城的秘密只有本族人知道，从没有传出城外。我理解了鲍桑尼亚或希罗多德的感觉，他写道："我没有得到批准，说出那神的名字。"我认为这不是骗局，而是一个重大的秘密，一旦泄露就可能导致社区或个人的毁灭。守住这个秘密，村社印第安人就能保持自豪感并保有抵抗白人统治者的力量。这种秘密赋予印第安人以团结和统一，我相信，作为独特的社区，只要他们的秘密不被亵渎，村社就将继续存在下去。

令我感到奇异的是，这位印第安人谈到他的宗教观念时，感情发生了变化。在日常生活中，他呈现出一定程度上的自制和尊严，就像宿命论者一样镇定自若。但是，一谈及关系到他秘密的事物，他就陷入难以掩饰的、令人惊奇的情绪当中，这个事实对满足我的好奇心起到了巨大的帮助。我已经说过，直接提问将一无所获。因此，在我想要了解本质事件的时候，我就发表一些试探性的评论，做出一些我十分熟悉的、表达感情的动作，同时观察他的表情。如果我偶然提及什么重要的事物，他就保持沉默，或者躲躲闪闪地回答，却又显示出深沉的感情，眼中频频饱含泪水。他们的宗教观念对他们来说不是理论（这必定是个奇怪的理论，竟能使一个男人流泪），而是事实，像外部现实一样重要，一样激动人心。

我和比昂诺坐在屋顶上，炽热的太阳越升越高。他指着太阳说："那不是我们的父亲在走动吗？还有别的什么话要说吗？怎可能还有另外一个神呢？没有太阳就什么也没有。"我已经能感觉到他这种激动的心情，而且这种感情越发强烈；他想方设法地找到合适的词语，最后惊叹道："独自一人能在山里做什么呢？没有太阳人连火也生不起来。"

我问他是否想过，太阳可能是无形的神创造的一个火球。我的问题甚至没有引起他的惊讶，更别说愤怒了。显然，问题并没有触动他，他甚至也不认为我问了个愚蠢的问题。他的反应很冷漠。我顿时觉得自己触碰到了一堵不可逾越的高墙。他唯一的回答就是："太阳是神，谁都明白。"

虽然人人都感受到了太阳的巨大印象，但是，看到这些成熟而尊严的人在谈到太阳的时候竟展现出压倒一切的情感，对我来说真是一种新奇动人的经历。

又有一次，我站在河畔，仰望着屹立在高原之上几乎高达六千英尺的山岭。我正想这是美洲大陆的屋脊，人们在这里生活，面对着太阳，就像缄默的印第安人一样，裹着毛毯站在村社最高的屋顶之上，出神地仰望太阳。忽然，一个深沉的声音，因为激情受到抑制而颤动，从我身后对着我的左耳说："你不认为一切生命都来自这座高山吗？"一个年长的印第安人，穿着鹿皮鞋悄悄地走到我身边，向我提出这个天知道有多么不着边际的问题。我眺望着从山上倾泻的河水，看到了得到这一结论的外部形象。显然，全部生命都来自这座山峰，因为凡是有水的地方都有生命。这是再明显不过的了。在他的问题中，我感觉到了一种与"大山"一词有联系的高涨的情感，于是想到了在山上举行秘密仪式的故事。我回答道："谁都明白你的话是真理。"

遗憾的是，谈话很快就被打断了，我没能进一步探究水和山的象征意义。

我注意到，村社印第安人虽然不愿意谈论他们的宗教，但却愿意激烈地谈论他们和美国人的关系。山湖说："美国人为什么要管辖我们？他们为什么要禁止我们跳舞？我们要把青年人从学校里接回来送到基瓦（仪礼场地）教给他们宗教，美国人为什么要设置困难从中阻挠？我们一点儿也没有伤害美国人呀！"沉默许久之后，他继续说："美国人想要消灭我们的宗教。他们为什么要管辖我们？我们做的事，不仅仅是为了我们自己，也是为了美国人呀。没错，我们这样做是为了全世界。人人都能从中得到好处的。"

从他兴奋的情绪中可以看出，他所指的是他们宗教中某种极为重要的因素。因此我问他："那么，你认为你们宗教所做的事情会造福于全世界？”他活蹦乱跳地回答道：“当然了，如果我们不这样做，世界将会变成什么样呢？”于是，他庄严地指了指太阳。

我感觉到我们正在接近极为微妙的话题，濒临部落秘密的边缘。他说：“说到底，我们是住在世界屋脊上的民族，我们是太阳父亲的儿子，因着我们的宗教，我们每天帮助父亲横跨天空。我们这样做，不仅是为了我们自己，更是为了整个世界。如果我们停止宗教仪式，十年之内，太阳就不再升起。到那时候，便会是永远的黑夜了。”

此刻我突然明白了“尊严”的含义，也找到了每一个印第安人神态镇定安宁的原因。这一切都来源于他太阳之子的身份。他的生命具有宇宙意义，因为他帮助天父和一切生命的保护者每日升降。如果我们把自己的自我辩白、我们的理性所规定的生命意义与此相比较，那么，我们只能看出自己的贫乏。出自纯粹的嫉妒，我们不得不嘲笑印第安人的天真，不得不以我们的机灵来装饰自己；否则我们就会发现自己有多么贫困，多么衣衫褴褛。知识并没有丰富我们的视野；知识使我们越来越脱离神话世界，我们曾经因为有出生的权利，所以很熟悉这个世界。

如果我们暂时放弃欧洲的理性主义，将自己转移到寂寥高原山间的清新空气之中（高原一侧延伸至宽广的大陆草原，另一侧则通向太平洋），如果我们也把对于世界的详尽知识放置一边，换来一望无垠的地平线和对地平线之外的事物一无所知的状态，我们便可以开始深入理解村社印第安人的观点。“一切生命来源于这座大山”，对于印第安人来说是千真万确的，他也同样确信，他生活在一望无际的世界屋脊之上，这里最接近上帝。他比其他的人最先听到神圣的声音，他的仪礼会最先抵达遥远的太阳。山脉的神圣，耶和华在西奈的显灵，尼采在恩加丁被赋予的灵感，一切都说着同一种语言。仪礼能够神奇地影响太阳。这样的观念，在我们看来是荒谬的，但是，通过进一步的观察，这非但不是荒谬的，而且比我们最初设想的要熟悉得多。我们的基督教，像其他宗教一样，也恰巧融合了这一观念，那就是特殊的行动或者能够影响上帝的特殊行为，例如某种仪式或祈祷，再或者是神所喜悦的美德。

人类的仪礼，答复并反映了上帝对人施显的大能；不仅如此，答复和反应还可能想去"净化"，这是一种魔幻的强制形式。人类觉得自己有能力对上帝压倒性的强大影响作出回答，能够作出某种重要的事情回报上帝，这一切会引起自豪感，因为这种行动把个体的人提升到了超自然因素的尊严。"上帝和我们"，即使这仅仅是一种潜意识的含义，这个相同的做法无疑也蕴含着村社印第安人令人羡慕的敬慕。这样的人完全是适得其所的。

肯尼亚和乌干达

> 一切皆出自造物主之手。
>
> ——卢梭

我参观伦敦温布利展览会的时候（1925年），主办方对英国统治下各部落的杰出概括给我留下了深刻的印象，于是我决定不久以后去热带非洲旅行一次。

当年秋天，我和两个朋友，一个英国人，一个美国人，启程前往蒙巴萨。我们乘坐的是沃尔曼公司的蒸汽轮船，同行的有许多英国青年，前往非洲各殖民地就职。从船上的气氛中可以肯定，这些旅客不是去度假的，而是去打拼新天地的。当然，船上是一派生机勃勃热情欢快的景象，但显然也有严肃低调的情形。事实上，甚至在我返航之前，我就听说了这些同行者的命运。在后来的两个月内，几个人死在了热带。他们死于热带疟疾、变形虫引起的痢疾和肺炎。死者之中，有一位青年还曾坐在我对面与我一同进餐。另外一位是艾克利博士，因中非大猩猩保护协会发起人的身份闻名，这次航行之前不久我还在纽约见过他。

在我的记忆里，蒙巴萨是一个湿热的地方，那里住着欧洲人、印度人和黑人，周围环抱着棕榈树和杧果树密林。蒙巴萨风景如画，坐落在一个天然港湾之上，城市上方高耸着一座古老的葡萄牙风格城堡。我们在蒙巴萨逗留了两天，傍晚乘狭窄轨道火车前往内地的内罗毕，很快便陶醉在热带的夜晚之中。

在海岸平原上，我们经过了数目众多的黑人村庄，人们围坐在小火堆边闲谈。不久以后，火车开始爬坡。所到之处已经没有了村落的踪影，夜变成了漆黑一团。天气逐渐清凉，我便很快进入了梦乡。第一束阳光划破天际宣告新一天的来临，我睡醒了。火车包裹在一团红色尘土之中，正在绕着一座陡峭的红色悬崖转弯。在我们上方一块突起的岩石上，一个身材苗条、皮肤黝黑的男人一动不动地站着，倚着一根长矛，俯瞰着火车。他的身旁高高耸立着巨大的烛台形仙人掌。

我对这一景象着了迷，画面完全陌生，也超出了我的经验范围，但是，另一方面，却带来了强烈的似曾相识之感。我感觉自己已经体验过了这一瞬间，我向来了解这个世界，这个同我只有时间距离的世界。似乎此刻我正在返回年少时的土地，似乎我早就认识这个皮肤黝黑的男人，而他等待我已有五千年之久。

在整个荒蛮的非洲旅行中，这种奇特体验的感觉一直如影随形。我只能记起一个对于这古今共识现象的认识。这就是我同我的前上司，尤金·布鲁勒教授一起第一次观察到的一种心理玄学现象。在此之前我曾想象，我如果见到这种奇异的现象，定会瞠目结舌。但是，当它出现的时候，我却一点也不奇怪；我觉得这完全是自然的，应该当作理所当然的事情，因为我对它早已熟悉。

见到这个皮肤黝黑的孤独猎人之时，我猜不到自己的哪根心弦被拨动了。我只知道，千千万万年以来，他的世界也一直是我的世界。

我感到有些茫然，在中午时分抵达海拔六千英尺的内罗毕。这里的光线亮得刺眼，使我想起了恩加丁的烈日骄阳。冬日，人们从低地雾霭中走出的时候便能见到。我感到惊奇的是，火车站上聚集的一群“工人”戴着旧式的灰白滑雪帽。这种帽子我在恩加丁见别人戴过，我自己也戴过。人人都爱它，因为上翘的帽边可以折下，就像帽舌一样，可以在阿尔卑斯山抵御寒风，也可以在这里抵挡热浪。

我们常常开着一辆小型的福特车从内罗毕到亚提平原游览，那是一大片野生动物保护地。站在一座低矮的小山上，这片广袤的热带草原的壮阔景象尽收眼底。在地平线边缘上，我们望见了成群结队的动物：小羚羊、大羚羊、角马、斑马、疣猪等。兽群一边吃草，一边点着头向前移动，像缓缓流动的河流。除了一只猛禽的哀鸣之外，几乎没有任何声音。这是永恒初始的静谧，世界一向都处于这种非存在的状态之中；在此之前，无人存在并知晓整个世界。我离开了伙伴一直前行，直到看不见他们为止，在这里我尽尝形单影只的感觉。我站在那里，成为第一个认识到这个世界的人，但是他并不明白，是他首先真正地创造了世界。

在这里，意识的宇宙意义对我来说变得异常清晰。炼丹术士们说："凡自然留下的缺憾，艺术都能使其完美。"人类、我，以一种无形的创造活动通过为世界提供一种客观存在，而给世界打上完美的烙印。我们通常把这一行为只归结于造物主，却没有想到，这样一来，就把生命看作一台计算精准的机器，它随着人类的精神毫无意义地运行着，同时遵循着预知、先定的预知和注定的法则。在这样一种暗淡的钟表般的设想中，没有一出戏是关于人、世界和上帝的，没有通向"新彼岸"的"新的一天"，而只有枯燥乏味的计算程序。我想起了印第安村社的老朋友。他认为村社存在的理由就是一直在帮助他们的天父，也就是太阳，每天横跨天空。我曾经羡慕，他的信仰是那么的富有意义，但我也一直绝望地寻找我们自己的神话。现在我明白这是什么了，而且更加深刻地理解了：人在创造的过程中是不可或缺的；人本身就是世界的第二个创造者，只有人才把客观存在给予世界；如果没有这种客观存在，人们就无法听到，无法看到这个世界，只是在默默地吃饭、生殖、死亡、点头，一直持续亿万年之久，在非存在的最深沉的夜里继续下去，直至未知的终结。人类意识创造了客观存在和意义，人类于存在的伟大过程中发现了自己不可或缺的地位。

沿着正在修建的乌干达铁路，我们乘火车抵达了它临时的终点站（第64站）。工人们卸下了我们的装备。我坐在一个装满各种食物的板条箱上，每个箱子都顶在一个工人的头上：我点燃烟斗，沉思着一件事实，那就是我们似乎已经到了有人居住的地球的边缘，从这里，羊肠小道绵延不绝地横穿整个大陆。过了一会儿，一位年长的英国人，显然是位牧场主，坐到了我旁边，掏出烟斗与我交谈。他问我们到哪里去，我大致介绍了一下我们截然不同的目的地，接着他又问："这是你们第一次来非洲吗？我在这儿已经住了四十年了。"

"是的，是第一次，"我告诉他，"至少在非洲的这一片区域。"

"那么，我能给您一点忠告吗？先生，您知道，这个地方不是人的领地，而是上帝的领地。如果出了什么事，您就坐下来，不必惊慌。"于是他站起身，一言未发，消失在我们周围拥挤的黑人人群之中。

我感觉他的话中蕴含着某种意义，我竭力想象他在说这些话时的心理状态。显然，这些话表现了他经验的精髓：在这里，人不是主宰，上帝才是主宰——换句话说，愿望和意志不是主宰，高深莫测的筹划才是主宰。

我的沉思还没有结束，两辆汽车就要出发了。我们一行人和行李一起挤了上去，足足有八个壮汉，我们尽可能坐得稳当点。以后几小时，汽车一直颠簸，我不可能再有思考的空间。下一个居民点比我想象的要远得多：卡卡梅加，那是政府特派员驻地，也是非洲步兵卫戍小部队司令部所在地，有一所医院，说来奇怪，还有一座小的精神病医院。黄昏将近，而夜幕已经突然降临。刹那间，一场热带风暴来袭，电闪雷鸣不断，大团乌云以迅雷不及掩耳之势化为倾盆大雨，把我们从头到脚都淋湿了；每条小河也变成了汹涌的激流。

午夜之后又过了半小时，天空已经转晴，我们抵达了卡卡梅加。我们全都精疲力竭，政府特派员在客厅里用威士忌热情地接待了我们。炉子里升起蹿动着的火苗。整洁的客厅中间摆放着一张大桌子，上面搁着很多英国杂志。这个地方简直跟苏塞克斯乡间的房屋一样啊。我已经疲惫不堪，已经不知道自己是从现实进入梦境，还是从梦境进入了现实。后来，我们还得搭起帐篷，这是第一次。幸好没有丢失什么东西。

第二天早上，我醒来感觉好像喉炎还有些发烧，只好卧床一天。因为这一病情，我认识了所谓的“鹰鹃”；这种神奇的小鸟能够正确地唱出一个音阶，但是却漏掉最后一个音符，又从头唱起。一个人卧病在床听着鸟的叫声，神经紧张得就要崩溃了。

两种最甜美、最优雅的笛声组成了香蕉园里另一种鸟儿的啁啾，结尾却伴随了第三个可怕难听的音符。“自然的都是不完美的……”不过，“钟鸟”的歌声依然展现出纯粹的美。它鸣叫的时候，仿佛有一阵钟声沿着地平线飘扬而来。

第二天，在专区特派员帮助下，我们集合了一队搬运工人，加上三名土著士兵做护卫。前往埃尔贡山的旅行开始了，一万四千英尺高的火山口壁很快浮现在地平面上。小路一直延伸至较为干燥的、长满伞状阿拉伯橡胶树的草原。整个地区密密麻麻地分布着六至十英尺高的小圆土丘，那是旧的白蚁窝。

沿途有供旅客用的休息室——圆形草顶素土小屋敞开着，空无一人。夜晚，屋门口挂着灯，以防陌生人闯入。我们的厨师没有灯，可是，他一个人分得一间小茅屋作为补偿，对此他感到很满意。可是，后来证明，这对他几乎是致命的。前一天他在茅屋前面宰了一头羊，晚餐为我烹制了味道鲜美的炖羊肉，羊是我们用五个乌干达先令买来的。晚饭之后，我们围火而坐吸着烟，忽然听到远处传来了奇怪的声音。声音变得越来越近。听上去一会儿像是熊吼，一会儿像是狗叫；接着，声音又变得尖锐刺耳，像是尖叫，又像歇斯底里的笑声。我第一个印象是：这好像是巴纳姆与贝利剧院的滑稽演出。可是，紧接着，场面变得更加来势汹汹，咄咄逼人：我们被一大群饥饿的土狼团团包围，它们显然嗅到了羊血气味。它们演奏一场地狱般恐怖的音乐会，在闪烁的火光中，在高高的象草丛中，它们的眼睛闪闪发亮。

虽然我们非常了解土狼的天性，听说它不会攻击人类，但是我们还是觉得不那么安全。突然，休息室里传来一个人惊恐的尖叫。我们抄起武器（一支九毫米的曼里夏步枪和一支霰弹猎枪），对着草丛中间闪亮处连连射了好几轮。我们刚放完枪，厨师就惊慌失措地冲到我们中间，含糊不清地说，一只土狼蹿进他的屋子，差点把他咬死。宿营地突然响起一片喧闹声，看样子是吓坏了土狼，它们假装连吼带叫地退了场。搬运工们放声大笑好久，接下来的后半夜很平静地度过了，再没有出现麻烦。第二天一早，地方长官带着两只鸡和一篮子鸡蛋来送礼。他恳求我们再逗留一天打土狼。他说前一天，土狼把一个熟睡中的老人拖走吃了。非洲真是一片神奇的土地！

天蒙蒙亮的时候，工人驻地又响起了大笑声，原来他们在表演昨晚的闹剧。一个人扮演正在熟睡的厨师，一个士兵扮演爬行的土狼，接近厨师，想要咬死他。这出闹剧不知道演出了多少场，观众们都十分高兴，笑得前仰后合。

从此以后，人们给厨师起了个外号叫“菲齐”。我们三个白人也早已有了自己的“商标”。我的朋友，那位英国人被叫作“红脖子”——在土著人眼里，英国人都长着红脖子。而美国人则身穿漂亮服装，外号为“潇洒的绅士”。因为当时我的发间已经出现了几缕银丝（当时我五十岁），他们就叫我“老头子”，都说我已经一百岁了。在那些地方，很少见上岁数的人，我几乎没见过白头发的人。“老头子”是尊称，这么称呼我，还因为我还是“布基苏心理学考察队”的队长，这是伦敦外事处强加给我的虚名。我们的确访问过布基苏人，但是，我们与埃尔贡人相处的时间更长一些。

总之，黑人们都表现出善于判断的性格。他们洞察事物的一个途径就在于他们具有模仿的天赋。他们能够模仿人们的表达方式、手势、步态以及所有的意图和目的，可谓惟妙惟肖，令人称赞。我还发觉他们对他人情感的特质也理解得十分透彻，令人惊讶。我常常抽时间与他们交谈，发现非常喜欢聊天。就这样，我学到了很多东西。

我们这种半官方的旅行方式有很多好处，因为这样更容易雇用搬运工，我们还得到了士兵护送队的护送。护送队一点也不多，因为我们要跨越非白人管辖的地区。一名下士和两名二等兵陪伴我们徒步旅行，前往埃尔贡山。

我们无法帮助长官猎杀土狼，而是在那次历险后重新踏上了非洲之旅。所到之处的地形是较缓的上坡。第三纪火山岩断层标志逐渐增多。我们穿过蓊蓊郁郁的原始森林，那里长着高大的南迪火焰树，开着火红的花朵。硕大的甲壳虫和五彩缤纷的大蝴蝶在林间空地和森林边缘翩翩起舞。我们深入灌木丛的时候，充满好奇心的猴子拨动着树枝。这是一个天堂般的世界。我们穿越的大部分地区都是布满红褐色土壤的热带草原。而大部分时间，我们都在沿着曲曲折折、多急转弯的土路上前行。我们依据行程路线来到了南迪地区，并穿越了南迪森林，一片广袤的原始森林。我们平安到达了埃尔贡山脚下的休息室；几天以来，这座大山越发变得高耸入云。在这里，只能沿着狭窄的羊肠小路向上攀登。我们受到了地方长官的热烈欢迎，他是土著医生的儿子。他骑着一匹小马——它是我们在这里所见过的唯一一匹马。他告诉我们他的部落属于马赛人，但却独自生活在埃尔贡山坡上。

乌干达总督寄给我们的一封信早就送到了这里，信中请求我们保护一位途经苏丹返回埃及的英国女士。由于我们早已在内罗毕见过这位女士，知道她定会是位意气相投的旅伴，再加上总督对我们无微不至的关怀，我们当然要尽一定的义务。

我提出这一逸事是想指出，某种原型以一种微妙的方式对我们的行动产生了影响。我们是三个男人，这纯粹是机缘巧合。我曾请求过另一个朋友与我们同行，那样一来我们就有了四个人。但是由于某些特殊情况，他没能接受我的邀请。此事足以形成一个潜意识的或者命定的集合，即三位一体的原型意象，需要第四个使其完整，我们在这一原型意象的历史中反复见到过这种情况。

既然机会出现在面前，我当然会欣然接受；我欢迎这位女士加入我们三个男人的小组。她吃苦耐劳，坚韧不拔，对于我们男人小组来说，她绝对是一个有用的平衡因素。小组里的一个人患了热带疟疾，病情十分危急。而她及时依靠“一战”期间做护士获得的经验，对伤员进行了诊治，我们为此感激不尽。

攀登了几小时以后，我们来到一块宽阔秀丽的林中空地，由一条清凉的小溪一分为二，溪边还有一处约十英尺高的瀑布。瀑布下面的池塘变成了我们的浴室。我们的宿营地就坐落在三百码以外平缓、干燥的山坡上，荫蔽于伞状橡胶树下。步行约十五分钟，附近出现了一个土人部落，里面有几间茅屋和用有刺灌木篱笆围起来的小院。这个部落为我们提供了运水工：一个妇女和她的两个半大女儿，她们全身赤裸，只系着贝壳制成的腰带。皮肤是巧克力棕色的，十分漂亮。她们身材苗条，动作从容不迫，颇有贵族气质。每天早晨，她们从小溪走来，倾听她们脚镯轻柔的丁零声，对我来说简直是一种享受；接着当她们走出金黄色的高高象草丛时，那为平衡头顶上的水罐而摇曳生姿的步态，也令人赏心悦目。她们佩戴着脚镯、铜手镯和铜项圈，以及小线轴状的铜制或木制耳环，作为装饰。骨片或铁钉则镶嵌在下嘴唇中。她们彬彬有礼，每每都以羞怯迷人的笑容来迎接我们。

只有一件例外的事，我想简单阐述一下。我从来没有同本地妇女说过话，虽然已经有人预料到了。这里和南欧一样，男人同男人说话，女人同女人说话。不然就意味着谈情说爱了。如果有哪个白人乐于此道，不仅有损声誉，还要冒着“背黑锅”的危险。我观察到几个案例，颇有教育意义。我常常听到本地人评论一个白人：“他是个流氓。”问及原因，得到的回答总是：“他跟我们的女人同房。”

在埃尔贡人当中，男人们忙于狩猎畜牧，而女人们则在香蕉园、番薯地、高粱地和玉米地中劳作。儿童、山羊和小鸡也同一家人一起居住在圆形茅屋中。她们的尊严和天性表现于她们在勤俭持家的本事上；她们在经营管理中积极合作。妇女享受平等权利的观念成为这一时代的产物，而经营管理中的合作原则也失去了意义。原始社会是由潜意识的利己主义和利他主义进行调节的，两种态度都被审慎地赋予了应有的分量。一旦发生动乱，某种意识行为便马上出来调解，那么这种潜意识秩序也就遭到了破坏。

有一位重要的受访者向我介绍了埃尔贡人的家庭关系。回忆起他，是一件令我十分愉悦的事情。他是一位英俊潇洒的青年，名叫吉勃罗亚特，是部落酋长的儿子，仪态端庄，高贵迷人。我显然赢得了他的信任。当然，他高兴地接受了我的雪茄，但并不贪得无厌，不像其他人什么礼物都要。出于礼貌，他时常来看望我并向我讲述奇闻逸事。我感觉他心中略有所思，有某种难言的请求。直到我们彼此非常熟悉之后，他才开口邀我去家中做客，这令我很是惊讶。我知道他还没有结婚，而双亲却已经逝世。他所谓的家是他姐姐家，他姐姐是丈夫的第二任妻子，有四个小孩。吉勃罗亚特很想让我去看望她，让她有机会见我一面。显然，在他的生活中，姐姐扮演了母亲的角色。我同意了，因为我希望通过这种社交方式来深入了解本地人的家庭生活。

“女主人在家恭候”——当我们到达时，她走出茅屋向前迎接，显得落落大方，亲切自然。她是一个面容姣好的中年妇女，差不多有三十岁。除了必不可少的贝壳腰带之外，她还戴着手镯和脚镯，大长耳垂上挂着些铜制装饰品，胸前佩戴某种小动物毛皮。她把四个小孩关在房里，他们透过门缝张望，兴奋地咯咯笑着。在我的请求之下，她把他们放了出来，但是他们过了好长时间才壮着胆子出现。她和她弟弟一样风度翩翩，弟弟的脸上洋溢着欢快的笑容，庆祝这一计划大获成功。

我们没有坐下，因为除了满是灰尘、鸡屎和羊粪球的地面外，实在无处可坐。谈话围绕着传统家庭的日常话题进行，无外乎是家庭、小孩、房子和菜园。大太太的家产和她接壤，有六个孩子。这位“大姐”的院子离她这儿大概有八十码。大约在两个女人的茅屋中间，有一个三角形的顶端，她们丈夫的茅屋就在上面，这间茅屋后面大概五十码处，有一小间茅屋供大太太长子居住。两个女人各有各的耕地。接待我的女主人显然为她自己的一块地感到自豪。

我感觉到，她那仪态中显示出的泰然自若，在很大程度上取决于她对自己完整性的认同，她的个人世界是由孩子、房子、小家畜和耕地组成的，最后但是同样重要的一点是她那并非不引人注目的体形。她只是间接地提到丈夫。看来他是有时候在，有时候不在。目前，他不知道在什么地方逗留着。毫无疑问，接待我的女主人显然体现着一种稳定性，是她丈夫名副其实的临时落脚点。看来，问题的关键并不在于丈夫是否在家，而在于她能否保持自己的完整性，为游牧流浪的丈夫提供一个地磁中心。这些“淳朴”灵魂心中的活动是无意识的，因此是未知的，我们只能从“先进的”欧洲差异化的比较证明中推断。

我不清楚白人妇女的日益男性化是否与她们丧失自然完整性（耕地、孩子、家畜、自己的房屋和火炉）有关，这是否改善了白人妇女日益贫困的境况；而男人的女性化是否成为进一步的后果。制度越合理，性别的差异就越模糊。同性恋在现代社会中起到了巨大的作用。这一现象是由恋母情结和节育措施导致的。

我和同伴都非常有幸地体验了非洲世界，以及她难以置信的美丽和苦难。我们的宿营生活是我生命中最美好的一段插曲。在那依然原始的国度里，我享受到了“神圣的平和”。我从未如此清晰地看到过“人和其他动物”（希罗多德）。在我和众魔之魔的欧洲之间，横亘着几千英里。在这里，各种魔鬼根本无法接触到我，这里没有电报，没有电话，没有信件，也没有访客。我得到释放的精神力量，欣喜若狂地重新挥洒在那片原始的广阔天地。

每天早晨，我们很惬意和本地人交谈，他们一天到晚蹲在我们营地上看我们做事，好像从来不感到乏味。我的工头易卜拉欣传授了我交谈的仪式。所有的男人（女人从不走近）必须席地而坐。易卜拉欣为我找了一张部落酋长的四腿红木小凳让我坐下。然后我开始发言，提出了交谈程序。大多数本地人都能说一口差不多的洋泾滨斯瓦希里语；我充分利用了一本令他们赞不绝口小字典，也想尝试着讲这种语言。我的词汇量有限，讲的都是些简单必备的话。谈话常常像是一种有趣的猜谜游戏，所以，这样的交谈大受欢迎。交谈很少持续一个或一个半小时，因为人们露出明显的倦态，也会用戏剧化的手势抱怨：“唉，累死我们了。”

我自然对本地人的梦境很感兴趣，但是一开始，我没能说服他们把梦讲给我听。我送给他们渴望得到的小礼物，比如雪茄啦、火柴啦、安全别针啦等，但还无济于事。我不能完全解释他们为什么羞于讲述梦中的情景。我猜是因为恐惧和疑虑吧。黑人怕照相是出了名的。他们担心照相的人会夺走他们的灵魂，也可能害怕别人要是知道了他们的梦就会伤害他们。但巧合的是，这一点并不适用于我们的工人，他们都是索马里人和斯瓦希里人，随身携带一本阿拉伯释梦书，每天长途跋涉时都要查阅。如果对书上的解释有所疑惑，他们就要来向我讨教。他们管我叫“读书人”，因为我了解《古兰经》的知识。在他们眼里，我是一个乔装的伊斯兰教徒。

有一次，我们和本地的一位老医生谈话。他穿着一件蓝猴皮做的华美斗篷，是可以拿来炫耀的贵重物件。当我询问他的梦境时，他不禁潸然泪下，回答道：“古时候啊，医生们都做梦，从梦里就知道打不打仗，生不生病，下不下雨，该把牲口往哪儿赶。”他的祖父也做过梦。但是自从白人来到非洲，他说，没人再做梦了。还做梦干什么，英国人什么都知道！

他的回答向我表明，医生已经失去了存在的理由。“英国人知道得更多”，所以就不再需要启发部族人的神圣声音了。过去，医生曾经与众神或命运的力量谈判，并给人忠告。医生曾经有过巨大的影响力，就像古希腊皮媞亚的话具有最高的权威一样。现在，专区特派员已经取代了医生的权威。现在，生命的价值已经完全属于这个世界，而且在我看来，黑人意识到自然力量的重要性之前，这只不过是个时间问题，是个关乎黑人种族活力的问题。

这位医生绝非扬威耀武之人，而仅仅是个感情细腻的老人。他真实地见证了一个惨遭破坏、已然过时、无法复原而日益瓦解的世界。

在众多的场合下，我不断把谈话引向神功，特别是礼节和仪式。在这方面，我只得到了一个见证。一间空荡荡的茅屋位于一条车水马龙的乡村街道上，我发现屋前方圆几码的地方打扫得相当仔细。中心放着一条贝壳腰带、一对耳环、各种陶瓷碎片和一把挖地的木棍。茅屋里死过一个女人，这就是我们能够打听到的所有信息。关于葬礼，我们却什么都不知道。

在交谈中，人们用强烈的语气告诉我说，他们西边的邻村人都是“坏蛋”。如果那儿死了人，邻村就得到通知；晚上就把尸体搬到两个村子的交界处。邻村人把各式各样的礼品送到同一个地点，可到了早晨，尸体便人间蒸发了。其实这是影射另一个村子的人吞食了死者。他们说，埃尔贡人绝不会干这种事。实际上，他们把死者的尸体放入灌木丛中，任由土狼在夜间处置。我们也的确没有发现过任何埋葬死人的痕迹。

但是我听说，人死了以后尸体要放在茅屋中间的地面上。医生绕着尸体来回走动，把碗中的牛奶洒在地面上，嘴里嘟囔着：“阿伊克·阿迪斯塔，阿迪斯塔·阿伊克！”

早些时候一次记忆犹新的谈话使我理解了上边那些词的含义。当交谈快结束时，一位老人突然大声说道：“早晨，只要太阳一出来，我们就走出茅屋，向手中吐吐沫，然后把双手举起来冲着太阳。”我请他表演，并准确地描述这种仪式。他们把双手放在嘴前，吐上吐沫，或者使劲吹气，然后举起手掌对着太阳。我问他这样做是什么意思，他只是回答：“我们一直这样做，没有为什么。”虽然没得到答案，但我已经明白，原来他们确确实实知道自己这样做了，但却不明白到底在做什么，不明白这种行为的意义。但是，我们也举行自己不理解的仪式啊，比如点燃圣诞树蜡烛、藏起复活节彩蛋，等等。

老人又说，这是所有民族的真正宗教，所有凯维伦多人、所有布干达人，还有目之所及，无限遥远的全部民族，都崇拜“阿迪斯塔”，也就是初升的太阳。只有此时，太阳才是上帝。紫色西天初升的金色新月也是上帝。只有此时才是，其他时刻都不是。

显然，埃尔贡人仪式的意义就是在太阳初升时朝拜太阳神。如果把吐沫当作献礼，那是因为在原始人眼里，唾沫奇幻、有生命力、能够愈合伤口、具有人的魔力。如果将吹气当作献礼，那是因为它是“罗厚”，即阿拉伯语的“鲁赫”，希伯来语的“鲁阿赫”，希腊语的“元气”，都意味着风和灵魂。因此，这个动作的意思便是向上帝献出我活的灵魂。这种无言的、表演出来的祈祷，大概可以解释为：“上帝啊，我把灵魂交托在您手中。”

我们还听说，埃尔贡人除了朝拜“阿迪斯塔”之外，也十分尊崇阿伊克，即居住在地上的神灵，一只魔鬼。他善于制造恐怖，是潜伏等待夜行者的冷风。老人用口哨吹出洛基火神的旋律，生动形象地表现出阿伊克在高耸神秘的灌木草丛中爬行的情景。

人们普遍认为造物主把一切创造得非常美好。其自身已经超越了善与恶。他是美好的，他所创造的一切也是美好的。

我问道：“但是那些咬死你们家畜的凶猛野兽呢？”他们说：“狮子美好。”“那你们可怕的疾病呢？”他们说：“你躺在太阳光里，它就是好的。”

这种乐观主义的精神着实令我印象深刻。但是我很快发现，在下午六点钟这种乐观主义却戛然而止。太阳一落山，就是一个不同的世界了，那是邪恶、危险、恐惧的世界，是阿伊克的世界。对鬼魂的恐惧和旨在保护自己不受恶魔侵害的离奇仪式取代了乐观主义哲学。黎明时分，不带有任何内在矛盾的乐观主义精神又回来了。

在尼罗河的发源地，我发现了奥西里斯神的两名侍僧何露斯和塞特，不禁想起埃及的古代观念。这真是个无比激动人心的经历。显然，这是非洲的一种原始经验，它随着尼罗河的圣水流淌到了地中海海岸，阿迪斯塔象征着初升的太阳，象征着与何露斯一样光明的原则；而阿伊克却是恐惧的散布者，象征着黑暗的原则。在为死者举行的简单祭祀礼中，医生进行讲述，泼洒牛奶，把对立的两种原则结合起来同时献祭；它们自统治之日起，便具有同等的权利和意义，这是昼与夜的统治，各自延续十二小时。然而，热带地区昼夜交替有典型的突发性，第一束阳光似箭射出，黑夜逐渐变为生机盎然的光明，如此交替的时刻才是最重要的。

这一纬度内的日出现象，每天都为我带来新的惊喜。日出的壮观景象并不在于太阳从地平线上喷薄而出，而在于旭日高升后的情景。我习惯在黎明之前，搬着营地里带来的小凳，坐在伞形阿拉伯橡胶树下。在我面前的一座小山谷谷底，生长着一片深绿色、几乎是黑绿色的丛林带，山谷的另一端耸立着高原的边缘带。起初，山谷与高原明暗对比极为强烈。随后，物体在光亮中呈现出轮廓，仿佛整个山谷都充满了耀眼的光芒。而高原上的地平线则闪耀着白色的光辉。越发强烈的光线似乎渗透了物体的每一个角落，连内部都亮了起来，直至最后闪烁着明晰透亮的光，像一块块彩色玻璃一样。一切都变成了燃烧着的水晶体。地平线上响起了钟鸟的啼鸣。此时我仿佛置身于寺庙之中。这是一天之中最神圣的一小时。我陶醉于这光辉灿烂的美景，或者说沉醉在这永恒的狂喜之中，感到无限欢愉。

就在我的观察点附近，有一座栖息着大狒狒的陡崖。每天清晨，它们几乎一动不动地静静坐在悬崖边缘面向太阳，而剩下的时间，就在森林中喧闹、尖叫，唠唠叨叨。它们像我一样，似乎也在等待日出。它们让我回忆起埃及阿布·辛贝神庙中做出敬拜姿势的大狒狒。他们诉说着同一个故事：世世代代以来，人们一直朝拜着这位大神，它在黑暗中放出耀眼的光芒，拯救世界。

那时我明白了，自开天辟地以来，人类的灵魂就一直渴求光明，一直迫切渴望走出原始的黑暗。当巨大的夜幕降临，万物都露出了深深的沮丧，对光明难以名状的渴望占据着每一个灵魂。从人类和动物的眼中都能体察出这种压抑的感情。动物的眼中流露着一种悲哀，我们从未得知这种悲哀是否与动物的灵魂直接相连，抑或是潜意识存在向我们传达的沉痛信息。这种悲哀同样反映了非洲的情绪，反映了非洲孤寂的体验。这种原始性的黑暗是一种母性的神秘。这就是为什么清晨太阳升起会对本地人产生如此深远的意义。光明来临的瞬间就是上帝。它带来了救赎和释放。说太阳是上帝，就等于模糊了、遗忘了那一瞬间的原型体验。“我们很高兴啊，晚上灵魂已经不再跑出去溜达了。”本地人会这样说，但是这已经是一种理性的概括了。实际上，一种与自然界黑暗完全不同的黑暗仍在大地上游荡。这是精神的原始黑夜，亘古不变。对光明的渴望就是对意识的渴望。

我们在埃尔贡山的愉快之旅接近尾声。怀着沉重的心情，我们收起帐篷，发誓一定还会回来。但我却万万没有想到，这成了我第一次，也是最后一次不期而遇的狂喜。从那以后，卡卡梅加斯附近发现了黄金，人们开始采矿，而毛毛反抗运动在这些无辜友好的本地人中间兴起，我们也从文明的美梦中骤然惊醒。

我们沿着埃尔贡山的南山坡继续艰难跋涉。景色特点渐渐发生了改变。平原的边缘上耸立着布满茂密丛林的、更加峻峭的山脉。居民的肤色更黑，身材更加魁梧笨拙，缺少马赛人的优雅。我们进入了布基苏的领土，在布南巴利的休息室逗留了片刻。它的海拔位置很高，我们饱览了广袤尼罗河谷地的壮美景色。经由尼罗河，我们又来到了姆巴拉，在姆巴拉搭乘两辆福特汽车前往维多利亚湖畔的金贾。我们把行李搬上一列窄轨铁路火车，列车每两个星期开往吉奥格湖一次。我们登上一艘烧柴火的明轮轮船，经历几次事故以后，才最终到达马辛迪港。船靠岸后，我们又改乘一辆卡车到了马辛迪市。该市坐落于高原之上，高原隔开了吉奥格湖和阿尔伯特湖。

从阿尔伯特湖到苏丹瑞佳夫的路上遇到一个村子，在那里我们有一次令人十分兴奋的经历。一位身材高大的青年地方长官带着随从来看望我们。他们是我见过的，肤色最黑的非洲人。这一伙人有点让人猜不透。尼穆莱人的长官派给我们三个护卫民兵，但是我察觉到，他们和我们的工人相处并不融洽。

他们三人一共才有三匣步枪子弹。因此派他们来，只不过是市政府做出的象征性姿态。

首领提出来他要在晚上跳舞，我自然高兴地同意了。我希望这场舞会能展示出他们的友好。夜幕降临，我们正昏昏欲睡，突然间却听到鼓号齐鸣，接着出现了六十多人，携带着闪光枪、棍棒和刀剑，全副武装起来。他们后面不远处跟着一群妇女和儿童，甚至有母亲把自己刚出生的婴儿都背来了。这显然是一场盛大的社交集会。虽然酷暑难耐，温度还在华氏九十三度左右徘徊，人们依然点起大堆篝火，妇女和儿童在火堆周围围坐成一个圆圈，男人们在外围又组成了一个圈，就好像我见过的一群兴奋的大象一样。面对着大队人马，我真不知道是该高兴，还是该担心。我环顾四周，寻找我们的工人和政府派的士兵——他们却从营地上消失得无影无踪！为表诚意，我向众人发放了雪茄、火柴和安全别针。男人合唱队开始唱歌，并随着节奏摇摆双腿。歌曲旋律好战有力，也算不上不和谐。女人和儿童围绕着火堆蹦蹦跳跳，男人们则挥动着武器，跳着舞时而向前时而后退，伴随着狂野的歌声、鼓声和号角声再次趋步向前。

沐浴在闪烁火光和奇幻月色之中的是多么狂热而刺激的场面啊。我和我的英国朋友也迈出步子，混在跳舞的人群中间。我挥舞着犀牛鞭，我那仅有的武器，和他们跳起来。从他们喜气洋洋的脸上，我看出他们批准了我们参与其中。他们的热情倍增，在场的所有人都跺着脚，唱着，吼着，挥汗如雨。舞蹈和鼓声的节奏渐渐加快起来。

在这般音乐伴奏的舞蹈中，本地人很容易陷入一种真正着迷的状态。现在的情况便是如此。接近深夜十一点钟的时候，他们兴奋得有些忘乎所以了，突然间，整个场面变得特别奇怪。跳舞的人们正在变成一群野蛮人，我开始担心这集会要怎么收场了。我给了首领一个手势，暗示他该结束了，他和他的部落应该睡觉去。但是他还要“再来一个”。

我记得，我的一个同乡，萨拉森的一位堂哥在西里伯斯岛探险时，曾在跳舞过程中被投偏的长矛刺中。因此，尽管首领请求继续下去，我还是把人招呼到一起，分发雪茄，并做出睡觉的手势。接着，我挥动着犀牛鞭以示威胁，但同时又一副笑呵呵的样子。由于找不到什么更好的语言，我就用瑞士德语朝他们大骂，说舞跳够了，现在必须回去睡觉。在他们看来，我多少有点假装愤怒，但是这一招却恰恰奏效了。人群又发出笑声，蹦蹦跳跳向四面八方散去，消失在黑夜之中。良久之后，我们依然能听见他们在远处兴高采烈的吼叫声和击鼓声。最后好不容易寂静下来，我们也筋疲力尽，随即进入梦乡。

在尼罗河畔的瑞佳夫，我们结束了徒步旅行。我们把行李装上一艘停泊在瑞佳夫的明轮汽船。那里的水位很浅，勉勉强强才够它停靠。此时此刻，我感到所有的亲身经历都带给了我沉重的负担。千思万绪在我脑海中翻来覆去，我痛苦而清醒地认识到，自己消化新印象的能力已经濒临极限。现在我要重温自己的观察和体验，找出它们之间的内在联系。凡是值得一记的，我都记录了下来。

在整个旅途中，我做的梦都固执地遵循着忽略非洲的策略。这些梦仅仅展现了家乡的情景；这样看来，它们似乎旨暗示——假设将潜意识的过程人格化到这般地步——这次非洲之行是虚幻的，是症状性或象征性的行为。就连旅途中印象最深的事件，也从未出现在我的梦中。在整个探险过程中，我只梦见了一位黑人。他的面孔出奇的熟悉，但是我回忆了好半天才能确定之前在什么地方见过他。最后终于想起来了，他是美国田纳西州查塔努加的理发师！是个美国黑人。我梦见他正把一根又大又红又热的卷发棒放在我头上，要把我的头发理成短卷发，就是理成黑人的头发。我已经感觉到头皮又烫又疼，结果在惊吓中醒来。

我认为这个梦是潜意识的警告，告诫我原始事物是一种危险。但是那时候我显然就要“踏上归程”了，却患上了白蛉热，病情可能降低了我的精神抵御能力。为了展现我遭受黑人威胁的场面，潜意识竟勾起了十二年前我对美国黑人理发师的回忆，以防备眼下的黑人。

我梦境中奇异的行为恰恰符合“一战”期间记录下的一种现象。沙场上的士兵，梦见的多为家园，而非战争。军队精神病医师认为可以遵循一条基本原理：如果士兵梦见太多的战争场面，就应该将他撤离前线，因为在那种情况下，他已不再具备反抗外界印象的心理机能了。

在我的梦境中，一条内部界限成功地保留了下来，这与我卷入非洲严酷环境的情况相同。梦境涉及的全是我的个人问题。从这一情况所能得出的结论是：我的欧洲人人格在任何环境下都必须保持完整无损。

我逐渐猜测到，这次非洲探险的秘密目的就是逃避欧洲及其错综复杂的问题，甚至以留在非洲为代价，这不禁令我大吃一惊。我之前的许多人都是这么做的，而且此时此刻也有很多人在这样做。这次旅行本身不算是对原始心理的研究（“布基苏心理考察队”，缩写B.P.E.，杂物箱上的黑色字母！），而是探究一个令人颇为尴尬的问题：在非洲的荒野之中，心理学家荣格身上会发生什么？尽管我理智上非常想研究欧洲人对原始条件的反应，但情感上还是一直力求回避这个问题。我渐渐明确的是，这项研究与其说是一个客观的科学项目，不如说是严格的个人探究，任何深入研究的尝试都戳中了我心里可能存在的每个痛点。我不得不承认，使我下定决心踏上旅途的并不是温布利展览会，而是欧洲过于沉重的学术氛围。

伴随这些思考，我沿着平静的尼罗河顺流而下，向着北方，向着欧洲、向着未来前行。航行在喀土穆结束了，埃及之旅即将开始。如此一来，我便实现了自己的愿望和计划：绕开西边的欧洲和希腊，而从南面尼罗河的源头接近这一文化王国。比起埃及文化，我更着迷于含米特文化中复杂的亚洲元素。沿着尼罗河的地理流向，即时间流前进，我在埃尔贡人中间发现了何露斯原则，这给了我最为重大的启发。当我在埃及南大门见到阿布·辛贝尔神庙的犬面狒狒雕像时，那整个的情结和其中全部的含义又戏剧性地浮现脑海。

何露斯神话是关于新生的神圣光明的古老故事。这个神话一定是在人类文化，即意识，首次把人从史前黑暗中解放出来之后开始流传的。因而对我来说，从非洲心脏向埃及的旅行，就变成了一出光明诞生的戏剧。这一戏剧与我和我的心理活动密切相关。我认识到了这一点，但又感到无法用文字详细阐述。旅行之前，我并不知道非洲将会带给我什么，然而填补空白的经验便是最满意的回答。对于我来说，它要比任何民族学成果，任何武器、装饰品、陶器或者猎获物的收藏更有价值。我曾想知道非洲将如何影响我，现在我如愿以偿了。

印度

1938年，我的印度之行，并非我的本意。而是因为印度的英国政府邀请我参加加尔各答大学建校二十五周年的纪念活动。

在那之前，我读过许多有关印度哲学和宗教史的书籍，对东方智慧的价值深信不疑。但是，为了获得亲身的结论，我必须旅行，而自己却还像消毒瓶中的人体标本一样。印度对我来说就像一个梦，因为我依然还在找寻自我，找寻对自己来说特有的真实。

当时我正潜心研究炼金术哲学，这次旅行可以算作其中的一个插曲。由于非常热衷此项研究，我便带上1602年版的《炼金术大全》，其中包含了杰拉杜斯·多尔奈乌斯的重要著述。在旅途中，我从头至尾研读了这部著作。就这样，这份材料中欧洲思想的根基，常与我对异域思维和文化产生共鸣。两者都源于潜意识的本质精神体验，因而产生了相同的、类似的，至少是可以比拟的顿悟。

印度第一次让我直接感受到一种生疏的和极富差异的文化。在中非之行的所有体验里，文化并未占主导地位。在北非，我曾有幸和一个能够用语言表述其文化的人交谈。而在印度，我可以和代表印度思想的人物谈话，并把印度的思想方式和欧洲的思想方式相比较。我曾和迈索尔的大君古鲁S.苏勃拉马尼雅·伊艾（我是他的客人）聊过很多次，也和其他许多人聊过，可惜没能记住他们的名字。另一方面，我刻意避免了所有所谓的“圣人”。这样做，是因为必须保持自己的真实，不从他人那里接受我自己无法亲身获取的东西。要是尝试向圣人学习，接受他们的真理，我觉得那跟小偷没什么两样。就算在欧洲，也不能借用任何东方的学说，我必须从自身形成自己的生命，听从内在的心声，或遵循大自然带给我的智慧。

在印度，我首要关注的是邪恶的心理性质问题。它融入印度精神生活中的方式给我留下了深刻的印象，我开始以一种崭新的角度来看待它。和一位有教养的中国人谈话时，一件事实给我的印象得到了不断的加强：这些人并不把“丢脸”与所谓的“邪恶”混为一谈。在西方，我们无法做到这一点。对于东方人来说，品德问题似乎并不像我们西方人那样占据首要地位。善与恶富有深意地包含在自然之中，而且在不同程度上，善即是恶，恶即是善。

我发现在印度人的灵性当中，既有善又有恶。基督徒追求善屈于恶；而印度人却认为自己超脱了善恶，希望通过冥想或瑜伽的方式来达到平衡的境界。我并不赞成这种观点，如果承认这种态度，那么善恶就失去了任何真正的界限，而这就造成了某种停滞不前的状态。人们并不真正相信恶，亦不真正相信善。因而，最多把善恶看成我的善或恶，看成我认为的善或恶；这为我们留下了一个自相矛盾的论述：印度的神性缺乏善恶观，或者身负矛盾的重担需要与世无争，即脱离对立物，脱离万物。

印度人追求的并不是道德的至善至美，而是与世无争的境界。他希望脱离自然。为了达到这一目的，他在冥想的状态中寻求无形与空虚的境界。在另一方面，我希望一直有活力地观察自然与精神形象的境界。我既不想脱离人，也不想脱离自我与自然；因为这一切在我看来，都是最伟大的奇迹。自然、精神与生命，就像展现开来的神性；除了它，我难道还会有更多的欲望吗？对我来说，存在的最高意义就在于它的存在，而不是不存在或不复存在。

对我来说，没有不惜一切代价的超脱。我无法超脱我不具备、我没做过或体验过的一切。当我完成了能够完成的事，当我全心全意地献身某事，当我最大限度地参与某事时，我才得以能实现真正的超脱。如果我半途而废了，实际上我就割裂了精神的相应部分。当然，我也有充分的理由解释自己为何无法专注于某种体验。但如果这样一来，我就不得不承认自己能力有限，而且必须明白我很可能忽略了某件意义重大的事。我清楚地认识到自己能力不足，从而为缺乏积极行动作出了补偿。

一个人如果没有经过情欲的炼狱，就永远不会战胜他们。因而，情欲就住在隔壁，随时都可能从中喷射出一团火焰，烧毁他自己的房屋。每当我们放任、遗留、忘记过多的东西时，我们忽略这一切，时时刻刻都有可能变本加厉地卷土重来。

在戈纳勒克（奥里萨邦），我遇到了一位梵学家，他热情地提出要同我一起参观神庙和巨大的神庙战车。其中一座宝塔从地基到塔顶全部布满了做工精致的淫猥雕塑。我们就这一离奇的事实谈论了很久，他解释说这是净化心灵的一种手段。我不敢苟同，指了指一群青年农民，他们一动不动地站在塑像面前，看得瞠目结舌，赞叹这些壮观的景象。此时此刻，这些青年男子恐怕并未感受到净化，脑子里反而更有可能充斥着性欲的幻想。他回答道："没错，但是关键就在于此。如果他们不接受因果报应，又怎能得到净化呢？这些淫猥形象正是为了赤裸裸地唤醒人们的法，不然这些在潜意识当中的家伙们会把法忘记的。"

我认为，令青年男子像不处于发情期的动物一样忘记他们的性欲，这本来就是一个怪异的看法。可是，这位圣人却坚决认为青年男子像动物一样处于潜意识状态，实际上需要及时的训诫。因此在他们步入神庙以前，外部的装饰就提醒他们要铭记着法；如果他们没有意识到自己的法而完成了因果报应，他们就不能得到净化。

当我们进入神庙大门时，同行者指着两名"引诱男人的女子"，那是两个舞女的雕像，露出诱人的臀部曲线，微笑着迎接每一位来访者。他说："你看见这两个舞女了吧？她们的含义也是一样的。当然，这不适用于像你我这样的人，因为我们的意识水平已经达到了一个高度，远远超越了这类事。但是，对于这些农民小伙子而言，这是一种不可或缺的教导和训诫。”

我们离开神庙之后沿一条布满男性生殖器的小巷走着，他突然说道：“你看见这些石头了吗？你明白它们的含义吗？我要告诉你一个天大的秘密。”我有些惊讶，因为我想，每个小伙儿都能看出来这些雕像便是男性生殖器。但是他非常严肃地凑到我的耳边低声说：“这些石头是男人的私处。”我原以为他会告诉我它们指的是湿婆呢。我瞠目结舌地望着他，但是他只是高傲地点点头，好像在说：“没错，就是如此。你们欧洲人如此愚昧无知，怎么可能猜出其中的道理。”我把这个故事讲给了海因里希·齐默，他欢呼雀跃地惊叫：“我终于听到真实的印度了，换换口味也不错嘛！”

当参观佛教火诫中讲到的桑吉佛塔时，我感受到了一种强烈的情绪；每每我遇到一件事、一个人或者一种思想，而我却仍然意识不到它的含义时，这种情绪便会频频出现。佛塔坐落在一座小石山上，走过一条铺在绿草中间的、令人欢喜的大石板小路，就可以到达山的顶峰。佛塔呈半圆形，像两个大碗凹面对凹面地叠落在一起，大多是陵墓或者是储存遗迹的地方，就像释迦牟尼在《涅槃经》中的描述那样。英国人极具敬业精神，完成了修复工作。这些建筑物中最高大的一个四面环墙，墙中嵌有四道精致的大门。进门后向左拐，沿佛塔四周出现了一个顺时针方向旋转的圆道，佛像就矗立在四个方位基准点上。走完一圈之后，就进入同一个方向上，更高一层的第二圈。眼前出现的平原远景、佛塔、神庙的废墟、圣地的孤独肃静都令我心醉神迷。我离开了同行者，自我沉浸于此处难以抗拒的氛围中。

过了一会儿，我听到有节奏的锣点由远而近传来。一群日本朝圣者列队前来，一个跟着一个，每个人都敲着一面小锣。他们敲打着古老主祷词“六字大明咒”的节奏，锣点正好落在“吽”这个词上。在佛塔外，他们深深地鞠了一躬，然后进入门内。进门之后，又在佛像前鞠躬，嘴里哼着赞美诗般的圣歌。他们走完了两圈圆道，在每尊佛像面前都吟唱一首颂歌。我注视着他们，我的思想和灵魂也同他们在一起，我默默地向他们表达了谢意，他们的到来神奇地抒发了我难以言喻的情感。

我强烈的感情表明，桑奇山在我的心中占据了主要的位置。佛教新的一面在那里向我展现。我理解了佛的生命便是自性的现实性，自性冲破桎梏，主张人格的生命。对于佛来说，自性高于一切神明，是一个统一的世界，代表了人类经验和整个世界的本质。自性包含固有存在和可知性两个方面，没有两者，世界就不复存在。佛理解并掌握了人类意识前所未有的巨大尊严；因此，他清楚地看到，如果人类熄灭了尊严之光，世界便会化为乌有。叔本华的伟大成就在于他同样认识到了这一点，或者说他独立地重新发现了这一点。

基督像佛一样，也是自性的体现，但是意义截然不同。两者都主张征服现世：佛是出自理性的顿悟，而基督则是命中早已注定牺牲。基督教中更多的是苦难，佛教中更多的是所见所做之事。两种都是正确的途径，但印度人认为佛是更为完善的人。他是一种历史性的人格，因此更容易被人理解。而基督既是历史上的人，又是神，因此理解起来就困难得多。归根结底，甚至连基督自己都不理解自己，他只知道他必须要牺牲自己，而这一行为是内心施加给他的。他的牺牲像是命中注定的一样。佛则长命百岁，寿终归天。而基督在属地传道的活动持续了不到一年。

后来，佛教经历了与基督教同样的变迁：佛变成了自性发展的形象，变成了人们效仿的楷模。他自己实际上也教导众人，要跳出轮回，每个人才得以大彻大悟，变成佛陀。同样在基督教中，基督耶稣以其完整的人格永存于每一个基督徒的心中，成为他们的典范。但是，历史的潮流导向效法基督，个人并不追求自己命定的道路走向完整，而只是力图效仿基督所走的路。同样，在东方历史潮流导向对佛的虔诚模仿。这件事本身就削弱了佛的观念，正如效法基督预示着基督思想演变中命定的停滞。正如佛由于他的顿悟而远比梵天众神先进一样，基督也向犹太人呼号：“你们是神。”（《约翰福音》第十章第34节）但是，人们没能理解他的深意。因此我们发现，所谓受到基督教文化熏陶的西方，不仅没有创造一个新世界，反而大有可能正在毁灭我们所拥有的世界。

印度的阿拉哈巴德、贝拿勒斯和加尔各答三座城市授予了我名誉博士的头衔，它们分别代表了伊斯兰教、印度教和英属印度的医学和科学界。然而好东西也不宜过头，于是我需要休整休整。他们让我住院休整了十天，因为后来在加尔各答患上痢疾病倒了。在汪洋大海般的新印象当中，这是一座安逸舒适的岛屿；我找到了一处立足之地，静观万物以及令人眼花缭乱的喧嚣。

返回旅馆之际，我的健康状况还勉勉强强说得过去，我做了一个非常特别的梦，希望在此讲述一下。我发现自己和众多苏黎世友人与熟识来到一个不具名的海岛，大概离英格兰南部海岸线不远。那是一座小岛，约二十英里长南北走向的狭小土地，岛上几乎无人居住。在小岛南边嶙峋的海岸线上矗立着一座中世纪的城堡。我们这一组观光客站在了它的庭院中间。面前耸立着一座雄伟的楼塔，透过大门可以看到一段宽阔的石阶。我们想方设法地看着，只能望见石阶的尽头有一个圆柱状的大厅，里面有微弱的烛光照明。我明白了，这是圣杯城堡，而且当晚要举行“圣杯庆典”。这条消息似乎有种神秘的特质，因为我们之中有一位酷似莫姆森的德国教授对此一无所知。我曾兴高采烈地同他交谈过，对于他的学识和横溢的智慧印象深刻。但是有一件事使我烦扰：他总是谈及死亡的过去，而且旁征博引地讲述了英国与圣杯故事的法国渊源之间的关系。显然他没有认识到这个传说的意义及其现存的体现，而我却强烈地意识到了这两个方面。还有，他似乎没有认清我们所处的直接而现实的环境，因为他的样子好像是在教室里为学生讲课。我尝试着请他注意环境的特殊性，但却没能成功。他没有看见阶梯，或大厅里节日的光辉。

我环顾四周，有些无能为力，这才发现自己正靠墙站在一座高高的城堡上。墙的下半部用格子框架进行装饰，格子不是普通木头而是用黑铁制成的，上面还巧妙地铸成了枝蔓缠绕，布满叶子和葡萄串的葡萄藤。在横枝上六英尺的间距处，坐落着小巧的房屋，也是铁制，像鸟笼一样。突然间，我看到叶子颤动起来；起初，像是老鼠的走动，但随后我清晰地看见一个铁制的、戴头巾的小矮人从一间小屋蹿进另一间。我相当惊异，对教授说："喂，你看那个，你……"

就在此刻，幻象中断了，梦境发生了骤变。除了教授不见了踪影，我们原班人马来到了城堡之外，置身于一片没有树木而多岩石的景色之中。我知道还会有事发生，因为圣杯还未送达城堡，当晚还要举行庆典活动。据说圣杯在海岛北端，藏于一处无人居住的小屋，那里唯一的房屋之中。我们之中有六人动身徒步北上，我知道，我们必须完成任务，将圣杯带回城堡。

经过几个小时的长途跋涉，我们抵达了海岛最狭窄的地方，我发现海岛实际上被一湾海峡一分为二。海峡最窄处的海水大约一百码。夕阳西下，夜幕来临。我们疲惫不堪，就地宿营。这一地区荒无人烟，极目远望，连树木和灌木都不长，只有草丛和岩石。没有桥，也没有船。天寒地冻，我的同伴接连入睡。我思来想去最后决定必须一个人游泳跨越海峡夺取圣杯。正当我脱掉外衣的时候，我醒了过来。

这个本质上属于欧洲人的梦境出现时，我还几乎没有摆脱巨大而势不可当的印度印象。大约十年前我就已经发现，圣杯神话依然真真切切地存在于英格兰的许多地方，尽管关于这个传统故事，人们已经积累了丰富的学术研究成果。我意识到这诗意的神话与炼金术所讲的唯一真实、唯一妙方、唯一石头相一致，此时，我越发加深了对这一事实的印象。那晚我们继续讲述了白天遗忘掉的神话，意识将有力的形象贬损为平庸可笑的琐事，而这些形象又重新得到了诗人的认可，又在预言中复活；因此，它们也能够“变换形态”，得到深思熟虑之人的认可。过去的伟大形象并不像我们想象的那样已经消亡，它们只是变换了名称而已。“轻巧而力大”，隐身的卡比尔进入了新屋。

这个梦使我对印度强烈的印象荡然无存，又将我推回到长时间遭受忽略的对西方的关注之中。而这种关注在之前表现为对于圣杯的追寻和对哲人之石的探寻。我从印度世界中摆脱出来，并受到了提示：印度并不是我的研究任务，只是使我接近目标的一个途径，显然是一个重要的途径。这个梦似乎在问我：“你要在印度做什么？不如为了自己、为了同伴寻求救世主吧，这才是你亟须做的事情。你所处的状态十分危险，你正面临着毁灭千百年来所建一切的直接危险。”

锡兰是我旅行的最后一站，给我的印象不再是印度风格。它已然具有某种南海风情，好像天堂边缘，使人流连忘返。科伦坡是一个忙碌的国际港口，每天五六点钟之间，万里无云的天空突然降下倾盆大雨。我们很快离开此地，深入起伏不平的内地国家。古老的皇城康提包裹在一层薄雾之中，温热潮湿的气候使花草丛生，枝繁叶茂。佛牙寺虽小，却散发着一种特殊的魅力。寺内藏有神圣之齿的遗迹。我在寺中藏经室逗留了很长时间，与僧人谈话，观瞻刻在银叶上的佛经经文。

傍晚，我目睹了一次难忘的仪式。青年男女把大量的茉莉花撒在祭坛前面，同时轻声吟唱祈祷词。我想他们大概在向佛祈祷，但是陪同我的僧人解释说：“不，佛已经不在了，佛已涅槃，我们不能对他祷告。他们的唱词是：‘今生如昙花一现。’愿提婆同我共享祭品的功德。”

一小时的击鼓演奏在印度寺庙中的侍候厅进行，这边是仪式的序幕。鼓手共有五位，正方形大厅四角各站一位，第五位是一名青年男子，站在中间。他是一个十分健康的独奏鼓手。他赤裸着上身，深褐色的躯体闪闪发光，他系着红腰带，身穿白色及地长裙，扎着白头巾，双臂佩戴闪亮的镯子。他迈步走向金佛，背着双面鼓前去“献乐”。他的躯体和手臂摆出优美的动作，他独自敲出奇特的韵律，艺术性上臻于完美。我从后面望着他，他站在摆满小油灯的门前。鼓声诉说着腹部和心窝的古老语言，腹部不做“祈祷”，而是促发冥思。因此祈祷并不是崇拜不存在的佛，而是醒悟的人类所完成的一次自我救赎。

初春时节，我踏上了回国的旅程，脑海中充溢着太多的印象，于是不愿下船去孟买观光，而埋头苦读拉丁文版炼金术著作。但是，印度的确在我的心中留下了印记；印度留给我的路，从一种无限引向了另外一种无限。

拉文纳和罗马

1913年我第一次去拉文纳的时候，加拉·普拉西迪亚的陵寝就令我十分神往震撼。二十年后，我有幸再次拜访此地的时候，感受依然如故。在加拉·普拉西迪亚陵寝里，我再一次陷人了一种奇怪的情绪，它再一次深深震撼了我的内心。我和朋友从陵寝出来便直奔圣洗堂。

在这里，我并不奇怪为什么会被屋子里柔和的蓝光所吸引，我也并不知道这光的出处，因为我并未将此放在心上。让我有些吃惊的是，印象里玻璃的位置，现在却是四幅绝佳的马赛克壁画，而我竟对它们一点印象都没有。面对这种虚假的记忆，我感到很苦恼。最南边的壁画是约旦河受洗，北面的则是以色列儿童穿越红海。东边第三幅画的画面，已经渐渐从我的记忆中褪去。或许上边画的是乃缦在约旦河得洁净，之所以这样说，是因为这幅图在记忆中的框架与我藏书中梅里安《圣经》中的图画相似。让人印象最深的是位于圣洗堂西边的第四幅画。我最后驻足于此，画面上耶稣张开双手，彼得在风浪中下沉。我们在这幅画前停留了至少二十分钟。在此期间，我们讨论着洗礼的宗教起源，尤其好奇它在死亡中重生的古代宗教意义。在历史上，这种仪式常常与死亡相伴，也正因为如此，才突显了死亡和重生的关系。洗礼的起源是真正的完全浸入水中，这至少有溺水的风险。

我对彼得沉没的马赛克壁画印象极其深刻，时至今日，画面中蓝色的海面，每一个马赛克，以及我想破译的彼得和耶稣的对话仍然历历在目。离开圣洗堂之后，我们直接去了阿里纳里，希望可以买到这幅壁画的图片，但最终败兴而回。时间有限，我只好将此计划搁置，待来日再办。我当时还想，或许我还可以在苏黎世订购此画。

回家之后，我托一位去拉文纳的朋友代购此画，可他却发现我所描述的壁画并不存在。

在此期间，我还在洗礼渊源的研讨会上谈到了正教圣洗堂的这幅壁画。记忆中，这些壁画仍然十分真切。而与我同行的女士一直不相信她“亲眼所见的东西”，竟然不存在。

我们都知道，从某种程度上来说，很难解释是否两个人同时看到了相同的事物。但是，在这件事情上，我可以确定的是我们至少看到的是相同的轮廓。

这次在拉文纳的经历是我人生中众多几乎无法解释的奇妙经历之一。不过在加拉·普拉西迪亚皇后（公元450年逝世）的一个传说中似乎可以找到蛛丝马迹。在从拜占庭到拉文纳的路上，她遇到了寒冬中最猛烈的暴风雪，她发誓如果自己可以平安到达，她便建造一座教堂，教堂的壁画中，她会用惊涛骇浪来表示这次旅行中遇到的暴风雪。她没有食言，平安到达后，她下令在拉文纳建造了用马赛克装饰的圣乔瓦尼教堂。在中世纪早期，圣乔瓦尼教堂和它的马赛克壁画被大火吞噬。不过，现在，在米兰的安布罗西安纳教堂仍然可以找到加拉·普拉西迪亚乘船的草图。

从第一次来加拉·普拉西迪亚陵寝，我就被她的人格魅力所吸引，不禁反复思量为什么她这样一位有教养、生活讲究的女性会和一位野蛮的君主共同生活呢？在我看来，她的陵寝似乎是她最后的遗产，从这里，我似乎可以找到一个真正的加拉·普拉西迪亚。对于我来说，无论她的命运，还是她的一切都曾真正存在过。而她，这位强势的女士，正是我女性特征的化身。

个男人的女性特征有着强烈的历史特征。作为潜意识人格，她回到了过去，体现出过去的历史。她为他讲述着他希望知道的过去。作为个体，这个特征自始至终存在于他的个性里。与她相比，我就像一个毫无意义的野蛮人一样，既没有过去，也没有未来。

事实上，在我与女性特征的对峙过程中，曾遇到过我眼中壁画上的危险。我险些溺水丧命。与壁画中彼得的遭遇相仿，他曾呼救，并最终被耶稣拯救。法老大军的命运也可能曾是我的命运。像彼得，像乃缦一样，我一直并未曾受到伤害。各种潜意识造就了我完整的人格。

而当以往的潜意识与意识交织在一起时，这种感觉对于个体来讲是溢于言表的。我们能够感知自己，感知我们的存在方式，这一点是毋庸置疑的。同样，我们也会对别人有特别的感觉，这也是不容置疑的事实。据我们所知，没有任何人或物可以消除这些印象和见解之间的差异。无论整合后是否会变化，这种变化的本质是什么，它们仍然只是主观问题。而且不能用科学的方法论证，因此，它不存在于官方的世界观之中。不过，这并不影响它在实际生活中的重要性。现实主义心理治疗师和对心理疾病治疗感兴趣的心理学家都不会忽视这方面的问题。

自从在拉文纳圣洗堂的经历之后，我清楚地意识到，有时候内在的事情可以表现在外在，反之亦然。我们当时肯定看到了圣洗堂真实的墙壁，但是它们又与一些完全不同的形象同时呈现，而这些形象和洗礼池一样真实。在那一刻，哪一个才是真实的呢？

我的经历绝不是特例。但是当这类事情发生的时候，人们通常会不自觉地更加关注，绝不会仅仅像听到或读到那么粗粗略过。通常，对于这类奇闻逸事，人们总会联想到种种神秘的解释。我的结论是，我们还需要更多的实例，才能给潜意识下定论。

我一生中有很多的旅行经历。我曾非常向往罗马。但是我发现我并没有能够完全了解这座城市的能力。对于我来说，庞贝就已经够多了，对它的理解几乎达到我的极限。去那里，是在1910—1912年我对古代心理学的研究有所收获之后的事情了。1912年，我乘船从热那亚前往那不勒斯。船到罗马附近的时候，我站在船上。罗马就在那里，那个古代文明的发源地，基督教世纪和西方中世纪文明交错的地方，如今依然繁盛。古典时代的辉煌灿烂和残酷无情从未离开过。

我一直钦佩那些本可以去巴黎或是伦敦，但是却去了罗马的人。在罗马，人们当然可以像在其他城市一样，从美学角度去欣赏它，但是若你被那里的思想所影响，若你发现一个残垣断壁，每一根柱子都是那么熟悉，那就完全是另一回事了。即便是在庞贝，也会出现一系列从未见过的场景，也会有出乎意料的事情发生，也会有我束手无策的问题。

到我的晚年，在1949年，我很想弥补这一缺憾，但是在买票的时候突然晕倒。此后，前往罗马的计划便只能束之高阁了。

第十章　幻象

1944年年初，我扭伤了脚，后来又犯了心脏病，可谓厄运连连。在潜意识状态中，我经历过精神错乱，也出现过幻觉，想必这种状态在我濒临死亡之际，吸入氧气并注射樟脑时就开始了。那些幻象巨大无比，使我得出结论，自己将不久人世。后来，护士告诉我，我的周身好像环绕着一个闪亮的光圈。她说，她偶尔在生命垂危的病人身上看到过这种现象。我明白，自己已经达到最高的极限，不知道身处梦境还是狂喜的状态。不管怎样，我身上开始发生特别奇怪的事儿。

我仿佛高高矗立在宇宙空间当中。在一望无际的下方，我看见了沐浴在辉煌蓝光当中的地球，深蓝色的海水和各个大陆。脚下很远的地方是锡兰，前面稍远处是印度次大陆。我的视野无法容纳整个地球，但它球形的轮廓却非常容易辨认，而且在美妙的蓝光之中，它的边缘还闪着银色的微光。在许多地方，地球看上去是彩色的，或者分布着深绿色的斑点，像锈蚀的银器一样。左边遥远的广阔区域是姜黄色的阿拉伯沙漠；仿佛大地的银光都泛着金红的色彩。接下来我看到了红海，而在它后面很远很远处，像是地图左上角的位置，地中海的一角依稀可见。我把目光集中在了那里。其他的一切，看上去都不清晰。我也能看见白雪皑皑的喜马拉雅山，但是，在那个方向上，一切都云雾萦绕。我丝毫没有向右看。我知道自己正在脱离地球。

后来我发现，只有到了大概一千英里的高度，才能拥有如此广阔的视野！在那里，地球是我见过最为壮丽宏伟的景象。

凝视了一会儿，我转过身来，朝向北面背对着印度洋站着。后来，我似乎转过身来面向南方。随即，新的景致进入了我的视野。在宇宙空间不远处，我看见一块如陨石般硕大无比的黑色岩石。石头和我的房子差不多大，甚至还要大。它飘浮在空中，我也飘浮在空中。

我在孟加拉湾海岸见过类似的岩石。它们都是黄褐色的花岗岩，有些已被凿空用作寺庙了。飘浮在空中的石头就是这样的暗色巨石。寺庙入口通向一间小型接待厅。入口右侧，一位皮肤黝黑的印度教徒盘腿静坐于石凳之上。他身着一件白色长袍，看得出正在迎接我。走过两级台阶便来到了接待厅，厅中左侧有一扇门通往寺庙。不计其数的微小神龛中都有个碟形凹面，里面装满椰油，还有燃烧着的小灯芯；明亮的火焰环绕着这扇门。我在锡兰康提参观佛牙寺的时候还曾亲眼见到如此景象：大门四周环绕着几排这样燃烧的油灯。

当我走进通往巨石入口的台阶时，发生了一件奇怪的事：我感觉一切都在脱落；我所追求的、希冀的以及想象的一切，有关地球存在的全部幻影，都离我远去，消失殆尽——这是一段极其痛苦的过程。然而，某些东西遗留了下来，似乎我还携带着自己经历过或做过的一切，以及发生在我身边的一切。换句话说：一切与我同在，我便是一切。我由这一切而构成。我由自己的历史构成，我确切地感受到：这就是我。“我是一切存在过和一切完成了的事物的总和。”

这段经历令我感到既贫乏又充实，这两种情感十分强烈。我别无所求。我存在于一种客观的形式之中，我的过去及经历反映了真实的自我。起初，我被一种毁灭感、剥夺感和抢掠感牢牢统治；但是，一切感觉又转瞬即逝。似乎一切已成往事；存留的是既成事实，与往昔的一切不再关联。我对遗落或掠走的东西不再惋惜。相反，我认为曾经拥有，便是一切。

还有一事引起了我的注意：快走到寺庙时，我确信自己将要进入一间通亮的房间，在那儿遇到我现实中结交的朋友。后来我终于明白，我或我的生命应进入哪些历史节点。我将会知道，前世发生了什么，我为什么来到这个世界上，我的生命正流向何方。对我来说，生命常常像是一个没有起止的故事。我认为自己是一个历史片段，除此之外，它的前世与来世都已缺失。我的生命似乎是从一长串事件中截取而来的，仍然有许多问题没有得到解答。为什么截取这一段过程？我为什么提出这些特殊的假设？我用它们来做什么？接下来会怎样？但是，我确信只要一踏入这座石庙，我便会找到以上所有问题的答案。在那里我会理解为什么一切是这样而不是那样的。我还会遇到一个人，解答我有关过去和未来的疑问。

正当我思索这些问题的时候，发生了一件引起我注意的事。从下面，欧洲那个方向飘浮起一个形象。那是我的医生，H博士——或者说是他的肖像——头戴金色项链或是肉桂色的花环。我一下便认出了他："啊，这不是我的医生吗？当然，就是一直为我看病的医生。但是，现在，他展现了自己的原始形象，就像科斯国王一样。在生活中，他便是国王的化身，暂时体现了一开始便存在的原始形象。现在他正以这种原始形象出现。"

以此类推，我想必也处于自己的原始形象当中，虽然我并没有觉察到这一点，但却简单地把它视为理所当然。他站在我面前时，我们沉默不语地交流了思想。H医生代表地球向我传递信息，说人们都反对我离开。我没有权利离开地球，我必须返回。听到这个声音时，我便醒了过来。

我失望至极，因为这一切都显得毫无来由。痛苦的脱落过程是徒劳的，我没有获许进入寺庙，与我昔日的同伴相会。

实际上，整整三个星期之后，我才坚定了活下去的决心。那时，我吃不了东西，一切食物都很反胃。病床外城市与山峦的景致仿佛一幅带有黑洞的彩色窗帘，或者是一张破报纸，印满了毫无意义的照片。我失望地想："现在我必须再次返回到'盒子系统'了。"因为在宇宙地平线之上，人们似乎已经构建起一个三维世界，每个人都独自坐在一个小盒子里。现在我必须再次说服自己，这一点至关重要！在我看来，生命，乃至整个世界就像一座监狱，一想到监狱里面必须井然有序，我就无比烦恼。我曾暗喜自己摆脱了一切，没想到现在又和其他人一样，被一根线拴挂在盒子里。在空中飘荡的时候，我失去了重量，也不受任何外力拖拽。而现在，这一切竟然已成往事！

我强烈抗拒这位医生，因为他已经使我起死回生。与此同时，我又为他担心了起来。“看在上帝的份儿上，他有生命危险啊！因为他以原始的形象出现在我面前！谁要是获得了这样的形体，那他就快要死去，因为他已经属于‘更大的群体’了！”突然一个惊悚的想法浮现在我脑海，H医生将会替我而死。我多想跟他谈谈这个情况，但是他却不理解我。后来，我开始生他的气了。“为什么总是假装不知道自己是科斯国王的化身呢？而且他已经具备原始形象了呀？他竟然还想让我相信他不知道！”这激起了我的愤怒。妻子谴责我对他不够友善。我知道妻子说得没错；但同时我确实又很生H医生的气，因为他如此顽固，拒绝谈论在幻象中，我们之间发生的一切。“可恶，他最好小心点儿。他无权对我如此鲁莽！我要警告他，让他多加小心。”我深信他此时生命垂危。

实际上，我是他最后一个病人。我仍然清楚地记得，在1944年4月4日，医生允许我起来坐到床边，这是患病以来的第一次。而就在同一天，H医生却病倒在床，再也没有起来。我听说他时不时就发烧。不久之后，他死于败血病。他是一位好医生，有些天分。不然，他不会以科斯国王的形象出现在我面前。

那几个星期，我一直生活在奇怪的节奏中。白天我时常感到压抑。觉得虚弱、惨淡，几乎不敢动弹。备感忧郁之际，心想："现在必须要回到这个单调乏味的世界了。"夜晚我总是睡得很沉，一直持续到午夜前后。之后便醒过来，大约躺一小时，然而精神状态却全然不同。自己处于狂喜当中，又好像在空中飘浮，安全地处于宇宙空间当中。那是一种惊人的空虚，但却充满了极大的幸福。"这是永恒的幸福，"我想，"简直太难以言喻，太奇妙了！"

周围的一切都令人心醉神迷。在夜里的这个时刻，护士为我送来加热的食物，因为只有此时我才胃口大好，什么都能吃。有一段时间，我认为她有点像上了岁数的犹太妇女，比实际年龄老得多。我以为她正为我准备圣洁的祭礼食品。我望着她的时候，她的头上似乎闪耀着蓝色的光环。我自己仿佛正在石榴园里，参加蒂费莱斯和马尔初丝的婚礼。或者我是犹太教律法专家西蒙·本·约翰，他正在庆祝来世的婚礼。那神秘的婚礼是犹太教神秘哲学的传统。我难以表达那有多么奇妙。我只能不断地想着："这就是石榴园！这就是马尔初丝和蒂费莱斯的婚礼！"我不知道自己究竟扮演了什么角色。归根结底，我自身就是婚礼。我的祝福就是欢乐婚礼的祝福。

渐渐地，石榴园淡去了，改变了。接下来在节日气氛浓厚的耶路撒冷，基督的婚礼正在进行。我描述不出细节。那是难以形容的愉悦。天使显现，一片光明。我自己就是"基督的婚礼"。

后来，基督的婚礼也消失，接下来是一种新的形象，那是最后的幻象。我走到了一个宽阔山谷的尽头，眼前出现了一座座连绵起伏的小山。山谷尽头是一个古式的半圆剧场，坐落在碧绿的景色之中，尽显辉煌华丽。剧场中正在庆祝圣婚。男女舞蹈家登上舞台，在鲜花点缀的长椅上，众神之父宙斯同赫拉完成了神秘的联姻，与《伊里亚特》中描绘的一样。

以上所有体验都是光辉灿烂的。每天夜里我都飘浮在最纯粹的幸福状态中，“环绕着一切创造的形象”。渐渐地，各种主题混为一体，黯然失色。一般情况下，幻景大约持续一小时，然后我又沉睡过去。当晨曦来临之际，我感觉：灰色的清晨又来了，灰色的世界随着它的一个个盒子又来了！多么愚蠢，多么可怕，多么荒唐啊！那些内在的状态多么奇幻与美丽，相比之下，尘世简直显得荒谬可笑。随着不断恢复健康，内在的状态也越来越微弱，第一次出现幻象之后不到三周，一切已完全终止。

经历幻象时，美丽而强烈的感情，是难以用语言来表达的。这是我所经历过的最叹为观止的场面。白昼是多么鲜明的对比：我忍受折磨，坐立不安；什么事儿都能将我惹恼，一切过于物质，过于粗鲁，过于笨拙，无论空间还是精神上都有极度的局限性。那全然就是监禁，至于原因又毫不神圣，然而它却具有一种催眠的力量，一种说服力，似乎它就是现实本身；尽管如此，我还是清晰地看到了它空虚的一面。虽然我已经恢复了对世界的信心，但我却一直没有完全摆脱这一印象：生活是一种片段的存在，被装入专门为它设计的三维盒状宇宙之中。

我还对另一件事记忆犹新。一开始，在产生石榴园幻景的时候，我请求护士能够原谅我，如果我伤害了她。我说，病房是圣洁的，对她可能有害。当然，她不明白我的意思。对我来说，圣洁降临时会产生一种奇妙的氛围，我担心旁人无法忍受。后来我明白为什么有人在谈论圣洁的气味，谈论圣灵的“香气”了。其实就是这种味道。病房里洋溢着难以言表的圣洁气氛，它的表现形式便是各种神秘的结合。

我从来不敢想象自己竟有如此的经历。它并非想象的产物。幻象与体验都是完完全全真实存在的，没有丝毫的主观臆断，反而具有绝对客观的品质。

我们回避了“永恒”一词，但是，我可以把该体验描述成为一种非时间状态的狂喜，在这种状态中，现在、过去和未来都成为一体。凡是及时出现的事物都被统一放置到一个具体的整体当中。一切都没有四散到时间之外，一切都无法用时间概念衡量。最能形容该体验的是一种感觉状态，但后者却不能靠想象再现。我怎能想象前天、今天和后天同时共存的状况呢？有的事物尚未开始，有的事物确定存在，有的事物业已完成，而这一切终将成为一体。感觉唯一能够获取的将是一个总和，一个流光溢彩的整体，对刚刚发生的事物突然充满期待，对正在发生的事物感到惊奇，对已经出现的结果或满足或失望。人交织在一种无法形容的整体之中，又以完全客观的态度去观察它。

后来，我再次体验到了这种客观存在。妻子离世之后，我在梦中看到了她，就如幻象一般。她在离我有一段距离的地方站着，直视我的双眼。她当时风华正茂，大概三十岁，穿着很多年前媒人堂姐为她做的一件衣服。这大抵是她穿过最华美的衣服。她的表情既不高兴，也不哀伤，客观来说是既聪明又善解人意，没有丝毫激动的情绪，似乎她已经脱离了情感的迷雾。我知道那并不是她，而是她为我制作或派送的一幅肖像画。画像中包含了我们的相识，婚后五十三年经历的点点滴滴以及妻子生命的终结。面对这完整的形象，我们相对无言，因为我们几乎无法领会其中的含义。

我在这个梦和各种幻象中所感受到的客观存在，是已经完成的个性化的一部分。这便意味着超脱种种评价，超脱我们所说的感情纽带。一般来说，感情纽带对人类举足轻重。但是，它们中间仍然包含着某些投射。摆脱这些投射现象，获得自我与客观存在，是非常重要的。感情关系是欲望的关系，受到强迫与束缚的玷污，是对另外一个人的某种期望；这令他和我们自己都无法自由。客观的认识隐藏在具有吸引力的感情关系之后，看上去是核心的秘密。只有通过客观的认识才可能达到真正的结合。

疾病痊愈之后，我的工作开始进入盛产期。众多主要作品都是在这一时期完成的。我所得到的顿悟，或者经历过万物消亡的幻象，给了我重新规划未来的勇气。我不再企图让他人接受我的见解，而是屈服于我思想的洪流。如此一来，问题便一一展现并有了形态。

这场病还为我带来了其他的东西。我可以把它称作对现存事物的肯定：没有主观抵抗，无条件地肯定——接受我所见所悟的存在环境，并接受自己的天性。刚开始得病的时候，我感觉自己的态度出了问题，在某种程度上，我要对此负责。但是，人若遵循个性化的道路，过自己想过的生活，他就必须承担错误；不犯错误，生活就不完整。没有一刻我们能保证自己不犯错误，或者不落入致命的危险当中。我们可以设想确定不移的道路，但那将是死亡之路。死后一切都不再发生了，至少正确的事情不再发生。任何想要走确信之路的人，都与死人无异。

直到得了这场病，我才明白了确认自己的命运有多么重要。如此一来，我们就打造出一个自我，在不解之事发生时也不会崩溃；这个自我经得住真实的考验，也有能力应对世界与命运。如此一来，经历失败也就相当于经历胜利。无论是内在还是外在，一切都不受干扰，因为一个人的自我延续已经抵御了生命和时间的洪流。但是，一个人只有不去好奇地干预命运的安排时才能如此。

我还认识到，人必须接受自我形成的内在思想，它是自我现实的一部分。真与假的类别当然是永恒存在的，但是因为它们没有约束力，所以占据第二位。思想的存在比我们对思想的主观判断更加重要。然而，这些判断也不应受到抑制，因为它们也是现存的思想，是我们完整性的一部分。

第十一章　论死后的生活

关于来世与死后的生活，我所谈的完全是回忆，是感知过的意象以及冲击我的思想。在某种程度上，这些回忆也为我的著作奠定了基础，因为我写的书，无非就是以一种新的视角，尝试解答“今生”与“来世”之间相互作用的问题。然而迄今为止，我还从未详尽地叙述过死后的生活；因为只要阐述，就必须佐证自己的观点，可是在这一点上我却束手无策。还是顺其自然吧，不如现在便谈一谈我的见解。

哪怕现在，我能做的也不过是讲讲“神话故事”罢了。也许，只有当人类濒临死亡的时候，才足以自由地谈论死后的生活。事实上，我并不希望人类经历死后的生活。但是，我又必须实事求是地承认，虽然并非刻意，并不情愿，关于“来世”的想法还是在我的心中徘徊荡漾。我不敢断定它们的真伪，但我知道它们确实存在。要不是心存偏见有意压制，我完全可以将这些思想表达出来。偏见往往削弱甚至伤害全部的精神生活现象。由于我对精神生活知之甚少，因此感觉无法用高级的知识来修正偏见。批判理性主义以及许多的神话概念，显然已经消除了“死后生活”的观点。正是因为太多人几乎完全将自己等同于自己的意识，想象着自己只能成为已知的自己，才会出现上述的情况。然而，但凡有一点儿心理学常识的人都会明白，这种认知是多么的狭隘。理性主义和教条主义是当今时代的顽疾；它们总是声称无所不知。然而事实上，我们目前持有的视角却非常有限，排除了大量看似不可能的知识，而这些知识还有待我们在未来发现。我们对时空的概念只能说大体上正确，因此在很大程度上还存在着或多或少的偏差。考虑到以上因素，我开始密切地关注有关精神的奇特神话，并仔细地观察在我身上发生的各种事件，不管它们是否适用于我的理论假设。

然而遗憾的是，人类神话性的一面常常遭受冷遇。人类不再创造寓言，因此丧失了许多东西；其实谈论不可思议的事情同样十分重要，大有裨益。如此的交谈就像我们围坐在火炉旁，叼着烟斗，讲述一个精彩的鬼故事一样。

我们当然不了解，有关死后生活的神话故事究竟意味着什么，也不知道这些故事的背后隐藏着什么样的现实。作为神、人同形的影射，它们具备毋庸置疑的价值，然而我们却无法判断它们的真实性。因此，我们必须清醒地意识到，我们无法获知那些超出自己理解范围的事物。

我们所生活的特定世界，已经塑造了我们的思想，并确定了我们的基本精神状态，所以很难想象，宇宙中还存在着一个由其他律法统治的世界。我们被固有的结构牢牢地束缚着，被全部的存在和思维方式紧紧地囿于自己的世界中。当然，神话性的人需要“超越一切障碍”，但科学的人却禁止这一行为。对于理性的人而言，我的神话解释都是徒劳的狂想。然而，对于感性的人而言，神话解释则变成了合理存在的治愈性活动；它给予存在一种魅力，令我们难以割舍。当然，我们也没有任何充分的理由割舍这份魅力。

心里玄学认为，死者通过鬼魂或灵媒的形象展示自己，传达只有他们自己才能理解的事物，从科学角度来看，这确凿地证明了“来世”的存在。然而，就算这些证据充分的例子确实存在，我们还是会产生如下疑问：鬼魂或呼声等同于死者吗？或者只是一种精神投射？所传达的事物是否真的来源于死者？还是源于潜意识中的知识？

抛开针对事物必然性的理性争辩，我们不应忘记，大多数人笃信自己将超越现世存在，无限地延续下去，这对他们来说意义重大。他们生活得更明智，感觉更舒适、更平和。人类用来自我支配的时间漫长得难以置信，足有几百年之久。那么如今毫无意义地疲于奔命，匆匆忙忙，到底为了什么呢？

当然，这种推理并不适用于每一个人。有人确实对永生不抱希望，一想到坐在云端弹上一万年竖琴就不寒而栗！也有些人命运坎坷，或者无比厌恶自己的存在，宁愿彻底结束延续着的生命。但是对大部分人来说，永垂不朽是一个非常急迫、直接而又根深蒂固的问题。因此我们必须努力提出某种见解，但是，怎么提出呢？

我的假设是：我们可以借助潜意识——比如梦境——中表达出来的暗示，提出见解。这些暗示通常会被遗漏，因为我们坚信这一问题难以得到解答。针对这种可以理解的怀疑主义，我提出了以下两种想法。如果有些问题确实难以理解，我们必须放弃，承认自己智力有限。比如，我不知道宇宙形成的原因，我也永远不会知道。因此，我必须放弃这一科学问题，或者说是智力问题。但是，如果一个观点，通过梦境或者神话传统的形式，浮现在我的脑海，那么我就应该注意到它。甚至应该在这些暗示的基础上构设一种概念，哪怕是永远无法得以证明的假设。

虽然人类必须承认失败，承认智力有限，但他们仍然可以自豪地说，自己已经竭尽所能来构设有关“来世”的概念，或者创造有关“来世”的某种形象。相反，不去尝试才是致命的损失。因为呈现在他面前的问题，是人类的古老遗产，一种充满神秘生活的原型，想要附加在我们的个人生活中，来达到完整。理性为我们设定的界限过于狭窄，只允许我们接受已知的事物，生活在已知的框架中，仿佛我们已经知道生命能够延续多久一样。然而事实上，我们日复一日地生活，远远超越了自我意识的范围；虽然我们并未察觉，但潜意识的生活已经在我们的内心悄悄展开。批判理论统治得越牢固，生活就越发贫乏；但是我们意识到的潜意识越多，意识到的神话越多，我们的生活也就越完整。高估的理性与政治专制主义的共同之处在于，它的统治使个体变得贫乏了。

潜意识则通过传达事物本身或者制造象征性典故来帮助解决这一问题。当然，它也可以通过其他的方式向我们传达单靠逻辑无法理解的事情。想一想那些已经成为现实的同步现象、预兆和梦境。这让我不禁想起第二次世界大战期间我从波林根返回故乡的一次经历。虽然我随身携带了一本书，但是怎么也读不下去，因为火车启动时，某人落水溺亡场景一直萦绕在我的脑海。其实，这是我对军营服役时一次事故的回忆。整个旅途中，我都难以摆脱这一场景，感觉非常离奇，“到底是怎么回事？难道真的出事儿了吗？”

我在艾伦巴赫下车然后走回了家，但是这段记忆仍然困扰着我。由于战争的缘故，二女儿一家从巴黎回到瑞士，与我们生活在一起。她的孩子们都在花园里站着，表情显得异常失落。我走上前去问道：“嘿，出了什么事呀？”孩子们告诉我，最小的那个男孩，亚德里安落入了船库。那里水很深，亚德里安又不太会游泳，要不是哥哥把他救上岸，他差点儿就淹死了。他出事的时候，火车上的那段记忆恰巧向我袭来。这一定是潜意识给我的暗示。不然它为何不向我展示其他的意象呢？

我妻子家族中的某个人去世之前，我经历过类似的事情。我梦见妻子的床是一个石壁环绕的深坑。那是一座带有古典风格的坟墓。随后我听到一声沉重的叹息，仿佛有人正在咽气。一个酷似我妻子的形象从坑中坐了起来，向上飘浮。它身穿一件白色长袍，上面编织着奇怪的黑色符号。我突然间惊醒了，赶紧唤起妻子，那时正好是凌晨三点整。这个诡异的梦让我立刻意识到，可能有人死去了。果不其然，清晨七点钟，噩耗传来，我妻子的堂姐在夜里三点钟去世了。

我时常有所预感，但却很少能够辨别预感中的意象。比如我曾经做过一个梦，梦见自己正在参加一场花园派对。令我大吃一惊的是，我竟然发现了已经去世多年的姐姐。没想到一个死去的朋友也在场。除了他们，其余的人当时都在世。就在此时，我看到一位熟识的女士正陪伴在姐姐身旁。此情此景令我在梦中就得出结论：这位女士将要离开人世了。因为“她的身上已经有了标记”。在梦中，我非常清楚她是谁，我还知道她住在巴塞尔。可是我一醒过来，却无论如何也回忆不起她是谁了，尽管整个梦境依然如此形象生动。我一一回忆所有居住在巴塞尔的朋友，看看有谁会与记忆中的女士相像。没想到竟然一个人也没有！

几个星期过后，我听说自己的一位朋友发生意外身亡了。这件事马上令我想起梦境中遇见却无法辨认的女士形象。她的一举一动至今都清晰可见，因为在死前的一年多时间里，她经常找我看病。然而，当我试图回忆梦中人的形象时，这位女病人的肖像却没有出现在巴塞尔熟人的肖像画廊中，虽然按理说，她应该最早出现才对。

因此，我会告诉旁人（我也会像他们一样谈论别人）：当你经历过这种体验之后，便会对潜意识的潜力与技艺心生敬佩。但是，我们需要谨慎明断，因为如此的传达也可能带有一种主观的色彩。它们有时与现实相符，有时则不然。然而，我知道，自己在潜意识暗示的基础上形成的观点，才最经得住考验。当然，我并不打算写一本有关潜意识的启示录，但是，我必须承认自己已经了解了一种“神话”，正是它鼓励着我深入了解整个潜意识领域。神话是科学的最初形式。当谈及死后事物的时候，我探讨的都是内在的启示，而且仅仅告诉你与这个主题有关的梦和神话。

当然有人从一开始就会辩驳：有关死后生活的神话和梦境，只不过是人类本性所固有的一种补偿性幻觉，即一切生命都渴望永恒。对此，我能举出的唯一论证便是神话本身。

然而，种种迹象表明，精神中至少有一部分不受时空法则的支配。对此，著名的J.B.莱茵实验已经提供了科学证明。除了众多的自发性预感，非空间感知以及其他各种事例外（我已经列举了许多关于我自己的例子），J.B.莱茵的实验证实了精神有时会超越因果关系的法则而发生作用。这就说明，我们的时空概念和因果关系概念并不完备，因此还需要增加另一个维度来形成世界的完美图景。只有这样，我们才能对现象的完整性进行统一的解释。因此，时至今日，理性主义者依然坚称，心理玄学的经验并非真实存在；这一问题将会决定他们的世界观能否成立。如果精神真的超越了时空以及因果关系的法则，那么宇宙的理性主义图像便无法成立，因为它本身就是不完整的。这样一来，在现象世界背后，用其他价值来衡量的现实，就成了一个无法回避的问题。我们必须面对这样一个事实：那就是我们的生活世界，世界上的时间、空间，以及因果关系都与世界背后或者下面的另一种事物规律有关，无论“彼此”还是“早晚”都已不再重要。我一直坚信，我们的精神存在，至少有一部分具有时空相对性的特征。我们离有意识的状态越远，离时空的绝对状态越近，时空的相对性也就越大。

除了我自己的梦境，他人的梦有时也会帮我形成、修正并最终确认我对死后生活的看法。我有一位年过六旬的女学生，她在死前两个月做过一个梦，引起了我的高度重视。她梦到自己进入来世，那里正上着课，一群已故的女友都坐在前排的长凳上。课堂上弥漫着一种有所期待的氛围。她环顾四周，却没有发现讲师。原来，她自己就是讲师，因为人们死后会立刻讲述有关自己的全部生活经历。亡灵对离世不久者的生活经历很感兴趣，就好像现世中与时空中的行为和经历具有决定性作用一样。

无论怎样，此梦描述了一类世间难寻的独特听众：这类人对平凡人生的最后心理结果饶有兴趣。就我们的思维方式而言，这只不过是有可能得出的结论而已。然而，如果这类“听众”以一种相对非时间的状态存在着，当“终结”“事件”和“发展”都成为可疑的概念时，他们最感兴趣的很可能就是自己状态中所缺失的东西。

在做这个梦的时候，那位女士对死亡充满了恐惧，并竭尽全力想要打消关于死亡的任何想法。然而死亡，特别对于上了年纪的人来说，是一种浓厚的兴趣。就像对他提出了一个直截了当的问题，他必须回答一样。因此，他应该了解一种关于死亡的神话，因为理性只告诉他，他会坠入漆黑的深坑。然而神话却能为他勾勒出其他的意象，那死者王国里丰富而有益的生活图景。如果他相信神话，并信赖、迎接这些神话，那么他就像不信的人一样，不是正确，就是错误。然而当深陷绝望的人走向虚无，那信赖原型的人则沿着生命的轨迹前行，并生活在死亡中。当然，以上两者都生活在不确定的状态之中，只不过一种人对抗着本能生活，而另一种人则顺应着本能生活。

潜意识中的形象也没有完全地表达出来，需要人参与其中，并与意识相接触，才能获取知识。当我开始研究潜意识的时候，我发现自己深深地沉浸在萨洛米和以利亚的形象当中。后来他们的形象渐渐消退了，但是大约过了两年，他们又再次出现。令我大吃一惊的是，从言谈到举止这两个形象竟没有发生丝毫改变，就像两年来什么事都没发生一样。其实，最不可思议的变化还是发生在我身上。所以我必须从头开始，向他们讲述、解释事情的原委。对于这一情况，我当时也震惊不已。直到后来我才恍然大悟：在这两年间，萨洛米和以利亚沉入潜意识当中，隐藏了起来，也就是说进入不受时间影响的状态中。他们不再与本我以及本我变化着的环境相联系，因此对意识世界所发生的事情也就一无所知了。

很早我便意识到，自己有必要说明潜意识的种种形象，或者是与他混淆的另一组形象，即“逝者的灵魂”。1911年，我与一位友人骑车旅行穿越意大利北部的时候，第一次体验到了这一点。返程途中，我们从帕维亚骑车到马焦雷湖下游的阿罗纳，并在那里过了夜。我们本打算沿湖漫步，穿越提契诺州直奔法伊多，再从那里乘火车到苏黎世。不料在阿罗纳，我做了一个梦，它彻底地打乱了我们的计划。

我梦见自己正在参加过去几个世纪的名人亡灵聚会；那感受与我1944年在黑石寺庙经历的“杰出先贤”幻象相似。整个对话都是用拉丁文进行的。一位头戴卷长假发的绅士问了我一个晦涩的问题，至于问题的大意，我醒来以后已经记不清了。我能听懂他问了些什么，但是由于拉丁文不够流利，没有回答上来。这种情绪令我感到了极大的耻辱，并最终将我唤醒。

醒来之后，我立刻想到了自己正在创作的《潜意识心理学》，也为没能回答上来那个问题，深感自卑。于是，我即刻登上了回家的火车，从而继续埋头工作。我不能再浪费三天时间继续骑车旅行了。我必须工作，并寻找答案。

直到多年以后，我才理解了此梦的含义以及我当时的反应。那位头戴假发的绅士类似于先人的灵魂，或死者的灵魂，他向我提出问题，结果却是徒劳一场。问题提得太早，而我的水平有限，给不出答案。但是我隐约感到，如果我潜心著书，应该就能回答那个问题。就像灵魂先祖向我发问，希望了解他们在世时未曾了解的一切，因为答案只能在之后的几个世纪创造出来。倘若问题和答案业已存在，永垂不朽，那么无论在哪个世纪它们都会被发现，而我也不必继续努力了。的确，自然界中似乎存在无限的知识。然而只有时机成熟的时候，我们的意识才能理解这些知识。设想一下，这一过程就像个体的精神一样：一个人多年来可能对某一事物只是略知皮毛，然而直到特殊时刻，才能清楚地了解掌握。

随后，在我创作《对死者的七次布道词》的时候，死者再次向我提出了关键性的问题。他们自称“从耶路撒冷归来，没有找到要找的东西”。当时，这一问题令我大吃一惊，因为根据传统观点，死者应该掌握大量知识才对。人们认为，死者所知晓的事物远超过我们，因为基督教义教导我们在阴间“面对面相见”。然而亡灵“掌握”的显然只是生前之事，至于死后之事，它们却毫不知晓。因此，它们才设法渗透现世生活，以期分享人们的知识。我时常感觉到，那些亡灵就站在我们身后，期待我们给出答案，期待我们对命运的回答。它们似乎依赖于活着的人，等待后者给出答案，也就是说它们依赖于那些生存时间更长，并生活在变化世界中的人。变化的世界不受它们的掌控，在那里能够无所不知，意识到一切，但是它们只能进入生者的精神，进入依赖于肉体的灵魂。因此，生者的思想看来至少在一方面优于死者，即获取具有决定性作用的清晰认知能力。依我看来，时空上的三维立体世界就像一个坐标系；现实中分落于横纵坐标的物体，也许像全方位的原始形象，或者像围绕原型的认知迷云一样，出现在不受时空控制的方位。然而为了辨别离散的内容，还是需要一个坐标系。当人人都变得无所不知，或者当意识丧失了主观性，丧失了时空分界时，任何类似的活动都会变得难以想象。认知像繁衍一样，包含着彼此、上下和前后之间的对立。

人类的意识在任何时代都会存在可变的上限。因此我认为，如果死后依然存在意识，那么它将在人类所达到的意识水平上延续下去。许多人终其一生，甚至濒临死亡的边缘，都无法展现自己的潜能，而更为重要的是，他们无法掌握以意识形态呈现的知识。因此，他们在死后依然想要获取生前未能获取的意识。

通过观察死者的梦境，我得出了以上结论。我曾经做过一个梦，梦见自己正在拜访一位两周前去世的朋友。生前，他并未接受任何宗教信仰，只持有传统的世界观，并且一直坚持不假思索的态度。他的家坐落在一座类似于巴塞尔附近图灵格山的小山上。旧城堡的围墙环绕着由小教堂和矮小建筑构成的广场。这让我想起了拉伯斯威尔城堡前面的广场。时值秋日，古树的叶子渐渐变成金黄色，在和煦阳光的照耀下，整个景致显得格外美丽。朋友的女儿曾在苏黎世学习心理学，我知道，她正与父亲同坐桌旁，谈论着心理学方面的问题。朋友听得相当入迷，只是随意向我挥了挥手，仿佛暗示："请勿打扰。"这种致意也有将我打发走的意思。这个梦以某种令我难以理解的方式告诉我，我死去的朋友需要了解，自己的精神的确存在，而这是他终其一生都没能完成的心愿。

关于灵魂在死后的演化，我还有另一次体验。那时，我妻子刚刚去世一年左右，一天夜里，我突然间从梦中醒来，记起曾与妻子一同在法国南部的普罗旺斯享受了整整一天的时光。当时，她正在那里从事圣杯的研究。这件事对我来说意义重大，因为她在去世的时候还没有完成对圣杯的研究。主观性的解释（我的灵魂还未完成我妻子应该从事的工作）毫无趣味；我很清楚，这方面的研究还未结束。然而我想象着妻子在死后继续工作，获得灵魂上的升华。无论我怎样设想，这种想法的确意义非凡，并在一定程度上给了我安慰。

当然这种想法并不准确，还会给人以假象，就像投射到平面上的物体，或者恰恰相反，像是在三维物体内部构建出四维模型一样。这些物体都用三维世界的术语向我们展现自己。数学好不容易才创造了经验主义无法理解的方式来表达关系。同样，对于缜密的想象力来说，在经验资料和梦境的基础上，通过逻辑原理构建无形事物的形象也十分重要。而构建无形事物形象的方法，就是我所说的“必要陈述法”。它在梦的解析里代表“放大”原则，但也可以用简单整数中隐含的观点轻易地加以论述。

数字“一”是个单数。但“一”也代表“统一”，一元，全一性，个性，非二元性。它不是数字概念，而是一个哲学概念，是上帝创造的原型和属性，即单子。人类智慧足以作出以上论述；但人们对统一性及其含义的概念又决定着并制约着人类的智慧。换句话说，这些论述是必要的，而不是武断的，因为它们受到了统一性的制约。从理论上看，同样的逻辑推理可以用于下列数字概念，但实际上，由于复杂情况迅速增加，数量过大，难以控制，所以这一过程将会稍纵即逝。

“一”以后的每一个单位都会引出一系列新的特征和改动。例如，数字“四”的特征是四次方程能够求解，而五次方程不能求解。因此，对于数字“四”的必要陈述应该是：它，是一个开端，同时也是前一个阶数的结尾。每增加一个单位数就会出现一个或多个新的数学特征，因此以上陈述会变得非常复杂，从而无法形成。

自然数的无限序列对应着无限的生物个体，这些序列也由个体组成，甚至前十个个体的特性，便能代表从单子中分离出来的抽象宇宙进化论。然而，数字的特性同时也是物质的特性，因此，某些方程式能够预示物质的行为。

所以我提出，非数学论述同样能够指出无法展现的真实情况。比如那些得到了广泛接受，或因发生频率凸显出来的想象力产物，就如同整整一级的原型主题。我们不能说数学方程中的因数代表了什么样的物质现实，同样，我们最初也不知道神话产物代表着什么样的精神现实。热气湍流运动的方程式存在了很长一段时间，人们才能够准确地研究气体问题。同样，我们早就获取了表现潜意识动态过程的神话题材，然而直到最近，这些过程才被赋予了名称。

我认为最强烈的意识，形成了死人获取知识的上限，正因为如此，尘世生活才显得意义非凡，人在濒临死亡之际所“带走”的事物才显得如此重要。只有在对立物相互冲突的尘世生活中，总的意识水平才得以提高。如此看来，没有“神话解释”，人类便无法完成以上的超自然任务。神话是潜意识认知与意识认知之间不可或缺的中间阶段。潜意识了解的事物确实要比意识多；但这却是一种在永恒之中的特殊知识，一般不涉及此时此地，无法用理智的语言表达。我们只有详尽地叙述，就像上面有关数字的例子，此类知识才能为我们所理解；我们才能觉察到一个新的方面。这一过程重复出现在每个成功的梦的解析中，非常具有说服力。因此，对梦的陈述不存偏见，灵活接受才是至关重要的。一旦我们想进行某种“单调的解释”，我们的方法已经变成枯燥乏味的教条了。

虽然我们无法拿出确凿的证据，证明死后灵魂继续存在，但是，各种体验却使我们开始认真思考。我把它们当作暗示，而不擅自将各种顿悟的意义归于它们。

一天晚上，我躺着睡不着觉，总是想起一位突然去世的朋友，前一天才刚刚举行了他的葬礼。我对这件事情深深关切。突然间，我感觉他就在这屋子里，站在床头，要我随他同去。我没觉得这是个幽灵，反而像是他有形的内在形象。我把它解释为幻觉。但是我又必须坦率地问自己：“我有任何证据证明这就是幻觉吗？”假设它不是幻觉，假设我的朋友真的就在这里，而我却断言它就是一个幻觉——这样做难道不令人厌恶？而且我也没有充足的证据证明站在我面前的就是一个幽灵。接着我又告诉自己：“既然我怎么都找不到证据，不如为了试验的目的，将他当成现实存在的人，也算解决了我的困惑。”正当我有了这个想法的时候，他已经走到门口，示意我跟在他后面。这样一来，我就要同他一起玩了！说实话，我从来没指望会这么做。所以，我必须重申一下自己的观点，只有这样，我才能在想象中随他而去。

他将我带出房间，穿过花园，来到街上，最后到达他的家（实际上他家离我家只有几百码远）我走进门，在他的指引下来到书房。书架第二层摆放着五本带有红色封套的书，他爬上板凳，将第二本指给我看。然而就在此时，幻象中断了。我并不熟悉他的书房，也不知道他都有些什么书。当然，我也根本弄不清那些书的标题。

这一体验对我来说十分奇特，因此第二天一早，我便去拜访他的妻子，看看能否在他的书房里寻找一些东西。果然不出所料，书架下面的确放着幻象中见到的板凳，而且我远远地就望见了那五本带有红色封套的书。我踏上板凳，以便看清楚书的标题。在第二卷的标题赫然写着“死者的遗产”。我对内容不太感兴趣，要是与我的体验联系起来，只有标题意义重大。

对我来说同样意义非凡的梦之体验，发生在我母亲去世之前。我在提契诺居住的时候，传来了她的死讯。消息来得太突然了，令我震惊不已。母亲去世的前一天晚上，我做了个噩梦，梦见自己身处茂密阴郁的森林中，奇形怪状、硕大无比的鹅卵石散落在原始丛林般的巨树之间。那是一片豪放原始的景象。突然，我听到一阵刺耳的口哨声，仿佛响彻整个宇宙。我的双腿开始颤抖。没过一会儿，灌木丛中传出了碎裂的声响，一头巨大的狼狗张着血盆大口，向前方咆哮而去。面对此情此景，我的血液都停止了流动。它从我旁边蹿去竟使我恍然大悟：是荒野猎人命令它夺取某个人的灵魂。我在惊慌失措中醒了过来，而第二天一早，我就接到了母亲的死讯。

以前，令我如此震惊的梦境很少出现，因为从表面上看，这似乎意味着魔鬼要将母亲带走。而此梦的确切含义是荒野猎人，或者戴绿帽的人在那天夜里带着狼狗外出打猎——此时正值一月份的焚风季节。想必是沃旦，我们日耳曼民族的祖先，将母亲带离人间并令她与祖先相会——说不好听的就是返回到了“野蛮部落”，说好听点儿就是来到了“受赐福的子民”.当中。基督教传教士曾把沃旦变成过魔鬼。正如罗马人所理解的那样，沃旦本身就是一位重要的神明——众神的使者，也是一个自然的灵魂，以圣杯传说中梅林的形象显现，又成为炼金术士所探求的秘药。如此说来，那梦便意味着我母亲的灵魂进入超越基督教道德领域广阔本我天地，进入自然与灵魂合而为一整体之中。在这里，一切冲突和矛盾都已解决。

我立刻乘坐夜车回家处理后事，途中心情万分悲痛，但是我的内心深处却并未感到悲伤，说起来原因非常奇特：一路上，我不断听到舞曲和欢闹声，好像有人正在举办一场婚礼。这与梦境中惊恐的印象形成了强烈的对比。此时此刻洋溢着欢快的舞曲与欢乐的笑声，使我难以全然沉湎于自己的悲痛中。每当悲伤的情绪即将把我淹没，我却发现自己再次沉浸在欢乐的曲调当中。一方面我感到温暖快乐，另一方面我又感到恐惧与悲伤。我在这两种截然不同的情绪中徘徊。

如果我们假设，这一刻死亡通过自我的角度来展现，而下一刻却以精神的角度来表现，那么这一自相矛盾的现象便得以解释。若以自我的角度表现死亡，那么死亡通常留给我们的形象便是一场灭顶之灾，就像邪恶无情的力量结束人类的生命一样。

因此，死亡的确残忍可怕，这一点无须掩饰。它的残忍不仅仅体现在死亡这个具体事件本身，而更体现在精神层面：一个活生生的人从我们身边被夺走了，留下的是死亡冷冰冰的沉寂。对于任何关系的渴望都不复存在，因为所有的桥梁在一击之下全部粉碎。那些本应颐养天年的生命却在风华正茂之时凋谢了，而碌碌无为之人却得以长命百岁。这就是我们无权逃避的残酷现实。死亡残酷无常的真实体验令我们饱受痛苦，从而使我们得出结论：世上没有慈爱的上帝，没有正义与善良。

但是从另一个角度来看，死亡似乎又是件快乐的事。从永生的角度来看，死亡是一场婚礼，是一种神秘的结合。灵魂获得了遗失的另一半，从而达到完整的状态。在雕刻精美的希腊石棺上，欢快的元素通过舞女来表现，而在伊特鲁利亚的坟墓上，欢快的元素则通过宴会来表现。虔诚的秘法法师西蒙·本·约斋临终时，他的朋友说他正在庆祝自己的婚礼。时至今日，许多地区仍然保有在万灵节举办墓地野餐的习俗。这种习俗表达了“死亡确为节庆”的感情。

1922年9月，也就是我母亲去世前的几个月，我做了一个预示着她即将离去的梦。此梦还涉及我的父亲，因此给我留下了深刻的印象。自从我父亲1896年去世起，我就没有再梦到过他。如今，他再次出现在我的梦中，好像结束了一场长途旅行，重返故乡一样。他看起来容光焕发，并显现出父亲的威严。我随他走进书房，一想到能够了解他的近况，便心满意足。我还满怀期待地想向他介绍我的妻儿，带他参观我的家，向他汇报我的境遇和变化。还想跟他聊聊我近期出版的心理学作品。但是很快我便发现这一切都显得那么不合时宜，因为父亲仿佛心事重重。显然，他想从我这里获取点什么。由于清楚地感受到了这一点，我不再谈论自己关切的话题。

后来，父亲对我说：“你毕竟是个心理医生，我想问问你婚姻心理学方面的问题。”我本想就婚姻的复杂性长篇大论一番，没想到就在此刻，我醒了过来。我无法确切地理解梦境的含义，因为我从没想过，它可能预示着母亲的死亡。直到1923年1月母亲突然离世时，我才明白过来。

事实上，我父母的婚姻并不美满，而是充斥着摩擦、艰难时刻以及对耐心的考验。他们双方都犯过许多夫妻常犯的错误。我的梦是对母亲死亡的一种预示，因为父亲时隔二十六年后，再次出现在梦中，希望从心理医生那里获取婚姻问题的最新信息与洞见，这意味着不久之后，父亲便会继续这种婚姻关系。显然，由于父亲处在不受时间控制的状态中，他的理解能力并未得到提高，因此他便会诉求某个在世的人，后者因变化的时代而获益，因此对整个事件会有新的理解。

这便是梦所传达的信息。毫无疑问，通过深入探究梦的主观意义，我能理解的还会更多——但是为何偏偏在母亲去世之前，我做了这个梦，而我又没有预见呢？此梦显然意指我的父亲，随着年龄不断增大，我对父亲的同情也与日俱增。

作为时空相对性的结果，潜意识比有意识的思想拥有更好的信息来源。因此，死后的神话生活便有赖于梦境的微小启发以及来自潜意识的自发启示。就像我前面提到的，我们不能将知识的价值归功于这些梦境，更不用说证据的价值了。然而梦境却能够为神话阐述提供合适的依据，并为不断探索的智者提供了不可或缺的原始素材。如果切断了神话想象这一媒介世界，那么思想便会沦为教条的僵化之物。然而，从另一个角度而言，与神话起源接触过多，对于意志薄弱、摇摆不定的思想而言也是极为危险的，因为它们会把模糊的暗示误认为内容充实的知识，把纯粹的幻想误认为事实。

轮回的观念和形象塑造了一个有关来世的广为流传的神话。在一个精神文明高度发达，历史远远悠久于我们的古老国度里——我指的当然是印度——生死轮回的观念是理所当然的，就像我们笃信上帝创造世界，而世界存在精神领袖一样。有文化的印度人知道我们并不赞同他们的观点，但这对他们来说却没什么大不了的。东方的灵魂认为，生死轮回是一种无限延续的过程，就像一个漫无目的车轮，滚滚向前，永不止息。人类生存并获取知识，经历死亡并重头来过。只有佛教才存在目的性的观念，即战胜尘世的存在。

西方世界对神话的需求要通过有起始、有目标的宇宙进化论来满足。西方人反对有始有终的宇宙进化论，就像他们无法接受静态的、独立的、永恒循环的观念一样。相反，东方人看起来却能与这一观念相妥协。当然，人类对于世界的性质并没有统一的看法，就像当代天文学家们对此问题意见不一一样。对于西方人而言，纯粹的静态宇宙毫无意义，难以忍受。他还必须假设宇宙具有意义。而东方人便不必这样做；因为其自身就是宇宙意义的最好诠释。西方人认为有必要完善世界的意义，而东方人则力求在人身上完善这一意义，即佛学的万事皆空，无欲无求的观点。

我想说，以上两种观点都是正确的。西方人大都比较外向，而东方人则偏于内向。西方人突出事物的意义，认为意义存在于客体之中；而东方人在其自身中便感知到了意义的存在。但是意义却是既内在又外在的。

再生的观点与因果报应密不可分。而问题的关键在于人的因果报应是否具有人性。如果答案是肯定的，那么人类出生时预先注定的命运便展现了前几世的成就，而人格的延续也因此存在。如果答案是否定的，那么非人格的因果报应便是具体化的，而不是任何一种人格的延续。

佛的弟子曾两度问他，人的因果报应是否具有人格。佛每次都避而不答，毫不在意；他说，就算知道了答案，也无法将自己从存在的虚幻中解脱出来。佛认为思考人生轮回，即出生、成年、老年、死亡以及苦难的原因与作用，对其弟子更有意义。

我不知道自己所经历的因果报应是不是前几世的结果，或者是不是我业已继承的祖先的成就。我是祖先生命的结合吗？我是否重现了他们的生命？我是否以特定的人格生活过？我在前世是否得到了长足的进步因而今日能够探寻解决问题的方法？这一切的一切我都不知道。佛将问题留给了我们，我猜他自己也不清楚答案。

我可以想象得出，自己曾在前几世生活过，在那里，我遇到了无法回答的问题；因此，我必须重生，以完成交给我的任务。当我与世长辞之时，我的作为也将随我而去。我将带走自己所做的一切。与此同时，要保证自己在生命的尽头并非两手空空，也是非常重要的。佛看来也考虑过这一点，因为他劝诫弟子，切勿为无用的冥想枉费时光。

我存在的意义在于生命已经向我提出了一个问题。或者相反，我本人就是向世界提出的一个问题，因此，我必须传递自己的答案，否则，我就要依赖于世人的答案。这是一个超个人的生命任务，我只有排除万难，通过不懈的努力才能完成。也许这也是困扰着我祖祖辈辈的问题。我对《浮士德》结尾没有给出答案一事印象深刻，难道是因为上述原因？同样令我印象深刻的还有尼采，他也没能给出答案：使基督徒困惑的，是狂欢作乐般的生活，还是日耳曼法兰克祖先焦躁的精神？

我感觉祖先生活所产生的结果，或者前人生活中的因果报应，大概也是一种客观原型，它现在紧紧地追随着每一个人，对我尤其穷追不舍——比如神的三位一体在几个世纪中的发展，以及它与女性原理的碰撞，或者面对诺斯替教派邪恶的起源，也就是基督教中上帝不完整的形象，原型并没有作出明确的回答。

我还想到过这样一种可能性，那就是因某一个体的成就，世界提出一个他必须回答的问题。比如，我提问与解答的方式可能并不尽如人意。因此，我因果报应的对象——或者是我自己——必须重生，以便给出一个更加完整的答案。还有另一种可能：如果世界不再需要这样的答案，我便不会重生，便能够尽享几百年的平和安宁，直到有朝一日，又需要某个人对这些问题萌生兴趣，并能重新出色地完成这一任务。我想象，接下来便是一段休养生息的时期，直到我毕生的工作需要重新接续为止。

因果报应、灵魂转世与个人重生，对我来说都是模糊的概念。我以一种自由开放的心境认真倾听了印度教关于重生的教义，回顾了我在世界所经历的一切，看看有没有可信的符号，以何种方式指向重生。当然，我认为西方相对众多的见证并不能令我信仰重生。因为信仰只向我证明现象而非内容。只有在实践过程中揭示了它，我才能接受它。直到几年前，我都没有在这方面发现任何具有说服力的论证，虽然我一直密切观察着这些迹象。然而最近，我从自己身上发现了一系列的梦境，它们似乎能够在我一位离世的朋友身上描述出轮回的过程。但是，在其他人那里我却没有遇到过此类梦境，因此便没有了可以进行比较的依据。由于上述观察具有独一无二的主观性，我只想提及它的确存在，而不想作深入的解释。然而我必须承认，在这次经验之后，虽然还无法表达一种确切的见解，但我对轮回的看法却发生了某种改变。

假设生命在“那里”继续存在，那么除了精神的存在之外，我们无法设想任何其他的存在形式；因为精神生活不需要时间和空间的约束。精神存在，特别是我们在此关注的内在形象，为死后生活中的全部神话幻想提供了丰富的材料。我把死后生活想象成一种形象世界。那么精神便会存在于来世，或者死者的王国。

从心理学的角度而言，来世生活似乎是暮年精神生活的逻辑延续。随着年龄的不断增长，沉思与感悟的不断加深，内在形象在人的生活中自然而然扮演着越发重要的角色。“老年人要做异梦”，当然，这表明他们还没有完全僵化——妙药太迟，病入膏肓。到了暮年，人开始让记忆展现在思想面前，开始不断沉思，开始在过往的内外在形象中辨认自己。这就像为来世的存在作好了准备，就像柏拉图哲学是为死亡准备的一样。

内在形象使我完全迷失在个人的追忆当中。许多长者都过度沉浸于回顾往事，被这些记忆牢牢困住。

第十二章　后期思想

我认为，自己的任何一部传记都应该有如下反思。的确，人们可能感觉，这些反思具有高度的理论性。然而制造“理论”，就如吃喝一样，既是我的一部分，也是我的重要功能。

1

基督教最显著的部分就是它的教义体系，它预示着神性的质变，以及“另一面”的历史变化过程。它以天堂的纷争，这一新神话的形式预示未来，并在创世的神话中作出了最初的暗示。在那里，造物主的敌人出现了。它外形似蛇，承诺增加有意识的知识（有好也有坏），来诱使人类违抗。第二个暗示是堕落的天使，是潜意识内容对人类世界的最早侵犯。天使是奇怪的物种：他们只能是天使，而不能成为别的东西。天使本身没有灵魂，只代表主耶稣的思想和直觉。因此，堕落的天使都是“坏”天使。《以诺书》中写道，“坏”天使身上产生了著名的“膨胀”效应，即与人通婚生出巨人种族，后者最终威胁要毁灭人类。今天，我们仍然能够从自大狂和独裁者那里观察到这种现象。

然而，在神话的第三个阶段，也是具有决定性的阶段中，上帝以人的形象显现，体现了《旧约》中圣婚的观点及其完美的结局。早在基督教形成初期，道成肉身的观念就被精练为“基督与我们同在”的直觉。这样一来，整个潜意识渗透进了内心体验的精神层面，使人感触到进入他真实形体的一切。无论对于人类，还是对于造物主而言，这都是决定性的一步，因为在那些摆脱了黑暗的人眼中，造物主已经褪去了黑暗的本质，变得尽善尽美了。

在接下来一千年的时间里，上述神话始终举足轻重，无懈可击。直到11世纪，才出现了意识进一步变化的最初迹象。从那时起，动荡与怀疑的征兆不断增多，直到20世纪末，世界性的大灾难才初现端倪。而最初的形式便是对意识的威胁。这一威胁存在于“巨大症”当中——换句话说就是意识的狂妄自大——也存在于“人类及人类行为最伟大”的断言当中。基督教神话的超然存在，即永生，消失了，“人在来世才能获得完整”的观点也随之消失了。

伴随光明而来的阴影，是造物主的另一面。这种观点在

12世纪发展到了顶峰。基督教的世界目前确实面临着邪恶的挑战，他们遇到了赤裸裸的不公、独裁、谎言、奴役及良心的压制。以上赤裸裸的恶性本应永远在俄罗斯民族身上显现，但它却在德国第一次狂暴地爆发了。肆虐的恶行足以表明20世纪人类对基督教的践踏程度。因此，人类无法通过自我克制来减少恶，也难以通过遁词将恶驱逐世界。恶，已成为既定事实。既然它存在，我们就必须学会如何驾驭它。但是，如何与恶共存，同时又避免可怕的后果？我们目前还没想到什么办法。

无论如何，我们都需要转变思想，重新确定方向。一旦触碰了恶，那么就产生了屈服于恶的巨大危险。因此，我们绝不能再向任何事物屈服，就连善也是如此。一旦我们屈服于善，善也会失去其道德属性。这样做并不意味着善有什么不好，而是因为向善屈服可能会招致麻烦。任何形式的“瘾”，都是败坏的，无论它是酗酒、吸毒，还是盲目崇拜理想主义。我们必须警惕，切勿认为善恶就是绝对的对立。人们简单地认为，善拥有绝对的、命令式的力量，而所谓的恶就应当坚决加以避免。然而在上述观点中，伦理行为的标准已经不复存在了。认识到恶的现实性，也就必然使恶具有了相对性，同样，恶也会把二者变成一个矛盾整体的两个方面。

实际上，这意味着善与恶不再如此分明。我们必须意识到，无论善恶都代表了一种判断。既然人非圣贤孰能无过，我们就无法断言自己的判断永远正确。正因如此，我们很容易就会判断失误。只有当我们不确定道德的评价标准时，伦理问题才受到这一原则的影响。尽管如此，我们仍需作出种种伦理决定。“善”“恶”的相对性并不意味着两者可以归为一类，毫无差别。道德判断永远存在，并一直伴随着典型的心理后果。我曾多次提到，我们过去犯过的错，以及将来要犯的错定会向我们的灵魂复仇。唯有判断的内容才会随着时间地点的变化而变化。因为道德评判标准总是建立在确凿的道德准则之上，而道德准则却总是装作已经精准地了解了何为善，何为恶。但是，我们一旦发现道德准则的基础是那么飘忽不定，伦理判断就会变成一种主观性与创造性的行为。只有上帝应允，我们才能说服自己，相信道德准则基础的真实性——也就是说在潜意识方面，必须具有一种自发的和决定性的冲动。伦理本身，即善恶之间的抉择，并不受上述冲动的影响，因此作出决定对我们来说更加困难。我们必须经受伦理抉择的折磨。尽管看起来苛刻，但我们，应道德选择的需要，仍有自由去做众所周知的恶事，而非道义上的善事。换句话说就是：我们不能屈从善恶中的任何一方。印度哲学中“非此亦非彼”的观点提供了一个有效的解决方案。在上述情况下，人们可以毋庸置疑地背弃道德准则，而伦理选择的权利则留给了个人。这种选择本身，没有什么新鲜的地方；在前心理学时代，人们同样面临着如此困难的选择，并将其归为“职责冲突”的范围。

然而通常来说，个体全然处于潜意识状态，以至于根本忽略了自己作出抉择的潜能。相反，他却不断地、焦急地左顾右盼，寻求外在的规则来解答困惑。除了一般性的人类缺陷，教育最应该为上述行为负责。因为后者总是传授过时的、一般性的知识，而对于个人经验的奥秘却只字不提。因此，虽然教育竭力传授理想主义信念或行为；人们却深知自己永远达不到期望；即便官员们反复灌输这些理想，他们心里却非常清楚自己从未达到、也永远达不到这些高标准。更可怕的是，从未有人质疑过这种教育的价值。

因此，一个人要想了解我们今天提到的“恶”，他首先就要有自知之明，也就是最大限度地了解完整的自己。他必须冷静客观地评价自己，知道自己能行多大的善事，能犯多大的罪过。还要时刻保持警惕，切勿认为一者为真实，另一者为虚幻。善恶都是他的本性，必定会在他的身上显现。如果他不想自欺欺人地生活，就必须认清这一点。

尽管今天有许多人深刻地认识了自己，但他们中的大多数仍然没有作好准备，在善恶共存的层面上生活。这种自知之明举足轻重，因为通过它，我们能够接近人类本性（其中包含本能）的核心。这些就是最终支配我们作出潜意识伦理抉择的先天动态因素。由于潜意识及其内容正是人类本性的核心，因此我们无法作出任何终极判断。我们对他的认识注定是不完整的，因为我们无法在认知的层次理解它的本质，给它合理的限制。我们只能通过科学来获得关于自然的知识，而科学则扩大了我们的意识范围；因此，深入的自我了解也需要科学，这种科学就是心理学。毕竟，没有光学知识作为基础，谁也不可能光凭善意、动动手腕就能制造出一架望远镜或者显微镜。

今天，我们之所以需要心理学，正是因为它与我们的生存息息相关。在纳粹主义与布尔什维克主义的现象面前，我们显得迷惑不解、束手无策。因为我们对人性一无所知，至少，只有片面与歪曲的印象。倘若我们有自知之明，就不会出现这种情况。我们甚至都不知道可怕的“恶”就在眼前，又怎么能与它势不两立，斗争到底呢？即使我们知道“恶”的存在，却仍然无法理解“它怎么会发生在这儿”。一个天真的政治家上台后骄傲地宣称自己“不想作恶”。这很对：我们并不想作恶，但恶却将我们玩弄于股掌之间。有人选择逃避，而有人则与恶同流合污。这就是当今世界的心理状况：有些自称基督徒的人想象着，单凭意念就能将所谓的“恶”踩在脚下；另一些人则屈服于“恶”，而再也看不到善了。在今天，“恶”已经变成一种有形的强大力量。一半人依靠由人类推理产生的教义壮实起来，而另一半人却因缺乏与现实相当的神话羸弱下去。许多信仰基督教的国家已经走上了一条令人遗憾的道路；在几百年的时间里，他们的基督教停滞不前，忽略了其神话的进一步发展。在神话观点黑暗而动荡的发展历程中，有些人善于表达自己的观点却拒绝倾听他人的见解；因此人们一直把乔万尼·弗洛尔、梅斯特·埃克哈特、雅各布·伯梅等人当作蒙昧主义者。而教皇庇乌斯十二世和他的教义则成了最后的一线希望。但当我提起此事时，人们居然不知道我指的是什么。他们恐怕还没认识到：神话如果得不到传承与发展，那么它便会消亡。

我们的神话已经默不作声，不再回答了。正如《圣经》中所写，这并不是神话的错，而是我们的错。我们不但没有进一步彰显它，反而想方设法压制它。神话的雏形有着许多可供研究的出发点，以及进一步发展的可能性。例如，基督曾说：“所以，你们要灵巧像蛇，驯良像鸽子。”人为何要像蛇一样狡猾呢？而蛇的狡猾与鸽子的天真又有什么联系呢？基督又说："你们若不回转，变成小孩子的样式，断不得进天国。"而谁又会思考，现实中的小孩子是什么样呢？主耶稣是根据什么道德判定，骑驴荣进耶路撒冷就是正当的呢？而不久之后，他为什么像小孩子一样发脾气，并且诅咒无花果树呢？不义管家的比喻想要说明什么道理呢？而类似《耶稣语录》的箴言"如果你明了自己的所为，你就有福了，如果你不明了，你这逾越律法之人就受到诅咒"，有何寓意？它对我们自己的困境有什么深远的意义呢？最后，保罗忏悔道"我所不愿意的恶，我却去作"，这究竟意味着什么呢？我不会再讨论《启示录》中那些显而易见的预言了，因为没人相信它们，而且整个主题都让人感到尴尬。

对于诺斯替教徒曾经提过的"邪恶从何而来"的问题，基督教世界一直没有给出答案。奥利金言辞谨慎地暗示魔鬼也可能赎罪，不料却被称作异端邪说。今天，我们不得不面对这一问题；但我们却束手无策，困惑迷茫，甚至不曾想过，尽管我们急需神话，但任何神话都帮不上忙。由于动荡的政治局势以及可怕的乃至恶魔般的科学成果，我们已经被隐秘的恐惧和黑暗的预言震慑住了；但是我们又无处可逃，而且确实只有极少数人得出结论：这是遗忘已久的人类灵魂的问题。

"圣灵"在使徒身上不断显现，很可能标志着神话开始得到进一步发展，因此，众使徒得以成为上帝之子，而通过使徒并在其后接受上帝召唤的，也成了上帝的儿子；所以他们确定自己不是地球上自生的动物，而是扎根神性，获得重生的人。

他们赋有形体的生命在这地球上，而内在的、无形的生命终将归于完整性的最初意象，归于永恒天父的怀抱。一切就像基督教救赎神话中描述的一样。

造物主是完整的，因此，他的儿子和造物也应该是完整的。任何东西都无法夺走神的完整性。但是鲜有人知，神的完整性崩裂开来，出现了光明与黑暗的王国。即便在耶稣出现之前，人们就已预见了上述结果，尤其体现在约伯的经历中，以及广为传颂的《以诺书》（属于前基督教时代）中。基督教出现后，这种超自然的分裂显然得到了延续：撒旦在《旧约》里还属于耶和华神亲密的随从，现在却永远与神的世界截然对立。撒旦的邪恶无法根除。因此，11世纪初魔鬼创世说兴起时，人们并不感到惊奇。堕落的天使传授给人类危险的科学艺术知识，这一点已经在天使堕落的神话中解释清楚了。而此后，魔鬼创世的论调在基督教漫长历史的后半期又占据了主导地位。这些古老故事的讲述者对广岛有何感想呢?

天才的雅各布·伯梅认识上帝的形象有自相矛盾的一面，从而为基督教神话的进一步发展作出了贡献。伯梅描绘的曼陀罗象征代表了分裂的上帝，因为内圈分成了两个背对着的半圆。

既然基督教认为，上帝完整地出现在圣父、圣子与圣灵身上，那么也应该出现在圣灵浇灌的每一块土地上，因此人人都能分享上帝及其子嗣的完整性。上帝形象的复杂对立性也随之进入人子之中，所谓复杂对立，指的并不是统一性，而是矛盾的冲突。所以，上帝形象中黑暗的一面就与普遍认为的“光明”一面截然对立起来。我们的时代正在经历着矛盾对立的过程，然而本该理解此事的官方人文教师却几乎一无所知。的确，人们普遍认为自己已经达到了时代的重要转折点，但却想象着伟大的变革只与核裂变、核聚变，或者宇宙火箭有关。人类心灵深处发生的一切却常常受到忽视。

从心理学的角度而言，只要上帝的形象能够展现心理学基础，只要上帝形象中深刻的二分性变得越来越清晰，甚至进入世界政坛，那么补偿便会以统一的圆形象征形式出现，展现精神中对立双方的结合。我想提一下世界范围内有关不明飞行物的流言（最早始于1945年）。它不是基于幻觉，就是基于真实的现象。有关不明飞行物的故事中，通常会讲到宇宙飞船，它们有的来自外星球，有的甚至来自四维空间。

二十多年前，也就是1918年，我在调查集体潜意识的过程中，发现了一种形状相似、明显具有普遍性的象征符号——曼陀罗符号。为了证明这一发现，我花了十多年的时间进一步收集资料，然后才首次宣布出来。曼陀罗是一种原型意象，时代见证了它的出现过程。这种圆环意象代表了本我的完整性以及精神基础的完整性。如果用神话术语来表达，就是神性在人身上显现。与伯梅提出的曼陀罗不同，现代曼陀罗所追求的是一种统一性。它是对精神分裂的一种补偿，或预示着精神分裂能够被克服。由于整个过程发生在集体潜意识当中，曼陀罗本身也因此随处显现。世界范围内有关不明飞行物的传言就能证明这一点，因为它们是一种普世存在的精神性格的症状。

分析疗法只要使“阴影”产生意识，就会引起分裂并使对立双方处于紧张状态，而对立双方反过来会在统一性中寻求补偿。这种调整是通过象征符号而实现的。不论我们认真对待对立双方，还是对立双方认真对待我们，对立双方的矛盾都会使我们的精神濒临崩溃边缘。“没有第三种曼陀罗”的逻辑印证了其自身的价值，因为我们看不到任何解决方法。如果一切顺利的话，解决方法便会自然而然地显现。只有此时，它才具有说服力。人们才会感到“天恩降临”。既然解决方法从对立双方的冲突与对抗中产生，那么，它便成为意识与潜意识因素深不可测的结合。因此，解决方法成为一种象征符号，一枚裂开两半却又能严丝合缝拼接在一起的硬币。它代表了意识与潜意识联合协作的结果，并以曼陀罗的形式获得了与上帝相似的形象；曼陀罗大概是表述完整性概念的最简单模式，它在人类思想中自发产生，代表了矛盾对立双方的斗争与妥协。对立双方的冲突最初只是纯粹的个人本性，而后来人们很快洞察到，主观冲突只是对立双方普遍冲突中的个例。我们的精神结构是依据宇宙的结构建立起来的，而宏观世界中发生的一切也同样发生在极其微小与最为主观的精神范围内。正因为如此，上帝的形象总是投射出其强大对立物的内心体验。内心体验在具体事物中形成最初动力，此后便一直保持着神圣的意义，或者是具有压倒性力量的神秘特征。通过这种方式，想象力便从具体的事物中解脱出来，试图勾勒表象背后无形物质的形象。在这里，我想到了曼陀罗最基本的形式：圆形，以及此圆最基本的（最具精神性的）等分法：四等分，或者二等分。

内心体验既能帮助人类，也能毁灭人类。人无法掌握、理解、统治它们；也无法摆脱或逃离它们，因而在人类看来，它们有着难以抗拒的力量。认识到内心体验并非来自意识人格，人类便将它们称为神力、魔鬼或上帝。而科学则用了“潜意识”这个术语，相当于承认自己对内心体验一无所知。这是因为科学毫不了解精神实质，而认识事物的唯一途径又恰恰是精神。所以，我们既不能否认，也不能确定神力、魔鬼或上帝这类术语的真实性。但是我们可以确认，那种存在于精神之外，又与客观体验相关的奇异感，是真实的。

我们知道自己将会经历某些陌生的东西，就像知道自己不会“制造”梦境或创造灵感，是它们自然而然到来的一样。以上述方式真真切切发生在我们身上的事可以说源自神力、魔鬼、上帝或是潜意识。前面的三个术语包含着并唤起了神秘性的情感特质，在这方面拥有巨大优势。而最后一个术语——潜意识——却很平凡，因此也更接近现实。潜意识包含了经验领域，也就是我们十分熟悉的平凡现实。然而这个用语太过中性与理性，因此无法在更大程度上推动想象力的发展。毕竟，“潜意识”这个词，已经打上了为科学服务的烙印，比起饱受争议进而滋生狂热的先验观念，潜意识更适合平和客观的观察。

因此，我更倾向于“潜意识”这个术语，即便知道自己同样可以用“上帝”或“魔鬼”等词来表达思想。当我真正使用这些神话语言时，才意识到它们只不过是潜意识的同义词罢了。也就是说，我们对“神力”“魔鬼”“上帝”和“潜意识”这四个术语的了解都差不多。人们只相信自己会更了解前三者，而为了某些目的，信仰远比科学概念更有益、更有效。“魔鬼”和“上帝”两个概念的巨大优势在于，它们可以使对立物更加客观，也就是说将对立物人格化了。二者的情感特质赋予了它们生命与有效性。爱与恨、惧怕与敬畏登上了对抗的舞台，开始上演一出戏剧。原本用来“展示”的东西却变成了“表演”。完整的人受到了挑战，并与自己的全部真相展开斗争。只有此时，人才变得完整，“上帝才能诞生”，也就是说，上帝以“人”的形象进入人类现实，并与之发生联系。通过内在的“道成肉身”的方式，“上帝”取代了人的自我，却变成了外在的人；这一点，与耶稣的说法相一致：“人看见了我，就是看见了父。”

在这一点上，神话术语的缺点完全暴露了出来。在基督教中，上帝通常是无所不能、无处不在、仁慈怜爱的天父形象，是世界万物的创造者。如果这样的上帝想变成人，他就需要不可思议地放空自己，以便缩小到人类的极微尺寸中。即便是现在，我们仍然难以理解，为何人的框架没有被道成肉身的神撑裂。因此，神学思想家感觉有必要赋予耶稣超越常人的才能。而最重要的是，由于耶稣没有受到原罪的玷污，他至少应该是个神话人物，或者半神。在基督教中，上帝的形象若要化成经验主义的人，就必然会引发矛盾。

神话最终必须严肃对待一神论并抛弃二神论。虽然官方对二神论大加批判，它却仍然延续至今，并使永世黑暗的敌对势力，与全能的上帝一起登上了宝座。在神话体系中，必须使尼古拉斯库萨提出的哲学对立复合体以及雅各布·伯梅提出的道德矛盾心理占有一席之地；只有这样做，“唯一的上帝”才能获得他本该拥有的对立双方的完整性与综合性。事实上，象征符号依其特有的性质，能够将对立双方结合起来，使其不再产生分歧或发生冲突，而是相互补充、赋予生命以意义。以上情形一旦发生，自然之神或造物之神形象中的矛盾性就容易理解了。反过来，人们可以将“上帝必须道成肉身”这一神话（基督教的本质）理解为人类以创造性的方式面对对立双方，以及对立双方在完整人格里的综合性。造物之神形象中不可避免的内在矛盾可以作为炼丹术士的“对立面统一”和“神秘的结合”，在统一性和完整性中得到调解。在自我的经验里，得到调解的不再是“上帝”和“人”这样的对立面，而是上帝形象中的对立面。这便是神圣宗教仪式的含义，通过这种仪式，人可以献祭给上帝，光明能够从黑暗中显现，造物者意识到自己的创造，而人则意识到自己的存在。

这便是目标。它可以使人有意义地进行创造，同时又赋予创造以意义。在过去的几十年里，目标变成了一种在我生命中慢慢形成的解释性神话。这是一个值得我承认与尊重的目标，因而令我相当满意。

人类因为有了思考的能力，才得以从动物世界脱颖而出；人类通过思考证明了大自然高度重视意识的发展。通过意识，通过承认世界的存在进而证实造物者的存在，人类拥有了大自然。正是因为产生了有意识的思考，世界才会充满各种现象。如果造物者意识到了自己，他就不需要有意识的造物，不需要有目的产物，即极为间接的创造方法了。通过间接的创造，无数物种与生物历经了数百万年才得以发展起来。自然历史告诉我们，各个物种在亿万年毁灭与自我毁灭的时间里，经历了偶然而随机的转化。人类的生物史与政治史阐述的也是同样一个道理，只不过表现得更为微妙罢了。但是在思想史方面，情况却大有不同。在这方面，思考着的意识的奇迹介入了第二种宇宙进化论。意识举足轻重，因此人们不禁怀疑，意义的要素掩藏在所有怪异而毫无意义的生物混沌体中；而在拥有不同智力的热血动物身上，人们开始了证明意识的征途——意识似乎是在偶然间、不经意间、毫无预示地被发现了，但又由于某种黑暗的冲动被感知到、摸索到了。

我没有想象过，在自己思考人类及其神话的意义时，已经道出了最后的真理；但是我想，这就是在我们双鱼座永世结束时所能说的话，也许还必须从水瓶座的永世进行思考，这是紧邻双鱼而具有人形的星座。这是由两条头尾相接的鱼所组成的对立统一体。水瓶座似乎代表着自我。他以威严的姿态把瓶中之物倒入南鱼口中，而南鱼座象征着小孩子，是一种仍无意识的内容。在意识的内容中，潜意识的内容将会出现，经过两千多年的又一个永世，一种由摩羯座符号彰显特征的未来将会产生：这是摩羯星，即羊鱼座的畸形变体，它象征着山脉和深海，是一同生长的不同动物成分构成的两极。这奇怪的物种能够轻而易举地成为造物主的原始形象，以对抗人类（希腊语称之为Anthropors）。面对上述问题，我只能保持沉默，因为我能够应用一些经验性的数据，它们指的是我其他朋友的潜意识产物或历史文献。洞见如果不是自发产生的，那么即便苦思冥想也只会毫无意义。只有当我们拥有了类似于水瓶座时期的客观资料，这种苦思冥想才具有意义。

我们不知道，走向意识的过程还有多远，或者它会指向何方。在创世的故事里它是一种新的成分，没有类似物可供参考，因此我们并不了解其中蕴含了何种潜力，也不知道人类的发展前景。人类的命运是否也会像其他繁盛一时但却灭绝的物种一样？对此，生物学拿不出任何理由，证明这种现象不会发生。

当我们构想出一种世界观，足以证明人在宇宙存在的意义时，运用神话表述的愿望便得到了满足。因为这种世界观来自我们心灵的完整性，来自意识与潜意识之间的合作。无意义性抑制了人生的完整性，因此与疾病无异。人生的意义可以使许多事物甚至一切事物达到永恒。科学永远无法取代神话，而神话也不能从任何形式的科学中产生。原因并不在于“上帝”是一种神话，而是在于上帝揭示了人类神圣的生命。神话不是由我们发现，而是借“上帝的话”向我们讲述。“上帝的话”传到我们这里，我们却无法分辨它是否与上帝相同，或者到底有多大的不同。“上帝的话”应该为人所知，有人情味儿。除非它自发地面对我们，并使我们肩负种种义务。它并不受我们意志的武断行为的影响。我们无法解释灵感，主要觉得它不是我们自己推理的结果，而来自其他地方。如果我们恰巧做了一个具有预见性的梦，我们怎能将它归之自己的力量呢？说到底，我们经常一无所知，直到一段时间过后，才知道这个梦代表着一种预见性，或预料到在遥远处发生的事。

“上帝的话”就发生在我们身上；我们忍受着它，因为我们有着巨大的不确定性：由于上帝是一个对立复合体，所以它最充分的意义就是“一切皆有可能”。真假、善恶都有同样的可能性。神话是会模棱两可的，就像德尔菲的预言或者梦境一样。我们不能也不应该批判理性；但同样，我们必须抱有希望，相信本能可以帮上我们的忙——这种情况说明，上帝正在帮助我们反对他自己，就像约伯很久以前认识到的一样。能够通过万物表达出来的“另一意志”产生自人类，包括人类的思想、语言、形象甚至他的局限性。因此，当他开始以笨拙的心理学词汇思考的时候，就倾向于把自己当作万物之本，断定万物皆来自他的意志以及他本身。他像孩童一般幼稚，装作知道自己的能力范围及内在属性。然而，由于他意识薄弱，又对潜意识产生恐惧，他受到了致命的妨碍。因此，他根本无法区分推理得来的结论以及从另一个源头自发产生的结论。他无法客观地看待自己，又不能将自己认定为一种现象。他于存在中发现了这种现象，而且无论如何，他都等同于这种现象。最初，一切都强加到他身上，发生在他身上，他竭尽全力，最后才成功地征服并守住了一个相对自由的天地。

只有当他找到通往自由之路的时候，他才能认识到，自己正面对着一开始便赋予他、无论如何都摆脱不掉的、本能的基础。这种开始决然不只是他的过去；而是作为一种永恒的基础与他共存，并与周遭的物质世界一样，对他产生了类似的影响。

这些事实以压倒性的力量从内而外向他发起攻击。他将它们归之于神圣的观点，借助神话来描述它们的作用，并将这一神话解释成“上帝的话”，也就是来自“另一边”的神秘灵感与启示。

2

要想增强人所重视的个性化感觉，再没有比个人发誓保守秘密的方式更好了。社会结构从一开始，便显露了对神秘组织的渴望。当有依据的秘密还未真正存在的时候，秘密的宗教仪式便创造出来，只允许那些有特权的创始人参加。“玫瑰十字会”以及其他许多社团的形式都是如此。最讽刺的是，在这些假冒的秘密中，存在着这些创始人完全不了解的真正的秘密，比如说，那些主要从炼丹术传统中借鉴“秘密”的社团就是如此。

从原始的层面而言，招摇浮夸的秘密具有举足轻重的意义。因为共享的秘密起着凝聚整个部落的作用。在部落中，秘密在补偿个体性格的凝聚力方面，起到了不小的帮助，这种个性与群体中的其他成员一起，不断重新陷入原始的潜意识同一性里。个体意识到了自己独特的本性。因此，这一目标的实现变成了一种漫长而毫无希望的教育过程。因为即便个体加入某些神秘组织使自己变得与众不同，但从根本上，他们也要遵守群体的同一性法则，虽然从他们的角度而言，群体的社会性有所不同。

秘密结社是通往个性化道路的中间阶段。个体仍然依靠集体组织来实现自己的个性，也就是说，他仍然没有认识到，与众不同与独立自主实际上是个体的任务。所有集体的同一性，例如成为各种组织的成员、支持各种“主义”等都会影响任务的完成。这种集体同一性就像是瘸子的拐杖，胆小鬼的盾牌，懒汉的温床，逃避责任者的保护伞；但它同样又是穷人和弱者的荫蔽，海难幸存者的母港，孤儿温馨的家，是失意游子与疲惫朝圣者的希望之地，是迷途羔羊的羊圈，是哺乳养育的母亲。因此，中间阶段并非陷阱；相反，在长远的未来，它将是个体生存的唯一形式，因为在今天看来，个人似乎受到了前所未有的匿名的威胁。今天，集体组织依然是最根本的，以至于许多人都笃信它将是最终的目标；而在自主性的道路上需要更进一步的探索，这种行为往往则显得狂妄自大、异想天开或愚蠢至极。

尽管如此，一个人也有充分的理由感觉到，自己必须踏上通往更广阔王国的道路。也有可能他被赋予了各种形式的装扮、形象、状态以及生活方式，但却找不到自己特别需要的东西。结果他只好独自前行，与自己为伴。他将充当自己的团体，组成各种各样的观点和倾向，而它们则不需要沿着相同的方向行进。实际上，他将与自己争执不下，并为了共同行动，艰难地将自我多重性统一起来。即使表面上受到了中间阶段社会形式的保护，然而对于内心的多样性，他却无法防范。统一性在他内部的瓦解可能致使他放弃希望，与周遭的环境同化了。

正如秘密协会的创始人已经摆脱了同一的集体性一样，独自前行的个人也需要一种秘密，但出于某种原因，他却不能将之透露。这样一种秘密增强了他独自为个人目标奋斗的力量。许多个体无法忍受这种孤独。他们是精神病患者，因此只能对他人和自己躲躲闪闪，没有能力真正认真地对待人生。那么最后放弃个人目标追求集体的统一性已经成为一种定式，而上述过程却得到了他们所处环境中所有观点、信仰与理想的鼓励。另外，任何理性的论点都无法战胜环境。只有一种不能泄露的秘密才能防止不可避免的倒退——那是一种他害怕泄露，却又无法用语言表达的秘密，因此看起来应该归于疯狂的想法。

在许多情况下，我们迫切需要这种秘密，使人卷入他无法对之负责的观点和行动中来。他行为的驱动力既不是任性，也不是狂妄，而是出于一种连他自己都无法理解的迫切需要。这种需要注定将以一种野蛮的方式临到他头上，也许在他生命中第一次向他显示某种异己之物的存在，他认为自己是最私人范畴内的主宰，然而异己之物却比他更有力量。雅各的故事就是一个生动的例子，他与天使摔跤，结果自己的髋骨错了位，但是他的斗争却防止了一次谋杀。在幸运的日子里，人们坚信雅各的故事，没有一丝怀疑。如果当代的雅各也讲了这样一个故事，他得到的大概会是别有用意的笑容。他也不愿去讲这些事情，特别是当他想针对耶和华信使的本质发表自己观点的时候。如此一来，他便会发现，无论自己愿意与否，都拥有一种无法与他人讨论的秘密，会变成一个偏离集体的异类。除非他终生都能扮演伪君子的角色，不然的话，他思想上的保守终究会大白于天下。但是想要两者兼顾，既适应于所在群体，同时又追求个人目标，凡是这样的人都会变成精神病患者。现代的这位雅各，大概会为自己掩盖天使是强者的事实，而事实上也确实是这样，因为从来没有人提到过天使是瘸着脚离开的。

因此，在自身魔鬼的驱逐下，人类终于跨越了中间阶段的界限，真正进入“杳无人迹无法涉足的区域”中了，在这里，没有路标指示方向，也没有荫蔽在头上遮风挡雨。当他遇到了未曾预想的情形，例如职责冲突时，连指导他的方法都没有。在大多数情况下，这些发生在无人区的情形，只有在以上冲突发生时才能保持长久，在冲突被察觉之际便迅速消失了。我不能斥责那些抬脚就走的人，然而他却在自己的懦弱和胆怯中寻找美德，这一点是我无法认同的。由于我轻蔑的态度不会对他造成更大的伤害，也可以说，对于这样的屈服让步，我找不到任何值得赞扬的地方。

但一个面对职责冲突的人如果能够完全亲自处置问题，而且还是在一个日夜等待审判他的法官面前的话，那么他很有可能发现自己正处于一种孤立无援的地位。只要因为他卷入了无休无止的内心审判，他自己既是辩护律师，又是无情的审判人，而又没有世俗或精神上的法官使他安然入梦，那么现在，他的生活中已经存在着一种无法加以讨论的真正秘密了。若不是他早已对法官的判决厌烦至极，他绝不会使自己卷入这场冲突当中，因为这种冲突总是以一种更高尚的责任感为前提。正是这种特质，才妨碍了拥有它的人接受集体性的决定。在这种情况下，法庭转变成为秘密宣判的内心世界。

上述情况一旦发生，个体的精神便会获得更加重大的意义。这种重要性不仅仅体现在，他众所周知而又受到社会限定的自我得到了应有的地位，更体现在它是度量个人价值的标尺。没有任何事物会像对立物造成的内心冲突那样促进意识的发展。如果原告的起诉书中出现了让人出乎意料的事实，被告就必须找到目前尚不为人知的论据才行。在这个过程中，外部世界中相当大的一部分进入内心世界里，而通过这一事实，外部世界要么变得贫乏，要么获得释放。另一方面，内心世界已经上升到作出伦理判决法庭地位，因而重要性大大增加。然而，曾经态度明确的自我却失去了单单作为原告的特权，它必须还要学会扮演被告的角色。自我变得自相矛盾，含混不清，而且处于进退维谷的境地。它开始意识到一种超越它本身的极性。

并不是每一种责任冲突，甚至可能连一种都没有，真正得到了“解决”，但是人们却可以争论它、衡量它，或者直到世界末日才将它抵消。无论早晚，判决就在那里，像是某种捷径的产物。实际生活不可能悬在一种永恒的矛盾状态中。对立双方以及它们之间的矛盾不会消失，甚至在采取行动之前的片刻屈服之时也不会消失。它们不断对人格统一性发起威胁，并且一再用其二分法使生活变得混乱不堪。

一旦深入了解这种状态的危险与痛苦，人们很可能决定待在家里，再也不离开他那安全的窝和温暖的茧，因为这些东西就能保证他不受到内心压力的压迫。对于不必离开父母的人而言，这自然是最安全的。然而有很多人却发现自己被迫走上了个性化的道路。这样一来，他们很快便会认识到人性中积极和消极的两面。

就像一切能量都来自对立状态，精神也拥有其内在极性，这是它保持活力所不可或缺的前提条件，赫拉克利特早就认识到了这一点。无论从理论还是实践的角度而言，极性固有地存在于一切生命体中。与这种难以抵抗的力量相对的，则是自我脆弱的统一性，在借助无数保护措施的前提下，这种统一性经历了千年的时间才得以产生。“自我有可能产生”的观点来自一种事实，即所有对立双方都要寻求获得一种平衡的状态。它发生在由冷热、高低等碰撞所产生的能量交换中。潜藏在有意识的精神生活中的能量存在于生命之前，因此在最初阶段，它是潜意识的。当它慢慢接近意识时，它最先投射在神力、众神以及魔鬼等形象里，而这些形象的守护神似乎成为能量的重要来源；而事实上，只要人们接受了这些超自然现象，它们就能成为能量的来源。但是随着这些形象不断消逝并丧失力量、自我，即经验性的人，似乎拥有了能量的源泉。一方面，自我竭力想抓住、占有甚至想象他确实占有了这种能量；而另一方面，自我却被能量所占有。

可以肯定的是，只有人们将意识的内容看作精神存在的唯一形式时，这种古怪的情况才会发生。哪里存在这种情况，哪里就无法制止由于投射而产生的自命不凡。但是潜意识精神的存在一旦获得了认可，那么投射的内容便可以纳入先于意识存在的、与生俱来的本能形式之中。它们的客观性与自主性进而得以保存，而自命不凡却得以避免。先于意识存在并决定着意识命运的原型，以其在现实中扮演的角色出现了：以意识物的先验结构的形式出现。无论从何种意义而言，它们都不能代表存在于自身之内的事物，相反，它们代表的是种种表达方式，使事物能够得到感知与设想。当然，不单单是这些原型控制着各种感知的特殊性。它们代表某一观念的集体性成分。作为本能的一种属性，它们也享有动态特征，并最终拥有一种特定的能量，以引起并促使行为或动机的固定模式；也就是说，在某些特定的环境下，它们具有一种占有性或强迫性的力量（神秘性）。它们以魔鬼的身份孕育而来，因此十分符合其本性。

如果有任何人愿意相信，事物本性的任何一面，都可以通过这样的构想加以改变，那么他便过于轻信这些言辞了。无论我们赋予它们什么名字，真实的情况都不会改变，受影响的只是我们自己罢了。要是有人把“上帝”设想成“纯粹的空无”，那么他无论如何也不会与高级原理的事实产生任何关系。我们所拥有的东西与之前别无二致；改变名称根本不会从现实中移除任何东西。如果新名称暗含着否定的意义，我们最多不过是对现实采取了一种错误的态度而已。另一方面，赋予未知事物积极名称的好处在于，我们能够相对应地采取肯定的态度。因此，如果我们把“上帝”说成一种“原型”，那么就完全涉及不到他的真正性质，而只是让人们知道，“上帝”在我们精神的那个部分占据了一席之地；精神先于意识而存在，因此不能认为上帝是意识创造的。我们既没有使上帝变得更加遥远，也没有消除它，而是使他离我们更近，让我们更容易体验而已。后面一种情况绝非无关紧要，因为人们很容易将无法体验到的事物怀疑成为不存在的事物。这种怀疑很诱人，以至于所谓信仰上帝的人，在我重建原始潜意识精神的意图中只看到了无神论思想。或者说，如果不是无神论，那就是诺斯替教了——或者是任何思想，但愿不像潜意识那样的精神现实就好。如果潜意识确实是别的东西，那它一定由我们有意识的精神的早期进化阶段组成。人及其全部的光荣是在“创世”的第六天创造出来的，其间并没有任何准备阶段。今天看来，这种说法太过简单过时，无法使我们满足。在这一点上，人们的看法大体一致。但对于精神，过时的观念却仍然固执地存在着：没有什么东西先于精神存在，精神是一张白板，自产生之际便得到新生，它将自己想象成什么样子，便成为什么样子。

意识是一种系统发生与个体发生的附属现象。随着时间的推移，这显而易见的事实才最终为人们掌握。就像躯体拥有几百万年的解剖学史前历史一样，精神系统的情况也大概如此。就像人体的每一部分至今仍代表着这种进化结果并随处显现其早期阶段的迹象一样，可以说在精神上也存在这种情况。意识从一种动物式的状态开始了它的进化过程，这种状态在我们看来是潜意识的，而同样的演变过程会在每一个小孩子身上得到重复。小孩子的精神在潜意识的状态里只不过是白板一块：精神已经以一种可辨知的个人方式发挥着作用，此外还具备了所有人类特有的本能及其高级功能的先验基础。

在这复杂的基础之上，自我产生了。在整个生命过程中，基础一直支撑着自我的发展。而当它不再起作用时，接踵而至的便是停滞与死亡。精神的生命和现实性意义非凡。与它相比，甚至外部世界都落到了次要地位，因为如果缺少了把握和操纵它的内生型冲动，世界还会有什么意义呢？从长远的角度来看，任何有意识的意志都无法取代生命本能。这种本能，作为一种强制力、意念或者命令，从内而外来到我们身上，而且如果将它命名为“个人的魔鬼”，我们至少算是恰当地表达了这种心理状态（在远古的时候已经或多或少这样做了）。如果我们采用原型的概念，想要更近距离地确定魔鬼抓住我们的那一点时，我们并没有废止任何东西，只不过更接近生命的起源罢了。

作为一个精神病学家（灵魂的医生），我很自然便会信奉这种观点，因为对于如何帮助我的病人重获健康的基础，我还是比较感兴趣的。为了实现这一目的，我知道自己需要旁征博引大量知识。总的来说，医学毕竟也以类似的方式得到了发展。医学的进步，并不是通过发现某种单一的治疗技巧，进而极大简化治疗方法来实现的。相反，它逐渐演变成一门极其复杂的科学，而这决然不在于它对一切有可能的领域有所借鉴。因此，我并不想证明有什么东西适用于另一些原理；我只想在自己的领域合理利用这些知识。当然，我有责任说明如何应用这些知识以及应用的结果。因为当人们把一个领域的知识转移到另外的领域之中并加以应用后，一些新的事物便会应运而生。X光如果没有应用于医学领域，而只是作为物理学家的财产，那么我们了解的知识就会大大减少。还有一种情况就是，如果放射性治疗在某些情况下产生危险的后果，这会引起外科医生的兴趣，却不一定能引起物理学家的兴趣，因为物理学家运用放射的方法和目的都与医生不同。当医生指出某些不可见光有何种有害或有益的特性时，物理学家并不会认为医生侵犯了他的领地。

比如说，如果我把历史学或神学的真知灼见应用到心理疗法上来，它们自然会以不同的方式出现，而得出的结论也不会限定在它们自己的领域，因为在那些领域里，它们会有其他目的。

在精神的动力学里潜藏着一种极性。广义而言，这一事实意味着对立双方的整个问题以及伴随而来的宗教哲学问题，已经被纳入了心理学的讨论范围之内。宗教哲学方面的问题丧失了它们在其领域中所具有的自主性——这是不可避免的，因为它们是按照心理学问题的方式来讨论的；也就是说，不再从宗教或哲学真理的角度看待它们，而是检验它们在心理学上的真实性及意义。如果抛开它们所谓的"独立真理"不谈，从经验的角度，或者科学的角度来看，它们主要都是精神现象，这一点仍然是毋庸置疑的事实。它们自称对自己进行的辩护与心理学方法相一致，而后者并不认为这种宣称是不合理的，反而特别小心地对待它。心理学不允许作出诸如"只是宗教的"或者"只是哲学上的"这样的判断，尽管我们早就习惯别人，特别是神学家指责某些事情"只是哲学的"了。

凡是能够设想的表述都来自精神。与其他事物相比，精神像是一个建立在对立面基础之上，有赖于两极之间能量交流的动态过程。"原则的增加不应超出需要的范围"，这是一条普遍的逻辑法则。因此，既然从能量角度作出的解释已经证明是阐述自然科学的普遍可信原则，那么从心理学的角度而言，我们也必须把自己限定在这一原则当中。没有任何确凿的事实可以提出其他的观点；此外，精神及其内容所具有的对立性或极性也已经得到了心理体验的证实。

现在，如果精神的动态观点是正确的，那么寻求逾越精神极性界限的所有表述，例如有关形而上学真实性的表述，如果声称自己拥有任何一种真实性的话，它必定是自相矛盾的。

精神无法超越自己，也无法建立任何真理。因为它的极性决定了其表述的相对性。精神无论在哪里宣布了绝对真理，比如“上帝是运动”或“上帝是唯一”，它就必定会落入这个或那个对立面当中去。因为这两种表述同样可以这样称：“上帝是静止”或“上帝是一切”。由于片面性，精神分崩离析并失去了认知能力，变成了一种不具反应性的（因为没有反映能力）系列精神状态，而每种状态都幻想自己拥有合理性，因为它看不到，或者还未看到其他的状态。

这样说，并不意味着我们想表达一种价值判断，而只是指出，人们经常会逾越界限。确实，这是不可避免的，因为就像赫拉克利特所说的：“万物都在持续地运动。”随后提出的论点是对立面，而在二者之间则产生了第三个在此前无法感知的缓解因素。在这种情况下，精神再次证明了自己对立的特性，并且丝毫没有超越自己的范围。

我竭力刻画精神的局限性，并不意味着要去暗示只有精神才会存在。我只想表达，就感知和认知来说，我们的视野难以逾越精神的范围。科学不言而喻地证明了，非精神性的超验物体的确存在。但科学也明白，要想把握上述物体的真实性质有多么困难，特别是在缺乏感官或感官失灵的状态下，以及恰当的思维方式并不存在或者还未创造出来的时候，情况更是如此。而当我们的感官和人造器官都无法证实真实物体存在的时候，把握物体真实性质的困难就更为巨大了，因此，人们不得不断言根本不存在真实之物。就个人而言，我绝不会得出如此草率的结论，因为我从不倾向性地认为感官能够感知所有形式的存在。因此，我甚至冒险假设，原型结构（最卓越的精神事件）的现象可以建立在精神的基础之上，也就是说，建立于一种可能形式完全不同却又具有部分精神性的形式之上。由于缺乏经验材料，我对这种人们通常叫作精神的存在形式既不了解，也不理解。从科学的角度而言，我认为它是非物质性的；在这一点上，我必须承认自己的无知。但只要各种原型在我身上发生作用，即便我对它们的真实性质一无所知，它们对我来说都是真切而实际的。当然，这一理论不仅适用于各种原型，也适用于普遍意义上的精神本质。无论它怎样阐述自己，都不会超越自己的范围。所有的解读以及所有能够解读的都是精神性的，以至于我们绝望地困于纯粹的精神世界之中了。尽管这样，我们仍然有充分的理由假设，这张面纱之下存在着对我们产生影响的、难以理解的绝对物质。甚至或特别有理由假设在精神现象中甚至或特别是在对之无法作出确凿的论述。有关可能性或不可能性的表述，只有在专业领域才是真实可信的；一旦超出了这些领域，它们便只是妄自尊大的假设罢了。

从客观角度而言，尽管某些论断禁止在没有充足理由的情况下凭空得出，但显然，某些论断在没有客观理由的情况下也能得出。这里体现的便是精神动力的道理，也就是通常称为主观的纯个人事务的那种道理。但是，我们很可能会犯分辨不清的错误，比如这种表述是否真的仅仅来自孤立的事物？还是仅仅受到个人动机的激发？抑或是来自一种通常发生的、以集体方式呈现的动态类型？依据以上情况，我们不应将这种表述归为主观范畴，而应归为心理学的客观范畴，因为某些个体发现他们在受到内心冲动的驱使之后才作出同一种表述，或者认为很有必要持有某些观点。既然原型并不只是一种不活跃的形式，而是一种真正的力量，充满了特有的能量，那么我们很可能将它作为这种陈述的动因加以理解。换句话说，作出表述的并不是个体，而是通过个体讲话的原型。如果这些表述受到压制或者置之不理，那么医学经验以及常识便会证明精神疾病即将产生。这些疾病要么会以神经症样症状出现，要么就以集体妄想的形式出现。

原型性表述建立于本能的前提之上，而与理性毫不相关。它们既没有理性基础，也无法通过理性论断来消除。它们永远是世界景象的一部分，莱维·布律尔恰如其分地将它们称作“集体表象”。当然，自我以及自我意志在实际生活中扮演着重要的作用；然而自我的意愿却以其毫无察觉的方式最大限度地受到原型过程自主性和神秘性的干扰。只要我们能够从心理学的角度接触宗教，那么原型过程的实际考虑就是宗教的本质。

3

在这一点上，事实本身不得不令我引起注意：除了反映之外，还存在着一个同样广阔的领域（如果不是更广阔的话），理性理解和表象的推理方式在此却难以找到任何能够掌控的事情。这个领域就是厄洛斯的王国。在远古时代里，当人们恰当理解了上述事情的时候，厄洛斯便以天神的形象出现，而它的神性超越了人类的极限，因此无论用什么方式，人们都无法理解它、呈现它。我也像前人尝试的那样，冒险试探这个魔鬼。它的活动范围上至一望无际的天堂，下抵黑暗地狱的深渊；但是一个任务面前（寻找足以表达“爱”所拥有的无数自相矛盾的语言）我却打了退堂鼓。厄洛斯是宇宙进化论的支持者，是所有高等意识的创造者。有时候我认为保罗所说的“我若能说万人的方言，并天使的话语，却没有爱，我就成了鸣的锣，响的钹一般”，很可能成为一切认知以及神性精髓的首要条件。不管有识之士如何阐述“上帝就是爱”，这句话却证实了神的对立复合体。在我的医疗实践及生活经历中，我曾无数次面对爱的神秘，但却一直无法解释爱到底是什么。像约伯一样，“只好用手捂口，我说了一次，再不回答”（《约伯记》第四十章，第4节）。在这句话里，神是最伟大、最遥远、最崇高的；而约伯则是最渺小、最迫近、最卑微的，我们不能只讨论其中一面，而放弃另一面。任何语言都不足以解释这种自相矛盾。不管人们说了什么，没有任何语言能够表达他全部的含义。在谈论一个事物的某些方面时，不是说得过多，就是说得过少，因为只有整体才富有意义。爱“凡事包容”“凡事忍耐”（《哥林多前书》第13章，第7节）。这句话毋庸赘言便道出了一切。从最深层的意义上讲，我们都是宇宙之“爱”的牺牲品和工具。我把爱这个字打上了引号是因为，我并不想以欲望、偏爱、喜欢、希望及其他类似感情的含义使用“爱”这个字眼，而是将它作为某种高于个人的事物，一种统一而不可分割的整体。由于人是“爱”的一部分，从而无法把握“爱”这个整体，而完全受“爱”的摆布。人可以赞同“爱”或者反抗“爱”，但人却总是困于其中，受其掌控。人依赖“爱”并靠它来维系自己。爱既是他的光明又是他的黑暗，他看不到爱的目的。“爱是永不止息”——无论他是用“天使的话语”还是用严谨的科学来表述，都追溯了生命最深远的源泉。人类可以赋予“爱”无数的名称，但最终他仍然会使自己陷入无穷无尽的自我欺骗之中。如果人类尚有一丝智慧，他便会就此放弃，给未知之物起一个更加模糊的名字，也就是将它称作上帝。这种命名承认了人类的征服、缺憾以及依赖，但它同时又证明了，人类可以在真理和谬误之间自由选择。

结 语

人们说我是位智者或圣人，我是始终不同意的。一个人曾经从一条溪流中舀取了一帽子的水，这才能有多少呢？我并不是那溪流，而是站在溪流中的人，什么也没做。其他人也站在同样的溪流中，大部分人发现他们需要做点什么。而我却什么也没做。我从不认为自己是那种必须注意到樱桃长在花柄上的人。我站着静观其变，赞美大自然的奇妙。

有一个美妙的故事，讲述的是一名大学生，他走上前去对拉比说："在古代，曾有人见过上帝的样子。为什么现在的人再也看不见了？"拉比答道："因为现在没有人能把腰弯得那么低了。"

为了从溪流中舀水，一个人必须把腰弯得稍微低一点点。

我与大多数人的不同在于：对我来说，那面“间隔墙”是透明的。这便是我与众不同的地方。别人却发现这些墙严严实实的，因此他们看不见墙后的东西就以为什么东西也没有。在某种程度上，我能够觉察到暗处正在发生的过程，这赋予了我一种内心的确定性。什么也看不见的人感觉毫不确定，因此无法得出结论——或者即使得出了结论，他们也不敢相信。不知是什么东西令我开始觉察到了生命之流。很可能是潜意识本身吧，或者也许是我早年时所做的梦吧。它们一开始就确定了我的方向。

对暗中发生的过程的认识很早就定格了我与世界的关系。基本上说，这种关系无论在我童年时期还是在今天可谓依然如故。还是个孩子的时候，我觉得自己很孤独，现在长大成人了，感觉仍然孤独，因为我知道的事情很多，但却总喜欢暗示一些别人显然毫不了解或在很大程度上不想知道的事情。孤独并非因为形单影只，而是由于我无法将自认为重要的事情同他人交流，还总是持有某些别人难以接受的观点。这种孤独感始于早期梦中的体验，在我研究潜意识时达到了高潮。一个人如果比别人懂得多，他就变得孤独起来。但孤独并不一定伤害友谊，因为孤独的人对友谊最为敏感，只有当每个个体记住了自己的个性，并保持与众不同的时候，友谊才能开花结果。

拥有一种秘密，一种对未知事物的预感非常重要。它使生活充满了非人格化的东西，充满了神秘。未曾体验它无疑是一种巨大的损失。人必须感觉到，他生活在一个多少有些神秘的世界；有事情发生了，自己也体验到了，但却无法解释个中原因；而且并不是即将发生的所有事情都能被预见。世界不乏出乎意料和难以置信之事。只有此时，生活才会完整。对于我来说，这个世界从一开始就是无穷的、无法把握的。

我费了好大的力气才在自己的观点上有所进展。我身上有个魔鬼，它的存在在最后起到了决定性的作用。它打败了我，我有时表现得冷酷无情，而这正是因为我处于魔鬼的掌控之中。不管得到什么东西之后，我都绝不会停止继续探索的脚步。我必须加速追赶自己的幻觉。与我同时代的人猜不透我的幻觉，因此只看到一个匆匆赶路的傻瓜；这是可以理解的。

我冒犯过许多人，因为一发现他们不理解我，我认为事情就算完了。不过我还是要继续前进。除了我的病人之外，我对其他人没有耐心。我必须要服从内心的法则，它强加于我，使我没有自由选择的余地。当然了，我并不是总要服从它。一个人做事如果前后矛盾，又怎样立足于世呢？

只要有人与我的内心世界相关，我就会不断陪伴在其身边，与其亲密无间；到后来，我也有可能与他们分道扬镳，因为将我们维系在一起的东西已经荡然无存。我不得不痛苦地承认，有些人甚至已经与我无话可说，但他们却依然存在着。许多人在我身上激起了一种活跃的人性，但它们只有在心理学的魔圈之内才能显现，下一秒，当聚光灯投射到别处时，它就消失得无影无踪了。我可以对许多人产生强烈的兴趣，然而一旦我完全了解了他们，那种魔力便消失了。正因为如此，我树敌不少。一个具有创造力的人没有多少权力来掌控自己的生命。他并不自由。他被魔鬼追赶，是魔鬼的俘虏。

一股强大的势力
将我们的心可耻地夺去，
因为天神个个要人献祭：
谁若拒绝上供，
谁便永无善终。
荷尔德林如是说。

缺乏自由，一直是我巨大的遗憾。我常常感觉自己奔赴沙场，说道：“我亲爱的战友，你们现在倒下了，但我却必须继续前进。”因为“一股强大的势力要将我们的心可耻地夺去”。我喜欢您，我的确爱您，但我不能停止前进的脚步。唉，我何尝不为此而伤心。可我自己也是受害者；我不能止步不前。魔鬼掌管着万物，因而人能安然度过危难。那受到祝福的“前后矛盾”确保我以出乎意料的方式守住了自己的信仰，即使它与我的“不忠诚”形成了强烈的反差。

或许能说，在更高的程度上，我比他人更需要人类，也更不需要人类。当魔鬼起作用时，一个人不是靠得太近，都是相距太远。只有当魔鬼静止不动时，一个人才能达到中庸。

这个具有创造力的魔鬼残忍地摆布着我。我精心计划的很普通的事情经常会落得个最坏的结局——尽管没有一直发生在所有事上。我认为，通过补偿的方式，自己成了个不折不扣的保守派。我用祖父烟叶罐里的烟叶填满了我的烟斗，我还保存着他的铁头登山杖；杖上方有一只羚羊角，当时他作为首批客人之一造访了蓬特雷西纳新开设的疗养地，铁头登山杖就是从那里带回来的。

我对人生的历程颇为满意，这种充实的生活使我获益良多。我怎能期望如此大的收获呢？然而我身上却不断发生着出乎意料的事情。如果我变得与以往不同，那么很多事情也可能有所不同了。但是该发生的终究会发生，因为我不是别人，我正是我自己。很多事情正如我们预料的那样发生了，但并非永远都对我大有裨益。然而几乎一切事情都在命中注定自然而然地发展。我后悔由于自己的固执而做了许多蠢事。但如果没有这种固执的气质，我就又无法实现自己的目的。因此我是既失望又欣慰。我对人们失望，也对自己失望。我从人们那里学到了许多惊奇不已的事情，取得的成就也超过了自己的期望值。我无法作出任何终结的判断，因为人类和生命的现象实在太广阔了。我越发老迈，懂的事情就越少，对自己本身的了解或洞察也就越少。

我对自己感到吃惊、失望、欣慰。我既沮丧消沉，又欣喜若狂。我集所有的情感于一身，再也无以复加。我没法作出有无价值的终极判断；对于我和我的一生，我没有评价的权利。没有什么事情我能够确信不疑。对任何事，我也确实没有明确的信念。我只知道自己出生并存在于这个世界上，而且我认为自己是跟随着他人前行的。我存在于某种未知事物的基础之上。尽管世事难料，我却感到一切存在中都隐含着一种无坚不摧的力量，而持之以恒则是我的存在方式。

我们出生在一个既野蛮残忍又圣洁美丽的世界。我们的气质决定了哪种成分更为重要，哪种成分更有意义。如果无意义性占据了决定性的优势，那么生命的意义将伴随着我们每一步的发展日益消逝。但事实——或在我看来——并非如此。就像所有形而上学的问题一样，这两者或许都是正确的：本来我们就无法说得清生活到底有没有意义。但我却怀抱着众望，认定有意义的生命必将占据上风并赢得胜利。

老子曰“俗人昭昭，我独昏昏”，这句名言恰恰表达了我于耄耋之年的所思所想。老子代表着非凡的洞察力，他体察到了生命的有价与无价。在生命的尽头，他渴望回归本我，回归到永远不可知的意义中去。这位见多识广的老者的原型无疑是不朽的真理。这种类型出现在理智的每一个阶段，无论年迈的农夫，还是如老子般伟大的哲人，它们的特征却总是相同的。这就是耄耋之年，这就是生命的极限。然而我心中却充溢着许许多多：植物、动物、云朵、昼夜以及人类的永恒。我越是怀疑自己，我与万物密切相连的感觉就越发强烈。实际上在我看来，那长时间使我与世隔绝的疏离感，仿佛已经转移到我的内心世界，向我揭示了对自己出乎意料的陌生性了。